地域循環型社会の実現に向かって

実証フィールド NTTe-City Laboから

テレコミュニケーション編集部 編
NTT東日本 監修

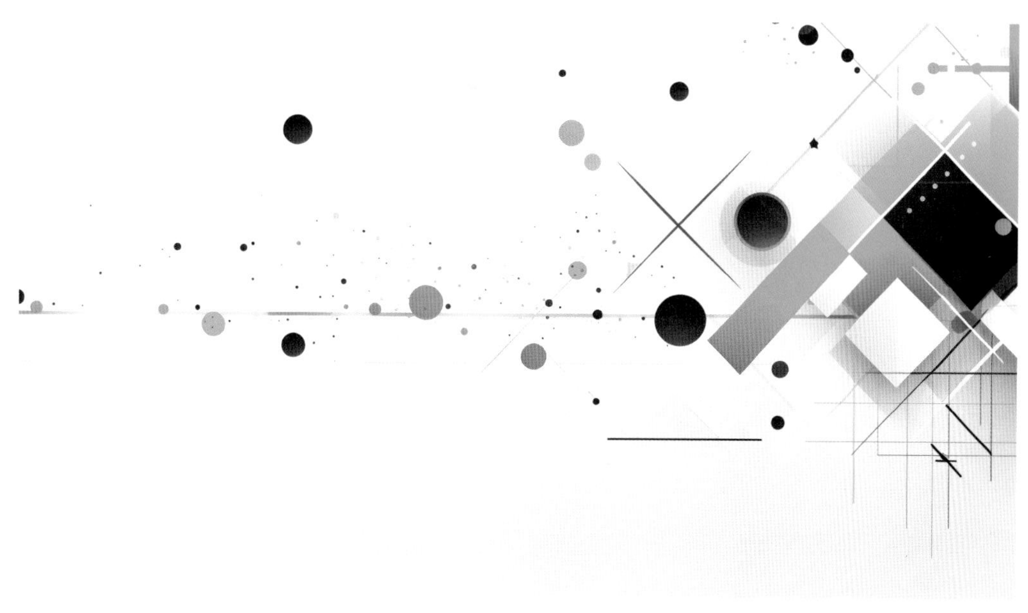

リックテレコム

刊行によせて

明治23年（1890年）、電話事業の創業以来、地域社会に根を張り地域に事業を育ててもらってきました。

電話事業そのものは、新しいテクノロジーの登場で衰退しつつありますが、情報通信技術で地域社会の経済や暮らしを支える役割は不変であり、ますます重要になっています。

地域に産業を興し、たとえ人口が減少しようとも、経済と生活が循環できるよう取り組むことが、いま為すべき新たな役割だと考えています。

そのためには、地域に産業を誘致することも大事ですが、まずは地域にあるポテンシャルを活かした殖産興業だと思い、一次産業、特に農業に力を入れてきました。

これを六次産業にまで育て、地域社会が自活できるような事業としていくことをめざしています。

この実現には、従来のような、マンパワーやヒトの経験に依存したやり方ではなく、それらのスキル・ノウハウを可能な限りDX化し、AIが活用できるようデータを蓄積していくことが必要です。

この分野は、我々の本業でもあり、最も貢献すべき領域だと思います。

歴史を振り返ってみても、江戸時代には、創意工夫で特産品を作ったり、シェア出来るものはシェアして無駄を省くなど、十分自活できている地域も沢山ありました。

その頃の生活レベルに戻すということではなく、ICTを使い生産性を高め、サスティナブルな生活様式を取り入れ、シェアできるものは皆で効率よく利用するようなコミュニティが出来ればいい、と考えています。そしてこのコミュニティに必要な機能として安心・安全があり、互助の仕組みをDX技術を通じて提供していこうという志をもった会社も設立しました。

この考えの全ての実験場でもあり、ショーケースとしても活用できるよう、NTTe-City Laboを作りました。

これまでに各地域の首長はじめ海外の要人、またこれからの日本を支える学生など多くの方のご見学をいただき、現在も日々進化、拡大しています。

一つずつ取り組みを高めながら更なる進化をたどり、現代社会の新たな形がここから見えてくる、そうなることを願って、刊行にあたっての言葉とします。

2023年12月

東日本電信電話株式会社

相談役　**井上 福造**（前代表取締役社長）

目次

第2部 地域の価値創造に向けた取り組み

第1部

地域循環型社会の実現に向かって

NTTe-City Laboのめざすものは何か。NTT東日本 加藤成晴執行役員に、設立の経緯と今後の取り組みを尋ねた。野村総合研究所 神尾文彦研究理事は、地方創生の方向性と、その中でのNTTe-City Laboの意義を解説する。

1 インタビュー

地域循環型社会の共創に向けて NTTe-City Laboは進化し続けます

加藤 成晴（かとう しげはる）氏
東日本電信電話株式会社
執行役員 ビジネス開発本部長

2022年5月、地域循環型社会の実現に向けた実証フィールドとしてNTTe-City Laboが開設されました。地域課題の解決に向けて、NTT東日本が取り組むソリューションを体感できる施設として、多くの自治体・企業・団体の人々が訪れています。このユニークな施設の経緯と今後の取り組みについて、NTT東日本執行役員　加藤成晴ビジネス開発本部長に尋ねました。

──NTTe-City Laboの設立の経緯について、教えてください。

加藤　NTT東日本グループは、長年にわたり情報通信分野において地域に根差して事業を続けてきました。電話からインターネットそしてIoTへと、情報通信（ICT）の活用領域は拡大しており、社会生活と産業に必要不可欠なインフラとなっています。

地域における社会課題も、時代とともに変化しています。少子化・高齢化・人口減少、気候変動・温暖化などから、需要減少・担い手不足・産業の縮小などそれぞれの地域特性に応じた課題まで、多岐にわたる社会課題が山積していますが、これらの課題を解決するためにはICT技術の活用が必要不可欠となってきています。我々が持つ技術や情報通信分野で培ってきたノウハウ・経験を、そうした様々な分野に活用することで、地域課題の解決につなげ、さらに新たな価値を創造できると考えています。

こうした取り組みを通じて地域の皆様と共に持続的に発展し続ける循環型社会を実現していきたいという想いから、先般、会社の「パーパス（存在意義）」にも「地域循環型社会の共創」を定義したところです。

地域課題解決に向けた取り組みの拠点

──「パーパス」はどういうことを決めているのですか。

加藤　NTT東日本グループの存在意義について、「地域に密着した現場力とテクノロジーの力で、夢や希望を感じられる持続可能な循環型の地域社会を共創します」と、定めました。

そして、私たちは、「地域の価値創造企業として、『SOCIAL INOVATION パートナー』をめざします」と、Vision（なりたい姿）を掲げました。

さらに、私たちのMission（使命）として、「地域課題の解決と価値創造、レジリエンス向上」を掲げています。

──具体的にはどういうことですか。

加藤　これまでの、安定した通信サービスの提供に加え、「地域」に根差したネットワークとエンジニアリング力を活用し、地域の仲間ととともに、未来を考え、地域の課題解決と価値創造、レジリエンス向上に貢献していく、ということです。

そこから、「つなぐ使命を胸に、人と人との結びつきのため、高品質で安定したインフラを提供し続ける」ことに、Passion（情熱）をもって、進んでいきたいと考えています。

──パーパスに向けて、それを具現化したものが、NTTe-City Laboですか。

加藤　NTTe-City Laboは、パーパス実現に向けて、我々が取り組んでいる様々な事業を一堂に集め、地方創生の主体となる自治体や様々な分野の事業者の皆様に、ご紹介する施設とし位置づけています。

自治体や事業者が抱えている課題の解決から地域や産業の将来デザインまで、Laboの視察を通じて議論や実証を行うことで社会実装を促進し、地域循環型社会の実現に向けた起点施設となることをめざしています。

──施設の特長は何ですか。

加藤　NTTe-City Laboは、NTTグループの社員研修施設「NTT中央研修センタ」内に開設しました。10万㎡の敷地を有する施設を活用し、我々自身がさまざまな技術実証を行っております。

いくつか例を挙げると、施設全体をエリアカバーするように構築したローカル５Ｇの無線環境を使って、自動運転バスの走行実験やビニールハウスでの遠隔営農指導の実証を行っています。

また自社の食堂から出た調理残さ（渣）を原料としたメタン発酵バイオガスプラントも稼働させています。こうした社会実装時と同じ機器や資材を使ったリアルな取り組みを体感していただけることが本施設の最大の特長です。

視察されたある首長からは「地域循環型社会やスマートシティなどについては、取り組むべき分野も多岐にわたるので、具体的に何をやればよいか分からなかったが、見学を通じて実物を見たことで、自身の地域で何をやるべきか方向が見えた」といった声もいただいており、多くの具体的な相談につながっています。

地域の実装に向けた実証と相互協力

――NTTe-City Laboの今後の展望についてお話しください。

加藤　施設オープン以降、「地域の持続的な産業振興・経済の循環」「地域の賑わい創出・交流拡大」「地域の安心・安全」といったテーマで、紹介する展示を順次増やしており、現在では、ご紹介する展示が40を超えております（2023年11月末現在）。

また大変ありがたいことに、全国から多くのお客様に日々ご来場いただいており、既に800団体・8000名を超えるお客様がお越しになりました。自治体や企業の方が中心で、特に自治体に関しては50を超える首長の皆様にご視察いただいております。また国の各省庁や国会議員、さらには海外からも多くのお客様がお越しになっており、Laboの注目度の高さに社内でも驚いているところです。

今後も、新規事業に関する実証をLabo内で積極的に行い、その様子をタイムリーに見ていただきたいと考えています。また様々な取り組みの実装事例につきましてもオープンに紹介することで、Laboの魅力をさらに高め、より多くの皆様に足を運んでいただきたいと考えています。

さらには同じ課題に悩む自治体同士や新たな取り組みを行いたい企業同士をつなげ、課題解決の地域間連携や新たなビジネスの共創を生み出すイベント等を積極的に開催していく考えです。

我々が地域循環型社会の実現に向けて挑戦を続ける限り、NTTe-City Laboに完成はありません。地域の自治体や企業の皆様にとって、有意義な施設であり続けることをめざして、NTTe-City Laboは進化を続けていきます。

2 序論

「デジタルローカルハブ」が地方・日本の創生を実現する

野村総合研究所 **神尾 文彦** 氏

地方創生をどう推し進めるのか、様々な取り組みが進むなかで、野村総合研究所の神尾氏は、「地方で魅力的な『ローカルハブ』を構築し、大都市圏から人材をいかに引き寄せるかが重要」と説く。海外及び国内での事例と豊富なデータをもとに、本編ではその導線を解説する。

❖ 都市のデジタル化・スマートシティの変遷

「スマートシティ」という言葉は、既に社会やビジネスの世界に浸透しており、政策用語として一般化してきた。内閣府によると、「ICT等の新技術を活用しつつ、マネジメントの高度化により、都市や地域の抱える諸課題を解決し、新しい価値を創出し続ける持続可能な都市や地域」と定義されている。

しかしながらどこまで情報技術が装備された都市をスマートシティとするのか、その定義・概念は幅広い。都市の活動すべて、ならびに大部分をデジタル技術で武装するという包括的な概念から、少しでも都市活動の中でデジタル化に取り組むプロジェクトがあればスマートシティとみなす考え方まで千差万別である。そのような中で、日本の「スマートシティ」の概念や取組の重心は変化してきた。

「スマートシティ」が政策的に注目されたのは、2000年代前半あたりからだと思われる。最初（第一段階）は、「スマートシティ」というよりも、「スマートコミュニティ」の概念に近かった。またスマート化の目的は、どちらかというと情報通信の技術を活用して、地区やコミュニティが直面する環境・エネルギー面での課題をどう解決するかに重きが置かれていた。

東日本大震災発生後の2010年代半ばに差し掛かると、環境保全等といった外部の課題よりも、高齢化や移動の円滑化といった都市の内部で顕在化しつつある課題に、ICT（情報通信技術：主にこの時期に一般的な用語として浸透した）でどう対応するのかに重点が移った。ただ、あくまでも移動や健康・医療といった個別課題への対応がメインであったと言える（いわばICT

図表1-1●スマートシティの変遷

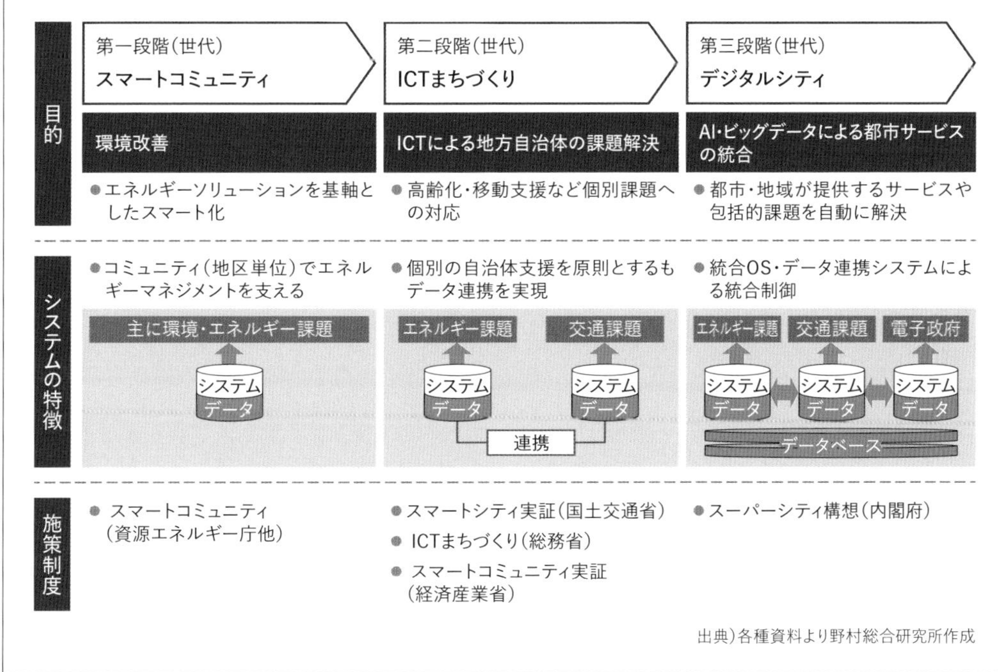

出典)各種資料より野村総合研究所作成

まちづくりのイメージ)。2020年代に入って、都市や地域が提供するあらゆるサービスを包括的にスマート化する今日的な「スマートシティ」が取り組まれるようになった。

この段階になってはじめて、ICTではなくDX(デジタルトランスフォーメーション:デジタル技術による社会地域変革)を念頭においた都市システムへの取組みがクローズアップされた。内閣府が進めることになった「スーパーシティ構想」がその代表的な政策である。都市のサービスを運営するOS(オペレーションシステム)を確立し、デジタルの力で都市サービスを効果的・効率的に提供するだけでなく、サービスで得られたデータをもとに次のまちづくりに活かすシステムを構築しようとしている点が最大の特徴である(デジタルシティ的なイメージ)。このような経緯もあり、性質の異なる「スマートシティ」への取組が並存している。

これまで取り組まれてきた「スマートシティ」が効果をあげているかどうか判断しづらい。なぜなら、あくまでも都市をスマート化するという目的に主眼をおいているため、スマート化への取組みが行われていれば成果とみなすことができるからだ。スマート化への進捗を成果とみなしているのが実態ではないだろうか。それはスマート化が、何を目的に取り組まれているか十分な共有ができていないことにある。

何故「スマートシティ」を実現しなければならないのか、その目的を改めて認識することこそ重要である。

「スマートシティ」の目的の１つに、地域活性化や地方創生がうたわれている。実は世界中を見渡しても、「スマートシティ」の目的に、国土への分散を据えているところはほとんどない。あくまでも地域住民の利便性向上、都市の環境負荷の低減など、その都市にとっての便益の実現を目的としている。ただ、個々のスマートシティの積上げだけで、本当に望ましい経済・社会・環境が実現されるのだろうか。

今求められるのは、日本が抱えている日本の課題を克服するために、デジタル技術によってどのような都市を創っていくべきか、というアプローチである。日本は、長年大都市圏と地方圏の分散、かつての用語で言えば均衡ある国土の発展をめざしてきた。東京大都市圏に所在する大規模工場（生産拠点）、大学、研究拠点などを地方圏に分散させてきた。これは常に地方分散、均衡ある国土という政策自体が目的化し、力のある大都市圏の力を削ぐという手段に行きついてしまったかのようだ。これを例えば日本の脱炭素化を実現する手段として地方分散や均衡ある国土形成を行うとすればどうか。地域活性化の鍵は、大都市圏の力を削ぐのではなく、地方圏において求心力のある拠点を創ることであると考える。デジタルの力を借りて、このような強い拠点を形成・構築できるかが重要であり、「スマートシティ」がめざす大きな方向の１つとなる。

図表1-2●今後日本が実現すべき生産性

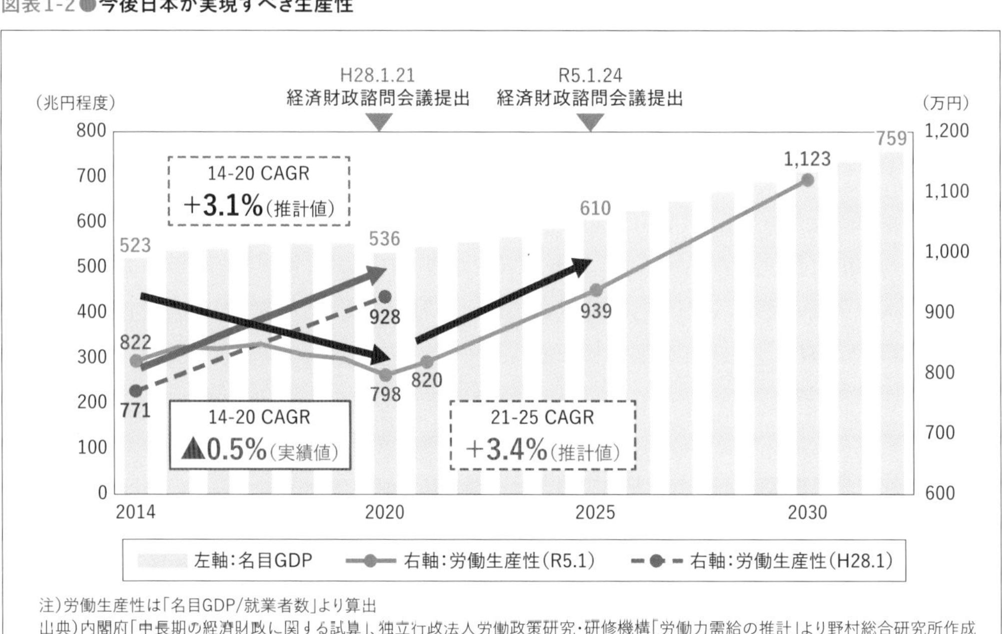

注）労働生産性は「名目GDP/就業者数」より算出
出典）内閣府「中長期の経済財政に関する試算」、独立行政法人労働政策研究・研修機構「労働力需給の推計」より野村総合研究所作成

❖ デジタル化でめざすべき都市のかたち・ローカルハブ

日本は言うまでもなく人口減少の途上にある。間違いなく2100年近くまでは人は減り続ける。

ただこれを淡々と“減少”と捉えるだけでよいのだろうか？　人口が高度経済成長前の時代に回帰していくなかで、2040年の日本は現在よりも人口で約１割、生産年齢人口で約２割少ない社会を想定し、量・規模に依存するのではなく、生産性重視の社会システムへの移行が必要と考える。生産年齢人口が少ない環境下で、日本の社会活動を支える一定規模の経済活動を確保するためには、当然ながら現在よりも生産性向上が必要になる。2016年の内閣府の骨太方針（経済財政運営と改革の基本方針2016 ～600兆円経済への道筋～）をみると、2020年に名目GDP600兆円をめざす政策が列挙されていた。しかしながら、コロナの影響で労働生産性は目標では＋3.1％であるのに対し逆に0.5％の減少となった。政府は名目GDP600兆円達成の目標を2020年から2025年に変更しているが、2025年の達成のためには、年率3.4％もの高い労働生産性の伸びが求められる。これは容易に達成できる数値ではない。

生産性向上には、経済・社会活動全体のシステムを再構築していく必要がある。例えば、一定の人口規模を想定して構築されてきた行政事務・都市サービスのあり方を見直すことや、人口の成長や1.2億人の国民・企業の活動を支える前提で整備されてきた道路、上下水道、公共施設、都市基盤など社会インフラのダウンサイジング（量・面積などを削減すること）、スペックダウン（料金やサービス水準を見直すこと）も必要になるだろう。

このような国内人口回帰に伴う社会システムの再構築は、いわば国内で累積してきた課題（ローカルイシュー）とも言える。加えて、これからは、グローバルレベルで克服すべき課題（グローバルイシュー）への対応も求められる。気候変動による影響を抑えるべくカーボンニュートラルは、地球全体で対応すべきグローバルな課題である。カーボンニュートラルの実現のためには、単に環境にやさしい商品やサービスを購入すればよいというものではない。エネルギーの供給構造からはじまり、製造、サービス、交通・物流といった産業構造全般や、人々の生活、行動様式すべてを変えなくてはならない。グローバルイシューに対応するため、日本の社会・経済・国土の構造をいかに変えていくかを考え、そのために必要な投資を実施していく必要がある。

地方創生の究極的な目標は、大都市圏と地方圏の人口のバランスを実現することである。だが、これまでの傾向を見る限りその目標に近づいているとは言えない。地方創生政策の力点を変えることが必要ではないだろうか。これまでの政策の力点は、人口のウエイトが高まり続け

図表1-3●ローカルハブ構築の必要性

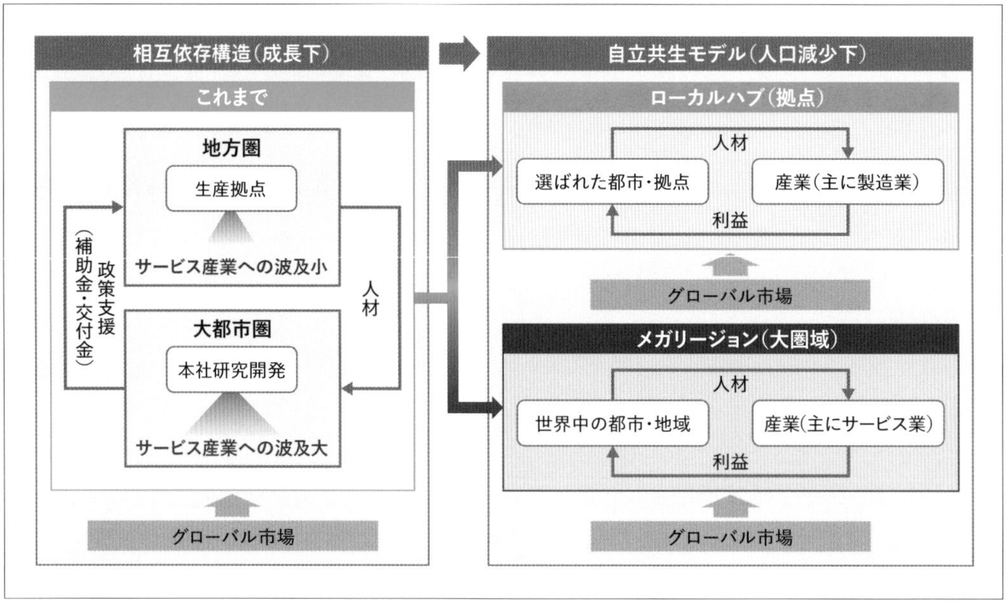

相互依存構造（成長下）
これまで
地方圏
生産拠点
サービス産業への波及小
政策支援（補助金・交付金）
人材
大都市圏
本社研究開発
サービス産業への波及大
グローバル市場

自立共生モデル（人口減少下）
ローカルハブ（拠点）
人材
選ばれた都市・拠点
産業（主に製造業）
利益
グローバル市場
メガリージョン（大圏域）
人材
世界中の都市・地域
産業（主にサービス業）
利益
グローバル市場

ている大都市圏に立地していた省庁、基幹工場、大学・研究施設などを地方圏に移していくことが重要な政策であった。しかしながら、いくら拠点を移しても、大学・高等教育機関や付加価値の高い職場が経済活動を高められるわけではない。「人」が経済活動に占めるウエイトが高まりつつある中、これからは、大都市圏で居住・活動する人材を惹きつける極（拠点）を、地方圏において構築・強化していくことが重要となろう。すなわちローカルハブと称する自立経済都市（圏）の構築である。

❖ 海外にみる自立経済都市（圏）・ローカルハブの姿

（1）生産性の高い都市が多く分布するドイツ・デンマーク

日本全体の労働生産性を高めていくためには、大都市圏でも地方圏でも生産性の高い都市が複数存在することが条件であることがわかってきた。目を世界に転じると、生産性の高い都市が多く息づく国がある。地方分権立国であるドイツや、デジタル先進国であるデンマークが、その国に該当する。図表1-4は、横軸に人口、縦軸に労働生産性を取った時の、日本、ドイツ、デンマークの各都市の概況をプロットしたものである。

日本は、総自治体数が1,741で、平均人口は一自治体あたり7.2万人、労働生産性は約440万円なっている。これに対して、日本とほぼ同じ人口・高齢化のトレンドにあるドイツを抽出して

図表1-4●日本・ドイツ・デンマークの人口規模別労働生産性比較

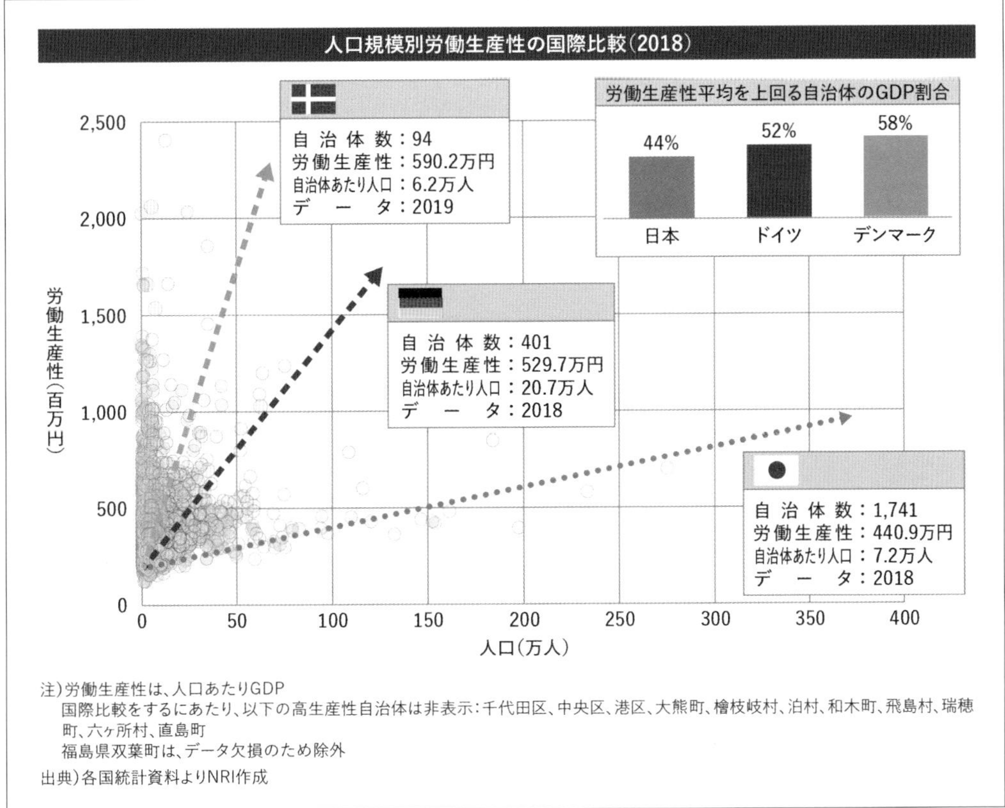

注）労働生産性は、人口あたりGDP
国際比較をするにあたり、以下の高生産性自治体は非表示：千代田区、中央区、港区、大熊町、檜枝岐村、泊村、和木町、飛島村、瑞穂町、六ヶ所村、直島町
福島県双葉町は、データ欠損のため除外
出典）各国統計資料よりNRI作成

みると、自治体数（都市圏ベース）で401、人口は20.7万人、労働生産性は約530万円である。さらにデンマークについてみると、自治体数こそ94と少なく、人口規模も6.2万人と小さいながらも、労働生産性は590万円と、日本よりも高い水準にある。

このようにドイツ、デンマークでは、自治体の労働生産性は総じて日本よりも高い。強引に考えれば、日本でも個々の自治体の生産性が、ドイツ、デンマーク並みに高ければ国の生産性も高められると考えられる。

単に自治体の平均的な（労働）生産性を高めればよいというわけではない。国土における都市の配置にも特徴がみてとれる。日本では、東京大都市圏、東京特別区などごく少数の都市・地域のみが労働生産性が高く、その他の都市は総じて高くない。これに対してドイツ、デンマークは人口規模が大きい都市や首都・大都市以外の圏域でも、労働生産性の高い都市が散見される。

一国の労働生産性の平均値を上回る自治体のGDPの割合がどの程度か、数値を取ってみた。日本では、平均を上回る自治体のGDP割合は44％であるのに対し、ドイツでは52％、デンマークは58%にのぼる。日本はGDPを支える都市（自治体）は東京大都市圏の一本足打法なのだが、ドイツ、デンマークでは、国土の中で高い労働生産性を支える複数の柱（街）がある。このことが国全体の高い生産性を実現しているといっても過言ではない。

(2) ドイツにおける高生産性都市の特徴

ドイツについて、人口規模・労働生産性からみた都市の実態をみてみる。図表は、ドイツにある約400の都市別にみた人口と生産性の関係を示している。規模の経済・集積の経済という考え方からすれば、人口が集まれば集まるほど、その都市・地域の生産性も高まる。ニューヨーク、ロンドン、パリといった世界を牽引する大都市は経済活動も活発であるが、生産性も高い。日本でも人口が最も集積している東京圏、東京都の生産性が最も高い傾向を示している。しかしながら、ドイツは違う。生産性の高い都市圏は、人口５万人未満の小都市から50万人以上の大都市まで幅広く分布している。とりわけ10万〜20万人の中小都市の中に、生産性で全ドイツの平均をはるかに上回る都市がいくつかある。エアランゲン、レーゲンスブルク、ハイルブロン、コーブルクといった都市は、他国からみて知名度があるわけではないが、長きにわたって高い生産性を維持している。これらの都市圏は、輸送機器、半導体、化学、薬品、エネルギーなど多様な分野・業界の企業が活動している他、隠れたチャンピオンと呼ばれる中堅企業が相次いで生まれ、成長している。

図表1-5●ドイツ約400自治体の１人あたりGRPと人口（2021年）

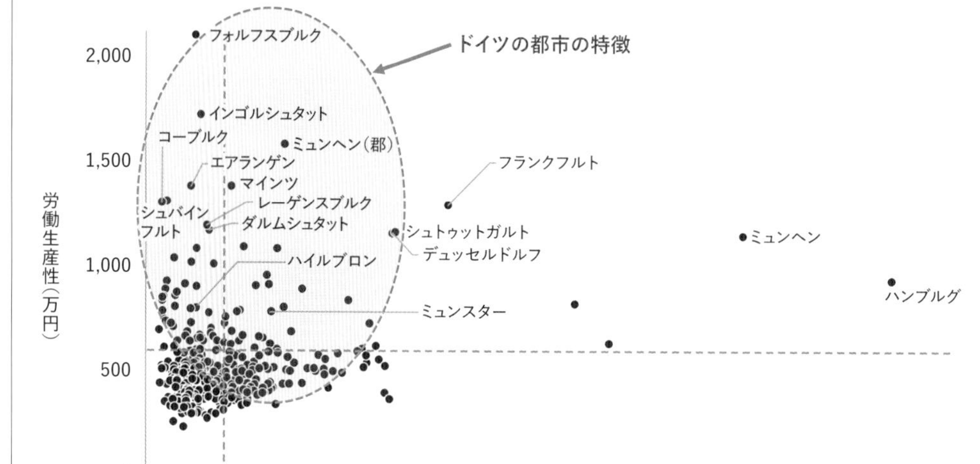

出典）ドイツ連邦統計庁より野村総合研究所作成

図表1-6●デンマーク約100自治体の1人あたりGRPと人口（2021年）

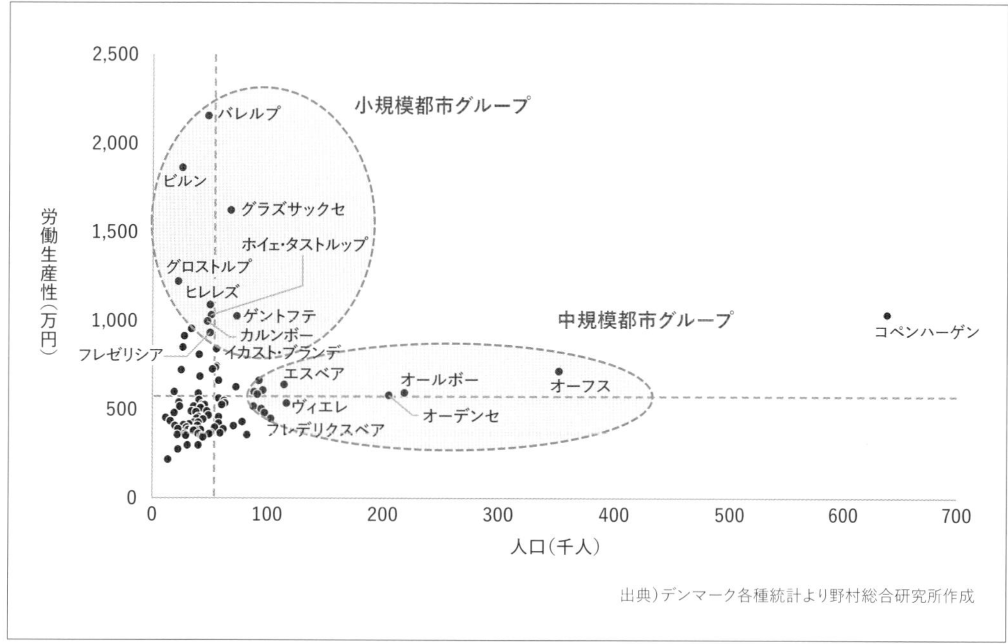

出典）デンマーク各種統計より野村総合研究所作成

例えばダルムシュタット市は、人口約16万人（2021年）の街であり、2017年にそのヘッセン州から学術研究都市の称号を得ている。工科大学や応用大学など４大学（在籍学生数は５万人）、30以上の応用研究機関が立地していて研究・教育比率も高く、研究開発やITソフトウエア等に関する大手・有名企業も立地するなど、街をあげて付加価値の高い経済活動が展開されている。レーゲンスブルク市は、人口約15.3万人（2021年）を擁するドイツ高生産性都市の先駆けとなった都市である。１つは、輸出比率の高いグローバル・大企業の拠点が立地しており、レーゲンスブルク発祥の企業がグローバルレベルで存在感を放つまでに成長している。2021年度にドイツ連邦内務省の「スマートシティ・モデルプロジェクト」に選出されるなどデジタル化の取組みも注目されている。

ここ10年以上の生産性の数値を見ているが、複数の業種において高い生産性を有した都市の傾向はそれほど変わらない。すなわち、景気や為替の影響を受けにくい、多様な業種の本社・拠点が根付くなど、一度ローカルハブとしての機能を獲得すれば、ある程度持続的に高い生産性（所得）を維持することが可能になる。

昨今の動きをみると、ドイツでは、経済・社会の不透明さが増す中で、デジタルの力を借りて、これらの拠点都市の競争力をいかに維持し、さらなる成長に結び付けていくかを検討し、施策展開している。ドイツのDX施策が日本よりも進んでいる印象をもたれている方が多いと想像するが、連邦による「スマートシティ・モデルプロジェクト」が開始されたのは2017年であり、日本のスマートシティ戦略が開始された時期とほとんど変わらない。デジタル戦略が構築された地方自治体は2022年で全体の２割程度とそれほど多くない。むしろ、既に完成された取組みをデジタルの力でどう維持するかに焦点が当たっている印象だ。

(3) デンマークにおける高生産性都市の特徴

次にデンマークでも都市別の人口・生産性の概要をみてみたい（図表１-６）。これをみると三つのことがわかる。１つは、全都市におけるコペンハーゲン市のウエイトが高い。これは人口（約63.8万人：第一位）に加え一人あたりGDP（生産性）も1,040でデンマークの主要都市圏（50都市圏）の中で上位（６位）にある。これは東京圏が日本の中で人口規模も生産性も高いという日本の国土・都市構造と類似している。

２つには、コペンハーゲン市以外の中規模都市の存在感だ。オーフス市、オーデンセ市、オールボー市は、人口10万人～30万人規模でありながら、一人あたりGDP（生産性）も600～700万円を保っている。これらの都市は、デンマークを超えて欧州・世界にも名声が轟く有名大学・高等教育機関が立地し、様々なデジタルの実証実験の推進を通じて、関連するDX、機器、専門サービス産業の育成を図っている。

三つには、デンマークの主要４都市（圏）を除いても、一人あたりGDPが極めて高い都市がある点だ。カルンボー市、イカスト・ブランデ市などだ。特にカルンボー市は、街全体で糖尿病・製薬の製造に関する強力な産業連携・サーキュラー連携（製品・材料の循環）によるミニ・コンビナート的な構造をもつ都市であり、これらの生産施設を支えるエネルギー領域も産業化している。複数の企業が連携しながら、製薬とエネルギーに関して外貨獲得に向けた取組みを行うことで、人口約4.8万人（2021年）ながらも高い生産性が長年にわたって安定的に達成されている注目すべき都市なのである。

(4) 先進都市にみる自立経済都市（圏）（ローカルハブ）の構造

ドイツ・デンマークにおける生産性の高い都市（圏）には共通項がある。１つは都市・地域内のプレイヤーだ。「グローバル経済にアクセスできる大企業の本社・重要拠点」があること、「地域資源に立脚した活力あるローカル中堅企業」があること、そして「人材輩出・育成、事業機会の創出、知的資産構築を支援する大学や基礎・開発研究機関」の三つの主体が存在していることである。そしてそれらが民間活力をうまく取り込み、地域の新しい事業及び企業創造に貢献するある種の「エコシステム」を構築していることだ。

大企業からのスピンアウト企業の育成・成長を都市全体で応援するもの（ドイツ・エアランゲン市など）、大企業同士が強固な取引ネットワークを構築し、地元企業をその下支え機能として育成・支援しているもの（デンマーク・カルンボー市）などいくつかのタイプがある。

さらに、これらのエコシステムを支えるものとして、オープンマインドな雰囲気とリアルな交流を促す空間の存在がある。具体的には、デジタル技術を通じて、“働く人”のための魅力的な都市空間整備を進めている。あわせて、エネルギーマネジメント、快適な生活環境が実現された姿を、1つの空間の中で体現する動きも活発化している（デンマーク・リビングラボなど）。

このようにローカルハブの形成には、プレイヤー（主体）、エコシステム（事業創造・稼ぐ仕組み）、空間（産学官連携、住生活、エネルギー・脱炭素を体現するイメージしやすい場所）の三つがあることがある種の前提条件になっている。

❖ 日本でこそ求められるデジタルによるローカルハブの実現

（1）エコシステムをデジタルで実現する ―デジタルローカルハブ形成の意義―

ドイツやデンマークの高生産性都市のエコシステムは、日本においてローカルハブを形成していくうえで参考になる。

日本全国を見渡すと、グローバル企業の本社や重要拠点、国立・県立大学、工科大学、高等専門学校が立地している拠点都市は少なくない。しかしながら、それぞれ単体に存在している場合もあり、連携やシナジーが生まれているケースは多くない。

ローカルハブ実現に向けて重要なのは、施設や機関ではなく、そこで提供されている要素（機能）をいかにして創り上げていくか、また、その要素（機能）をいかに連携させ、新しい事業

図表1-7●デジタルローカルハブを構成する要素

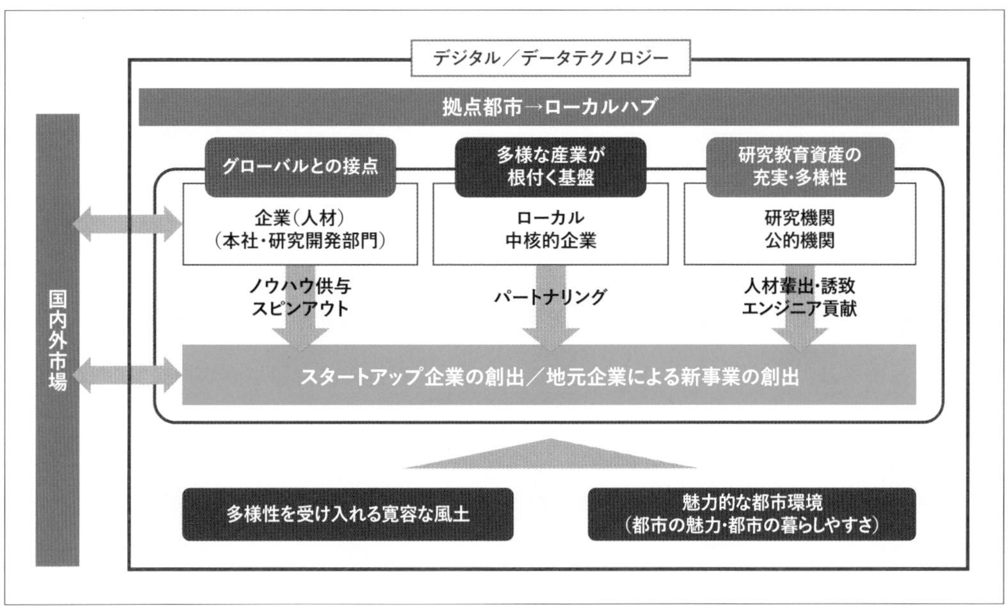

図表1-8●日本の地方国立大学・高専専門学校等の立地

を起こし、生産性という成果を継続的に実現させていくか、である。

デジタル技術を活用して、地域を超えた産学官を連携させるとともに、地域のデータにもとづいて新たな事業を創出することで、ローカルハブを構築できる都市が増えると考えている。

例えば、グローバル企業（大企業）の拠点が少ない都市でも、デジタルによる共同研究、データ活用の取組みなどによって大企業を巻き込んだ研究活動が可能となり、将来的には拠点の立地にもつながる可能性がある。

このように、日本においては、ローカルハブという目標を達成するうえで、まさにデジタル化の取組が効果的なのである。

(2) 山形県鶴岡市におけるデジタル戦略とその取組み

山形県鶴岡市は、人口約12万人の地方都市であるが、慶應義塾大学先端生命科学研究所を核として、国立がん研究センター、理化学研究所といった国家的研究機関が集積する。また、鶴岡工業高等専門学校など技術系の高等教育機関も存在する。

もともと農業・医療（福祉）・製造業で地域経済・地域雇用を支えてきたいわば農福工連携都市である。いずれも、他の同種の産業と比較すると、高い生産性を有した工場・事業所が多く、

図表1-9●鶴岡市SDGs未来都市デジタル化戦略の概要

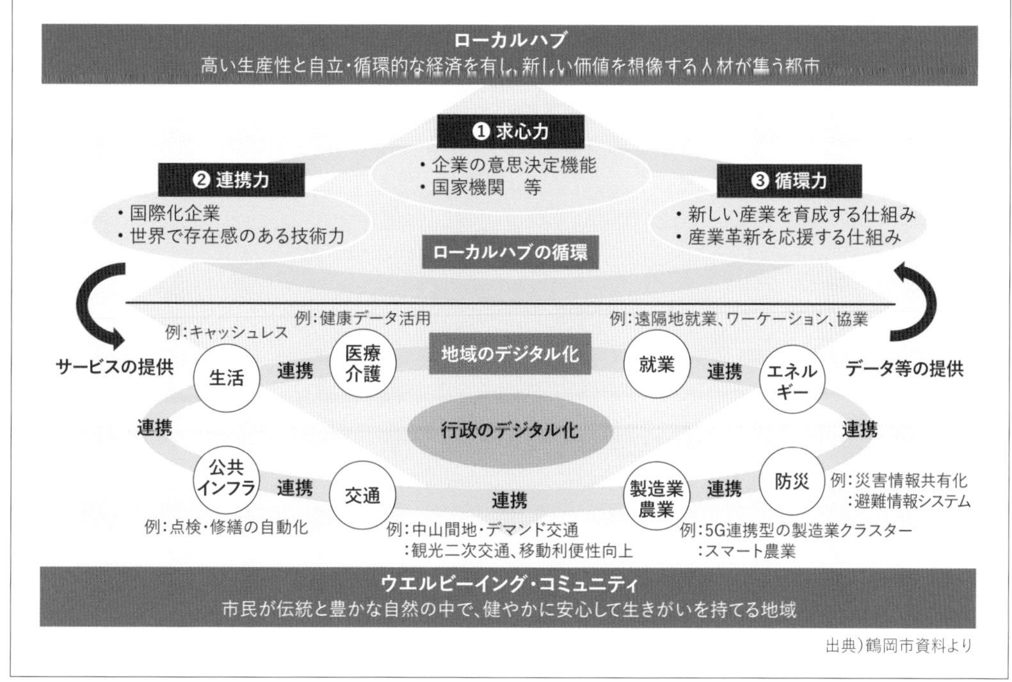

出典）鶴岡市資料より

そこに勤める従業者の所得水準も決して低くない。

加えて、この地では、創業の風土が浸透しており、この地を起源とする様々なスタートアップ企業が生まれ、成長を遂げている。

鶴岡市はローカルハブのポテンシャルを有しているが、自立経済都市（圏）をめざすべく、デジタル化戦略を策定した。2021年度に策定されたSDGs未来都市鶴岡デジタル化戦略には、大きく「ローカルハブ」と「ウエルビーイング・コミュニティ」の二つを掲げ、相互に連携させることによって、都市力（都市の生産性）を高め・継続させることを狙っている。「ローカルハブ」の実現においては、市内の産業・企業の求心力、連携力、循環力を支える取組みを検討している。そして「ウエルビーイング・コミュニティ」については、都市活動を支えるサービスを想定し（交通（移動）、防災、医療・介護、教育、エネルギー支援など）、それらの連携を想定したデジタルサービスの提供を考えた。そして都市サービスの中心に行政サービスを位置づけたことが特徴である。様々な都市・地域のデジタル戦略をみると、医療、交通、教育、産業、行政など、それぞれの分野が独立的、並列的に書かれているものが多い。ここではウエルビーイングという目的に向かって各分野がどのように連携したらよいか、どう連携すべきか、を立体的に描くことに留意した。

さらに「ローカルハブ」を実現するうえで、地域のコミュニティで得られたデータをどのように経済的な価値に変えていくか、また「ローカルハブ」の経済・産業活動によって生み出された商品や知的資産が、地域の「ウエルビーイング」実現にどう貢献していくか、それらを意識した戦略を構築している。

これらの戦略にもとづき、十数もの実証・実装プロジェクトが企図され、実現に向けて動いている。特徴的なものを1つ取り上げたい。荘内病院の人間ドック受診者を対象に、特定保健

図表1-10●鶴岡市デジタル化施策の一覧

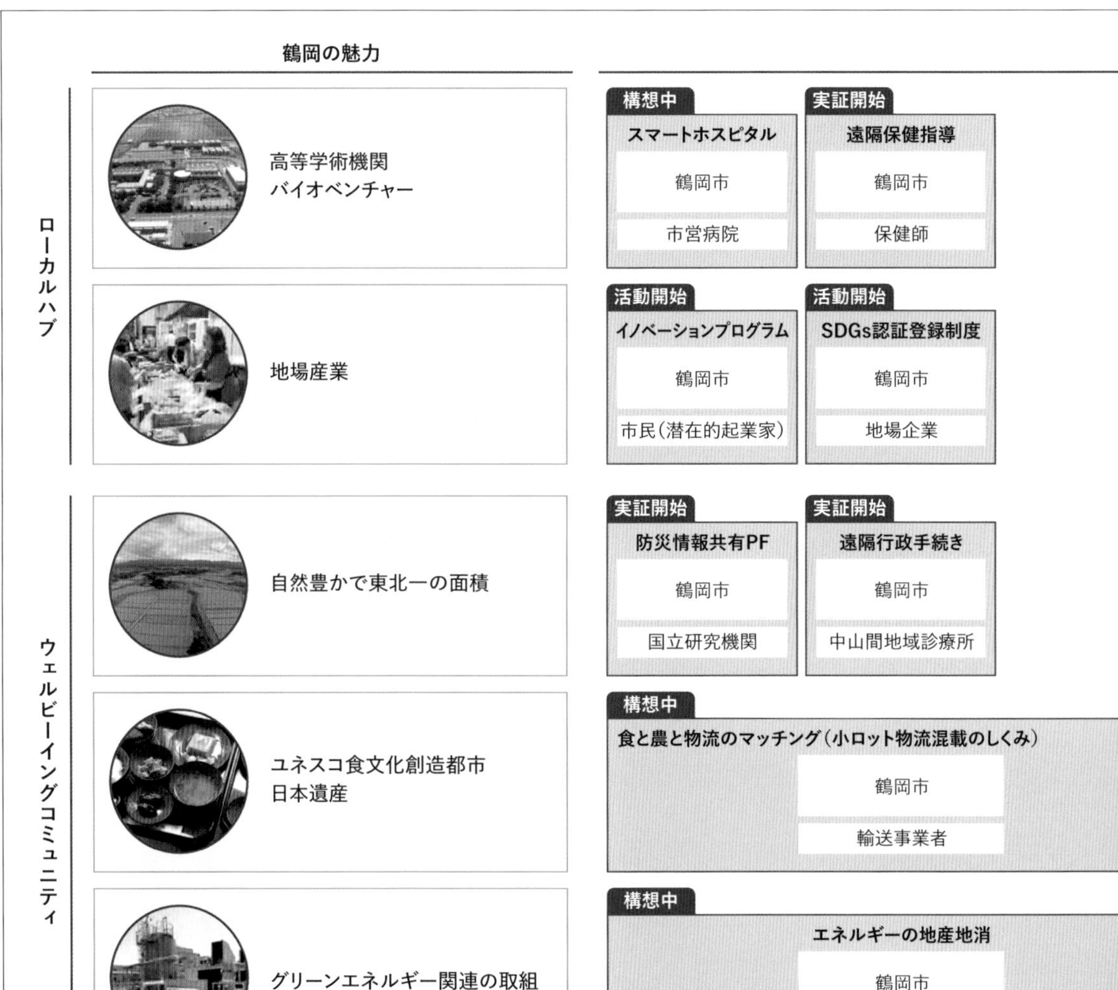

注)2022年度時点のもの　出典)鶴岡市資料より

指導の対象者のうち希望者に向け、LINEワンストップサービスのしくみを使った遠隔保健指導を実施している。従来の電話や手紙でのやりとりと比較して、利用者にとって利便性が確保できるとともに、指導を行う保健師側にとっても業務負荷の軽減につながる。

また、サービス実施で把握した対象者の健康状態のデータを、鶴岡市内で活動するベンチャー企業が責任をもって分析し、その結果をもとに、市民の病気の予防方法を提供すると同時に、有効な診療方針の構築に役立てていくプロジェクトが検討されている。市民の幸福（ウエルビ

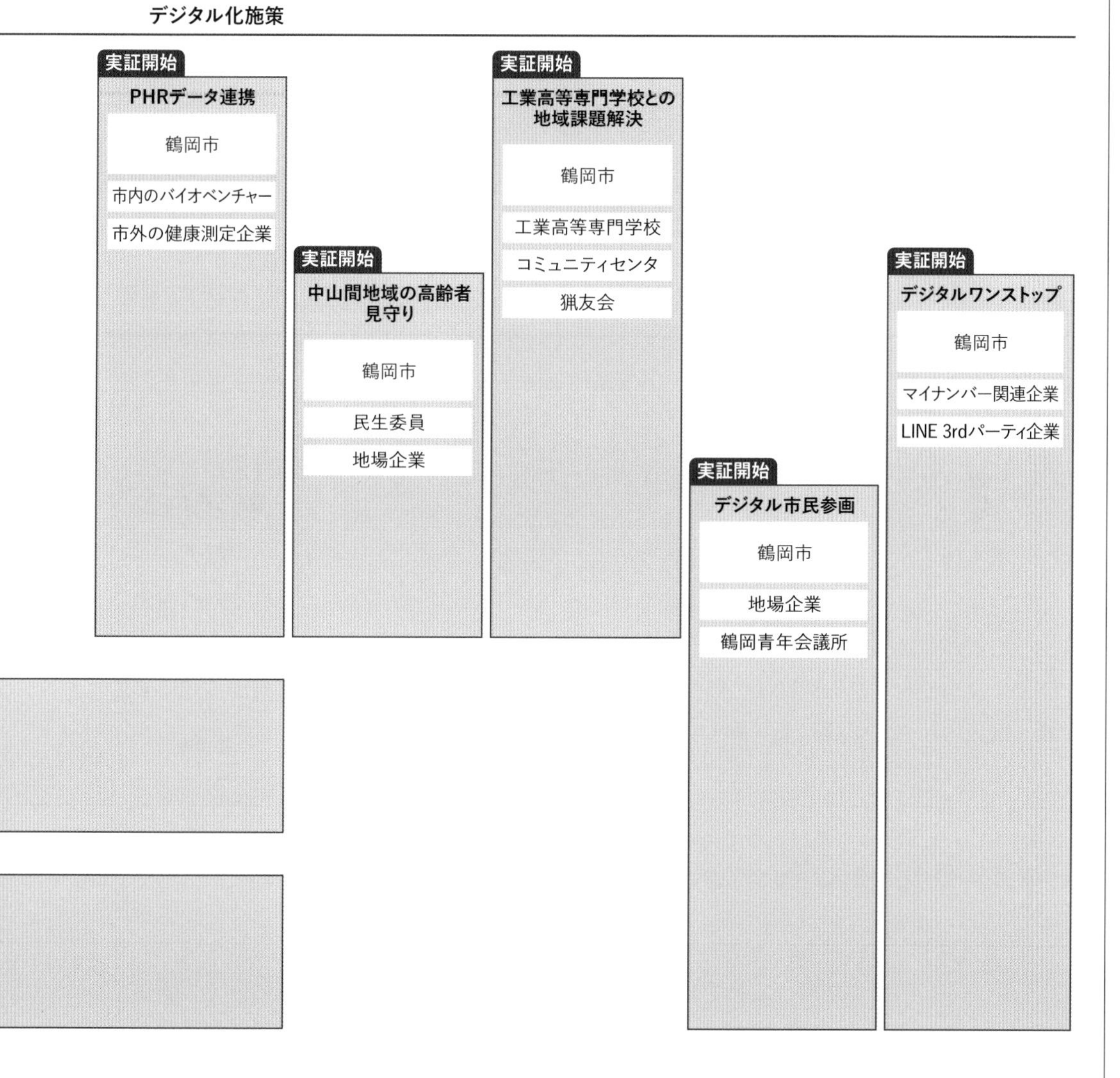

ーイング）を実現しつつ、市内発祥のバイオ系ベンチャー企業のビジネス拡大にもつながるローカルハブを象徴する取組だ。

また、スマートフォンやWebを通じた行政サービスのデジタル・ワンストップ化、平時からの防災意識の啓発と災害発生時の効果的な避難誘導、罹災証明の即時発行などの一連業務（サービス）を、デジタルを通じて提供する防災DXの取組なども検討されている。これらに加えた、地域企業・産業にも裨益するデジタルサービスの実現を加えていることが鶴岡市のデジタル化の大きな特徴である。

（3）全国におけるデジタルローカルハブ形成への試み

鶴岡市以外でも、市民の生活利便性や生涯の希望・安心を実現する一方で、地域経済の求心力、すなわち内外から期待される産業を構築する戦略策定に取り組む自治体が増えてきた。

岩手県盛岡市は、北東北の中核都市として、市民の生活を便利に、豊かにするデジタル化に加え、地域経済の活性化を実現し、それらをまちづくりとして展開していく方針を打ち立てた（盛岡市「デジタル化によるまちづくり推進戦略」）。

また、北海道帯広圏（帯広市、音更町、芽室町、幕別町）では、カロリーベースの食糧自給率1,100％を超える日本の食農拠点・十勝を擁するメリットを活かし、世界とダイレクトにつながる産業・創業の求心地を実現するローカルハブ戦略の構築を検討している。あわせて、全国で珍しい、一市三町の広域圏（生活圏）のウエルビーイング実現を目的としたデジタル化の推進構想をとりまとめている。

また、既に佐賀県などでは、人口約80万人という九州では最も人口が少ない自治体でありながら、アジアとの近接性を活かしたコスメティック産業のクラスター構築や、利用者目線で県内施設を横断的にバリューアップするオープンエアー戦略、全国でも例を見ない収益力を有した小水力発電、イノベーション人材の育成など、ローカルハブに関わる施策を次々と打ち出しており、その多くはデジタル技術に裏づけられたものとなっている。

デジタルローカルハブの構築は今後多くの都市・自治体で求められる。日本全国におけるこのような取組みが、市で活動するあらゆる主体に理解され、地域全体の生産性を高め、市民の利便・幸福が実現していくことを期待したい。

❖ デジタルローカルハブの実現にむけて

人口減少が続き、国内需要の大幅な増加も見込まれにくい中、日本は高い生産性を実現・維持していくことに活路を見出していくしかない。生産性の高い国土や空間を作るうえで重要なのは、東京大都市圏だけに生産性向上の役割を委ねるのではなく、地方圏等においても高い生産性を発揮する、生活・就業・社会活動の核となるデジタルローカルハブという都市の受け皿を構築していくことが必要だ。

欧州では高い生産性を有した都市が数多くある。都市単位で生産性と活力を高めていこうとする強い意思が見て取れる。ローカルハブと言えるような都市が少ない日本では、産業機能や研究・高度教育機能などポテンシャルを有している都市を中心に、自らの地域資源をデジタルの力で高め、また、国内外の様々な主体・機関とデジタル空間を通じてコラボレーションできるような環境づくりを進めていくことが重要である。スマートシティはあくまでも手段であり、その先にデジタルローカルハブの実現を視野に入れるべきである。

では、今後数多くのデジタルローカルハブが形成されるために、何に取り組むべきであろうか。

まずは、戦略づくりからスタートすべきだが、要は自治体・市民・企業関係者が同じ未来像を共有する場を作ることだ。現在の延長線から捉えられる“将来像”ではなく、地域の想いを加味した“未来像”の共有が重要なのだ。例えば、生産性の高い経済・産業活動を推進していくためには、活動を支えている従業者・家族・関係者が、どのような生活行動・経済活動を志向し、どのような人生設計を実現していくかをイメージする。そのうえで、市民・来街者の“日々の活動”と“人生の営み”をどのようなデジタル技術を通じて支援していくか、その構想を練ることになる。

例えば、自動運転の実装を検討するうえで、都市内の産業活動をどう想定するかを検討するのだ。その場合、自動運転の実地だけでなく、農業・養殖業の実情、小売など都市施設のデジタル化のイメージなどを、連携・連動して考えられることは意義がある。

このようなことを進める人材が地域にいるのか、次に疑問が湧く。政府は、デジタル田園都市国家構想の中で、230万人のデジタル人材を育成する目標を打ち立てている。地域のデジタル化を技術面からサポートする人材は今後充実されていくことだろう。ただ、デジタルローカルハブの実現にあたっては、デジタルに長けた人材の育成・獲得だけでなく、地域課題・社会課題を解決する意思をもった人材、そしてそれを地域のビジネスに変えていく人材、様々な経験を有した多様な人材を地域にいかに集めることができるかが鍵となる。

このたびNTT東日本が開設したNTTe-City Laboは、これからの都市がスマートシティとして実装するための具体的な体験施設が揃っている。自治体や関係する民間企業にとって、具体的な施設や基盤、サービス提供のイメージ、実装にあたっての詳細なポイントなどが体験できるため、スーパーシティのようなフル装備型のデジタル都市をめざしていなくても、自らの課題にあわせて解決した地域課題分野のソリューションを選択して体験できることになっている。実は、このような体験施設を通じて、地域の将来像、地域課題を改めて捉え直すこともできると考えられる。このようにLaboは、スマートシティの壮大な実験場であり、ここを源とした、地域に根付いたスマートシティが広がる可能性があり、実際それを実現できるたけのパワーと創造性を有していると言える。このLaboの地において、さまざまなソリューションが多様なカタチで地域に広がり、循環型社会の水源地となることを期待したい。デジタルローカルハブをめざす自治体・都市圏・関係者の方々にとって、NTTe-City Laboが重要なヒントを与えてくれることを願うものである。

参考文献：

『人口戦略法案―人口減少を止める方策はあるかー』（山崎史郎、日本経済新聞出版、2021年）

『地方創生2.0』（神尾文彦、松林一裕、東洋経済新報社、2016年）

内閣府「中長期の経済財政に関する試算」（平成28年1月21日経済財政諮問会議提出）
（https://www5.cao.go.jp/keizai2/keizai-syakai/shisan.html）

内閣府「中長期の経済財政に関する試算」（令和5年1月24日経済財政諮問会議提出）
（https://www5.cao.go.jp/keizai2/keizai-syakai/shisan.html）

独立行政法人労働政策研究・研修機構「労働力需給の推計」（2019年度）
（https://www.jil.go.jp/kokunai/statistics/rouju.html）

国立研究開発法人日本医療研究開発機構（AMED）ゲノム医療実現バイオバンク利活用プログラム
（ゲノム研究バイオバンク）
（https://www.amed.go.jp/program/list/14/05/010.html）

神尾 文彦（かみお ふみひこ）

株式会社野村総合研究所
研究理事 未来創発センター長
専門は公共・インフラ政策、都市・地域戦略、政策効果、公的金融など

第2部

地域の価値創造に向けた取り組み

NTTe-City Laboで実証している地域の価値創造に向けた取り組みを、地域の産業振興・経済成長、地域の賑わい創出、地域の安心・安全の高度化の3つのパートに分けてそれぞれ具体的に解説する。

1 地域の産業振興・経済成長に向けて

1-1 一次産業における最新AI、ICTの活用

農業をはじめとする一次産業では、AI、IoT、ドローン、ICTの活用が目覚ましく進んでいる。生産現場から収穫、保存、流通まで、様々な過程において、省人化、自動化、効率化、見える化、生産性向上などの実践的な取り組みが行われている。その最前線の取り組みを紹介する。

1-1-1 ［ICT活用による生産性の向上］

最先端農業ハウス 未経験者でも遠隔営農指導で豊かな収穫

農業経験のない人でも、最先端の技術を利用し、専門の指導員による遠隔からの指導を受けて生産性を向上させることが可能だ。農業指導員の人手不足を解消しつつ、新規就農者を増やす取り組みとして注目されている。

遠隔から映像を用いて農業未経験者を支援

NTTe-City Laboの敷地に設営された450平米のビニールハウス内には、大玉トマトの人気品種「桃太郎ピース」が350株ほど植えられており、青々と葉を茂らせながら数メートルにも育った株には、真っ赤に熟れた実がたわわに実る。現場を管理するスタッフは、あえて農業未経験者ばかり、しかも主担当１人と補助２人という少人数、かつ週休二日の勤務体制で、通常のハウス栽培に比べて作業時間は短い。それでも苗木の定植から収穫までをこなし、豊かな収穫を得られているのは、センサーによって温度や湿度などの最適な光合成環境を制御する全自動の「東京フューチャーアグリシステム」の設備、そしてローカル５Gを活用した「遠隔農作業支援」のサポートによるものだ。

図表2-1●最先端農業ハウスのイメージ

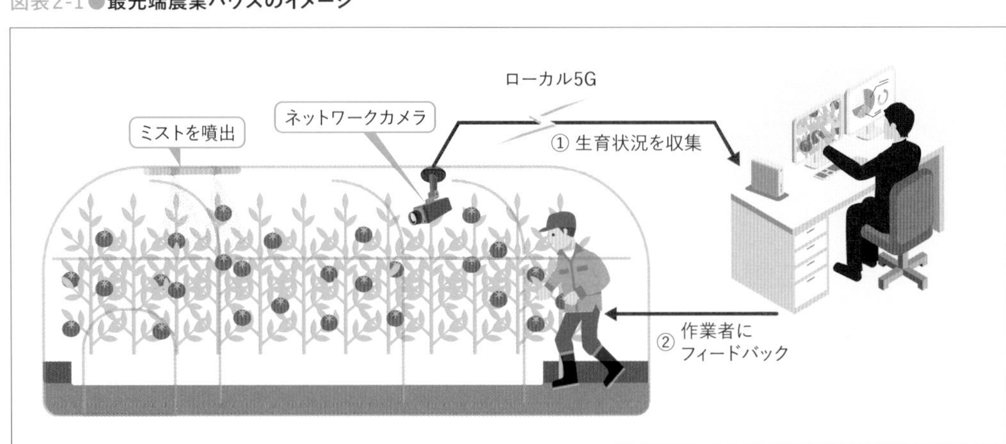

●ハウス内の4Kカメラ

ハウス内には、超高解像度の4Kカメラが4台、遠隔操作走行ができるカメラが1台設置され、さらに管理スタッフが装着するスマートグラスも含めて"機械の目"が隅々まで行き届いている。撮影された映像はローカル5G経由で東京都立川市の東京都農林総合研究センターの研究員までリアルタイムに届けられ、それらに基づいて隈なくハウス内を観察しながら、専門家による指導やアドバイスが行われるという仕組みになっている。これにより作業者からの相談に迅速に対応したり、作物の異常や病気の早期発見が可能となる。

就農者を支援し技術指導の効率化を図る

こうした「遠隔農作業支援」の実証に至った背景には、農業生産者数の減少・高齢化という大きな課題がある。農業経営体数は2005年から15年間で46％も減少しているといわれ※、生産者数を維持するためにも、新規就農者・未経験者の育成・支援が急務になっている。なかでも収量に直結する農産物の生産技術の指導は重要ながら、指導員側もまた年々高齢化・減少傾向にあり、一軒一軒回っての指導では人手不足は免れない。とりわけ小規模かつ分散した農地が多い都市部では、早急な対応策が望まれている。そこで、できるだけ人手をかけずに高収益・高品質な生産物を収穫できる農業のあり方、指導のあり方が求められるようになり、ローカル5Gによる「リアルタイム映像」を使った遠隔指導の新しい方法に期待が集まっている。

※出典：「農業センサス2020」

技術指導の効率化&高品質化が実現

2020年12月より、ビニールハウスでの高精度映像を用いた遠隔支援システムの実証が開始された。環境整備の期間を経て、これまでに１年ごと計３回の植え替えが行われ、栽培未経験者でも350株を管理し、糖度の高い高品質なトマトを安定的に収穫できることが実証された。また、遠隔による指導を受け、自ら実践することで、農業未経験者自身にも知見が蓄積され、人材育成にもつながることが期待される。さらに熟練した生産者もサポートが受けられることで栽培経験のない新品種などに挑戦できる環境を提供できるようになるという。

指導員にとってもこれまでの週１回訪問・移動１時間から週１日１回遠隔指導・移動時間ゼロへと、負担が大きく削減され、効率的な技術指導が可能になった。また生育状況の確認も、週１回の実地観察だったのが、映像を通じたオンラインでの日々こまめな確認ができることで、指導のための情報収集頻度が向上した。その結果、変化や異常をいち早くキャッチし、きめ細やかな技術指導・対応へとつなげられるようになった。

こうして収穫されたトマトは、2021年からは施設のある調布市内の農協に流通するほか、小学校、子ども食堂などにも提供され、「甘くて美味しい」と高い評価を受けている。特に小学校については、校外学習として施設見学を行ったり、さらに調理残さ（渣）の提供を受けて液肥

●最適な光合成環境の下で育成されたトマト

を返すなど、地域連携の資源循環モデルのパートナーとして関係を深めている。

高品質化と事業化の２方向で進化を図る

今後については、遠隔農作業支援の高品質化に向けて、様々な取り組みを開始している。まず１つめとして、長期的な安定栽培を目的とした生育調査の効率化を図るために、スマートグラスとAR技術を活用した「自動計測・集計アプリ」を開発中だ。たとえば生育の長さを計測する場合、手作業によるメジャーでの計測をしていたものが、スマートグラスで見るだけで自動計測され、28％の時間短縮を実現するという（NTT東日本調べ）。対象が増えるほど省力化の効果が高まることが期待され、さらにデジタル化により、より緻密で複合的な分析を可能とし、指導の高品質化につながる。

●遠隔操作による走行ができるカメラ

そしてもう１つ、より効率的なハウス内の生産状況の把握や、空撮映像をもとにした病虫害診断などを目的に、ドローン活用を視野に入れている。ただしハウスの中は狭く、衛星信号による位置特定が難しいため、まずは自律飛行や遠隔操縦の技術開発から実施していく予定だ。

そして、「遠隔農作業支援」および「最先端農業」の実装・普及に向けて、ネットワークや機器の多様化による選択肢、リソースのシェアリングなど地域との協働を念頭に、事業化を図っていく。

ポイント解説

- ローカル５Ｇと高精度カメラでリアルタイム映像を伝送
- 専門家の遠隔指導による生産者の農業支援と育成
- 小学校など地域連携による資源循環
- 都市部をはじめとする農業生産者・農業指導者の人材不足を解消へ

1-1-2

［ICTによる農業の効率化］

遠隔営農コックピット 栽培農家を農業指導員が遠隔支援

トマトなどの栽培農家を農業指導員が遠隔から支援するのが「遠隔営農コックピット」だ。現場の様子をICTとデータ活用で把握し生産者を専門的にサポートすることで、栽培経験のない生産者でも高い生産性の実現が可能であり、新規就農者数の拡大が期待される。

ベテラン農業従事者の不足に対応

第一次産業の大きな課題は担い手不足。特に農業従事者は年々、減少傾向にある。農林水産省の調査によると、15年には基幹的農業従事者は175.7万人だったのが（農林業センサス）、23

●コックピットによるリアルタイム遠隔栽培指導

図表2-2●遠隔営農支援システムの構成イメージ

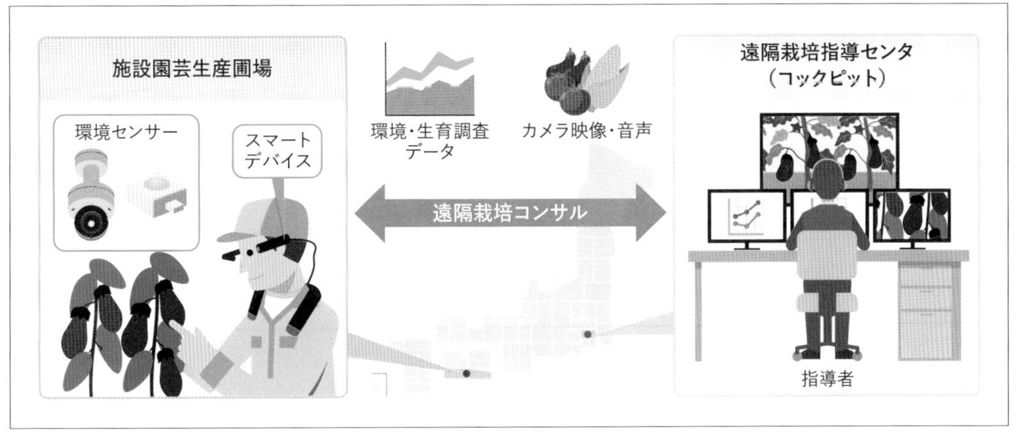

年は116.4万人となっている（農業構造動態調査）。新規就農者数も減少傾向にある。また、高齢化により、技術やノウハウを持つベテラン農業従事者も不足しつつある。

このような農業が抱える課題を解決するために、NTT東日本と全国農業協同組合連合会（JA全農）が共同で整備したのが、遠隔栽培指導のための仕組み「遠隔栽培指導センタ」、通称コックピットである。21年秋からNTTe-City Labo内に、コックピットを用意し、施設園芸生産に対してリアルタイム遠隔栽培指導の実証を開始した。実証においては、JA全農、NTT東日本に加え、農業ICT分野で専門性を持つNTTアグリテクノロジーと連携。全農グリーンソースの施設園芸栽培コンサルサービスとしての展開を視野に実用化を進めている。

農作物の生育データを収集し管理に生かす

コックピットでは、大きく2つのデータを管理している。1つは農作物に関するデータと、もう1つが人に関するデータである。農作物に関するデータとしては、圃場に環境センサを設置し、温度や湿度、CO_2濃度、日照量などを取得する。また、スマートグラスなどのスマートデバイスを用いて、カメラ映像や音声データ、さらには成長点が1週間でどのくらい伸びたかなどの生育調査データも取得する。

一方、人に関するデータとしては、圃場で作業員がどういう作業をしているのか、各作業員一人ひとりの作業の内容や進捗など、労務全体の情報を管理する。この農作物に関するデータと労務データという2つのデータを管理することで、適切な人材配置ができるような仕組みとなっている。

具体的には、コックピット側にPC、圃場側にはスマートデバイスと環境センサ、ネットワークを用意することで、すぐにスモールスタートできる。導入の敷居が低いのも、コックピットのメリットだ。

専門家の丁寧な栽培指導を受ける

圃場では、作業員がスマートグラスを装備する。スマートグラスのカメラで映し出された作物の状況や環境情報は、コックピット側の画面にリアルタイムに映し出されているので、作業者は必要な時に質問することができ、指導者側も適切な指導できるようになる。病害虫や設備の故障などもリアルタイムで報告できるので、運用の安定化を図ることもできる。

このように、コックピットを導入する効果は、栽培経験のない生産者でも、専門家の指導で適切なアドバイスを受けられて生産性を高められること、そして専門家は栽培指導のために現地訪問する時間やコストが不要になり、より多くの現場を指導できることだ。それに伴い、新規就農者の参入障壁を下げることも可能になる。

また、作業員の労務管理ができることで、最適な人的リソースの配置が可能になる。こうした、生産拠点を設置することで、生産者がイニシアティブを持った市場形成が実現する可能性が生まれてくるといえる。

収集データをもとにAIで自動化も

●圃場でのスマートグラスの活用

このような新しいやり方をどう普及させていくか。現在はJA全農との実証実験の段階だが、今後はトマトやピーマン、キュウリ、パプリカなどの大型施設園芸を運営している他の農業法人にも拡げていくことを計画している。作物や人に関するデータを扱うことになるので、セキュリティを担保していく方針だ。

NTT東日本では今後、コックピットのさらなる普及を進めるため、AIを活用した自動でのサジェスチョン（提案）機能などを提供していくことも検討している。例えば今、エネルギーの価格高騰が世界的に問題となっており、大規模施設園芸におい

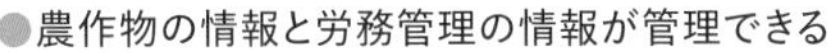

●農作物の情報と労務管理の情報が管理できる

ても、生産コストの上昇による作物の価格の高騰など、マーケットにも大きな影響を与えている。だが、コックピットで収集したデータを基に、AIが適切な温度を提案できるようになると、エネルギーコストの最適化も可能になる。

コックピットの普及は、サステナビリティや循環型社会の実現にも貢献できる仕組みとなっている（コックピットの事例については、第3部の事例-1参照）。

ポイント解説

- 遠隔営農コックピットは大規模施設園芸での利用を想定している
- 現地に赴くことなく、環境センサやスマートグラスで取得した情報を元に、営農指導者が適切な指導を行うことができる
- 作業員の労務情報も管理するので、最適な人的配置なども可能になる

1-1-3

［収穫量管理の最適化］

AI収穫量予測 1週間先のトマト収穫量が予測可能に

1週間後の収穫量を高い確度で読めるかどうかは、農家にとって大きな課題だ。トマトの成熟度を動画で撮影し、天候などの環境データや成長パラメータと組み合わせてAI解析し、収穫量を正確に予測するシステムが開発された。これにより様々なロスをカットし、コスト削減や売り上げ拡大を見込むことができるようになる。

フードバリューチェーンの一丁目一番地

担い手不足が懸念されている日本の農業。生産者が増えない大きな要因の1つとも言えるのが、日本の平均年収と比べて所得が低いこと。農業所得を上げるには生産性の向上や省力化がカギを握ることになる。生産性向上や省力化が問われているのは生産工程だけではない。

一般的に、農産物は、生産→集荷→加工→販売というサプライチェーン（フードバリューチェーン）というプロセスをたどる。農業の生産性向上や省力化とは、このフードバリューチェーン全体を対象とすることが重要になる。

このフードバリューチェーンの一丁目一番地となるのが、「収穫量予測」である。収穫量が精緻に予測できれば、収穫時に必要な作業員の人数や、出荷時のトラックの台数などの最適化も

図表2-3●収量予測による自律的・持続的なモデルの確立

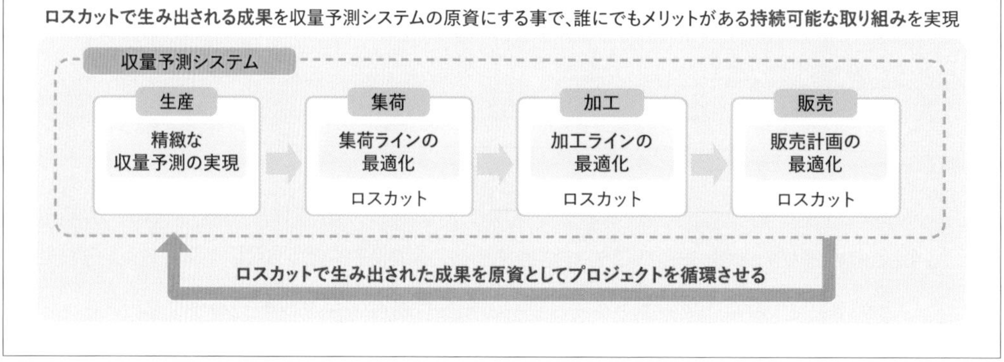

ロスカットで生み出される成果を収量予測システムの原資にする事で、誰にでもメリットがある持続可能な取り組みを実現

収量予測システム

生産	集荷	加工	販売
精緻な収量予測の実現	集荷ラインの最適化	加工ラインの最適化	販売計画の最適化
	ロスカット	ロスカット	ロスカット

ロスカットで生み出された成果を原資としてプロジェクトを循環させる

図表2-4●近鉄ふぁーむ 花吉野における実証実験のフローイメージ

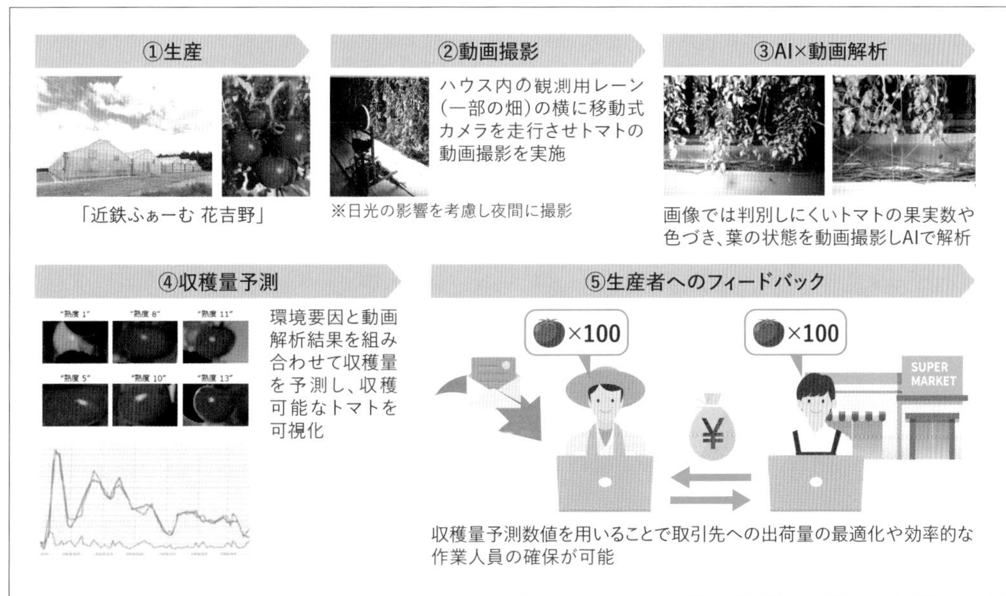

できる。つまりフードバリューチェーンの各工程の最適化を図ることができる。最適化により、ロスカットで生み出された成果を原資としてまた次の生産につなげることも可能になる。持続的な取り組みが実現できるのだ。

動画解析技術を活用したAI収穫量予測

収穫量予測のソリューションとしてNTT東日本およびNTTアグリテクノロジーが提供しているのが、「AI収穫量予測」である。同ソリューションでグリップするパラメータは2つ。1つは気温や湿度、日照量、天候などの環境データ。そしてもう1つは実際の植物（今回のソリューションが対象としている植物はトマト）の様子。この2つを基に、動画解析をするAIと収穫量を予測するAIとを組み合わせ、それに過去の実績を加味した上で1週間後の収穫量を予測する仕組みとなる。

同ソリューションは、既に実際の圃場でも活用されている。

近鉄不動産が運営する「近鉄ふぁーむ 花吉野」（奈良県吉野郡）では、2012年から水分量をコントロールして糖度を高める野菜栽培を進めてきた。そして、2022年10月6日から23年3月31日にかけて、同ソリューションの実証実験を行った。

同ファームでは、出荷予定日の1週間前に出荷量を取引先へ通知する必要があり、これまでは栽培責任者がトマトの熟度状態をもとに、ハウス全体の収穫量を予測して決定していた。しかし、熟度状態による収穫量の予測は栽培責任者の経験に左右されるだけではなく、気温や日照量などの環境要因にも影響を受ける。そのため収穫量を予測することが難しく、予測誤差による出荷時の欠品や廃棄ロスなどの恐れがあった。さらに、ベテランの栽培責任者が異動してしまうと、予測の精度が下がってしまうという課題もあった。

近鉄ふぁーむ 花吉野での実証実験

近鉄ふぁーむ 花吉野におけるAI収穫量予測のフローは、まずトマトの状態を正確に把握するため、ビニールハウス内のレーンの横を台車に乗せたカメラ（移動式カメラ）を走行させ、トマトの動画撮影を実施することから始まる。撮影は日光の影響を考慮し夜間に実行。夜間に行うメリットは次の２つ。１つは人工光源を使うため、トマトの色づきなどをより正確に取得できるようになること。次に昼間は葉かきや摘果、収穫などの作業が行われるが、その作業を邪魔しないことだ。

次にカメラで取得した動画を用い、トマトの果実数や色づき、葉の状態などをAIで解析。そして動画解析結果と環境データ、および昨年度の実績データや農研機構が提供する一般的なトマトの成長のパラメータなどと組み合わせて、収穫量をAIで予測し、収穫可能なトマトを可視化するという流れだ。

画像ではなく動画を活用するのは、どのくらいの色づきのトマトがどこに何個なっているかなどの判別を、より正確に行うためだ。取得した情報はPC画面で立体的に再現でき、画面を拡大することで、葉の裏に隠れているトマトも確認することができる。

移動式カメラの導入が難しいビニールハウスの場合を想定して、NTTe-City Laboのビニールハウスでは、１つのレーンに首振りできる固定カメラを３台設置するという方法で実証実験を行っている。このような簡易的な仕組みでも、先の移動式カメラと遜色なく、作物の生育状態の情報が取得できるという。

●首振りできる固定カメラ

AI収穫量予測を活用するメリット

近鉄ふぁーむ 花吉野がAI収穫量予測を活用したことで得られた第一のメリットは、これまで１週間に１回、人が行っていた生育調査の自動化が実現したこと。これはコスト削減にもつながり、農業経営の安定にもつなげられる。

第二に生育調査の頻度と精度を上げられること。これまで生育調査は代表株を選んで行っていたため、生育調査が本当に役立っているのかが疑問に感じる部分もあったという。だがAI収穫量予測を活用すれば、すべての株を毎日、調査できるようになる。成長の推移や元気のない株などを容易に把握できるようになるため、栽培管理の最適化が図れるようになる。

第三に収穫日にどのくらいの色づきのトマトが何個なっているかがあらかじめ把握できるようになるため、取引先に効率的に分配でき、効果的な販売計画や広告戦略が打てるようになることだ。

●映像解析によるトマトの生育具合のプロット

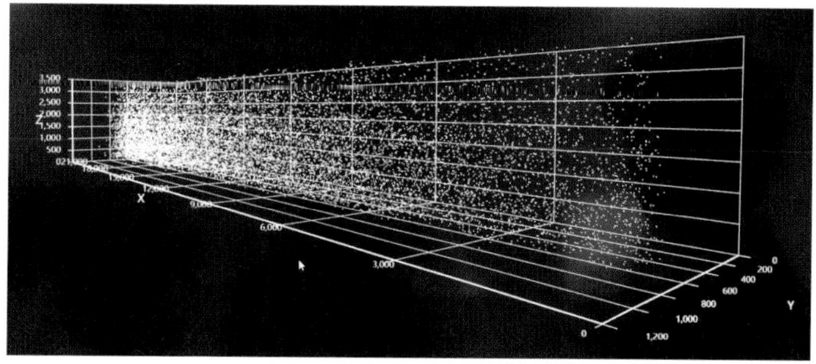

さらに精度を向上させ別種の作物にも

近鉄ふぁーむ 花吉野における収穫量予測の精度も向上しており、これまで栽培管理者が行っていた精度よりは良い結果が出ているという。だがNTT東日本ではさらにAIの精度を高め、外れ値を小さくしていくことに取り組んで行くという。また、現在は1週間後の収穫量予測だが、2週間後などさらに長期的な予測もできるようにしていくことも計画。予測精度をさらに高めることは、収穫作業員などの労務管理を最適化することで、コスト減も可能になるからだ。

また大きさと色づきを指定すると、そのレベルの収穫量がどのくらいになるか自動で計算するようにするなど、出荷管理を含めて一元的に管理できるシステムを実現していくという。

AI収穫量予測は現在、トマトを対象にしているが、そのトマトにも品種がいろいろある。近鉄ふぁーむ 花吉野では現時点では「フルティカ」種を生産している。品種によって葉の形などが異なるため、まずはフルティカ以外のトマトの品種にも対応できるようにするのが次のステップとなる。さらなる将来はナスやパプリカ、ピーマンなどビニールハウスで栽培する別種の作物にも応用していくことを検討している。

ポイント解説

- 収穫量予測はフードバリューチェーンの一丁目一番地
- 近鉄ふぁーむ 花吉野では、収穫量予測の属人化を防ぎ、より精緻な予測をするためAI収穫量予測を活用
- 映像収集は夜間に実施。昼間の作業を邪魔することがない
- 1週間後の収穫量の予測ができるため、作業員の最適配置などが可能に

1-1-4 ［新しい栽培のかたち］

コンテナ式閉鎖型レタス栽培プラント 人工光を用い自動栽培で新鮮・安全な野菜

コンテナ式の栽培プラントは、地域を問わず安定した栽培ができるうえ、遊休スペースの活用で場所に応じて様々なサイズでの設置が可能だ。生販近接による輸送コストの削減と環境負荷低減が期待でき、環境自動制御、遠隔指導、最適品種の活用、再生エネルギーなどと組み合わせ高い生産性が実現できる。

コンテナで新鮮・安全な野菜を育てる

実証ファームでは、12フィート（約９平米）という小さなコンテナ型施設ながら、その内部では人工光を用いた最先端の野菜栽培が行われている。現在、実証しているのは「リーフレタ

●コンテナ式閉鎖型レタス栽培プラントの外観

図表2-5●コンテナ式閉鎖型レタス栽培プラント3つの特長

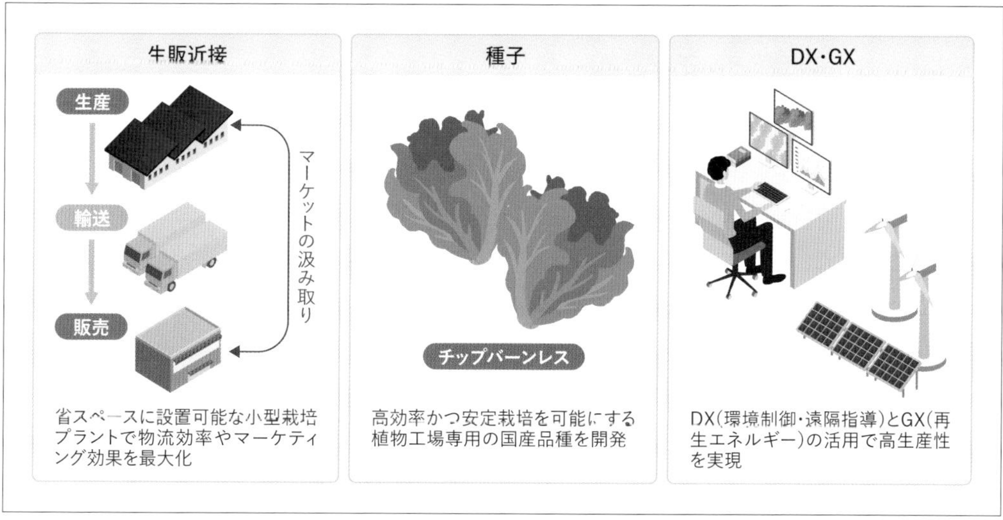

ス」で、１つの棚に４段分の穴空きパネルを設置し、土を使わない培地に種を蒔いて約４～５週間で収穫する仕組みだ。１週間ごとに１段ずつ順番に種を蒔き、継続的に収穫が可能となる運用を行っている。

千葉大学発のアグリベンチャーであるリーフラボ社で開発された人工光型の植物工場栽培に適した、葉焼け（チップバーン）になりにくい品種を、水や養液に加えて最適な温度や湿度、二酸化炭素濃度などの栽培技術を備えた設備で栽培を行う。センサーにより温度や湿度等、ほぼ全てが自動的にコントロールされており、人的な管理コストを最小に抑えながら、季節や気候に左右されることなく、年間を通して安定的に収穫を得ることができる。

システムを動かすための電力は、コンテナ上部に設置されたソーラーパネルに併設されたバイオガスプラントからの電気を活用できる仕組みになっている。水や養液は循環させて再利用するので資源の節約になり、廃液や残さ（渣）もごく少量で済む。さらに、閉鎖型であるため病気や害虫の影響をほぼ受けず、農薬を使わずに栽培ができるなど、環境面の影響を最低限に抑えられることも大きなメリットとなっている。

都市部でも地方でも課題に応じた最適解

もともと環境管理型の栽培システムは、天候に左右されず安定した生産ができる「未来の農業」として注目されてきた。近年、トラックドライバーの労働時間に関する規制による「2024年物流問題」で農林水産物の輸送能力が３割不足するとの試算が有識者会合で示されており、都市部では生販近接がかなう栽培システムが解決策の１つとして期待されている。

そこで課題となるのが、栽培スペースの確保、人的・エネルギーなどのコスト抑制、さらに品質や安全性の担保などだ。小型コンテナ式であれば省スペース、かつ積み上げもできるため、高密度で栽培できる。さらに水循環式で廃液や残さも少ないため、屋外・屋内でも場所を選ばず設置できる。無農薬で栽培した“採れたて野菜”という高付加価値も強みになり、たとえば、スーパーなどの販売施設やレストランなどで栽培したり、マンションなどのコミュニティで共有の畑として利用したり、様々な活用が期待できる。

●チップバーンレスのリーフレタス

一方、地方では耕作放棄地や廃校など遊休資産の活用が課題となっており、その転用先の1つとしてコンテナ式農産物工場の可能性が期待されている。地域では人材不足の懸念があるが、全自動で管理でき、カメラやセンサーを利用した遠隔での指導・監視システムを搭載することで、経験の少ない人でも少人数で多くのシステムの管理が可能になると見込まれている。また、設置する場所に応じて、バイオマスや地熱、風力、水力などの小規模発電にも置き換えるなど、エネルギーの地産地消も想定している。

ソリューションを蓄積しコンテナユニット単体の提供

NTTe-City Laboでは、2022年６月から検討がはじまり、23年３月にプラント施設が完成した。スタートアップなどとの共創により、これまで世の中で実証されてきた様々なノウハウや知見を集約し、ファシリティ部分だけではなく、お客様のご要望に合わせた野菜品種の開発や栽培にかかる運営・管理の効率化などをめざしたソリューションを提供することを目標にしている。

「場所に合わせて様々なサイズでの設置が可能」、「人工光型の植物工場栽培に適した品種の種子の提供」、「モニタリングシステムやバイオマス発電などのテクノロジー提供によるDX/GX」を強みとし、NTT東日本がこれまで築き上げてきた信頼性のもと、自治体などを中心に活用が広がっていきそうだ。

既に廃校の活用法として検討が開始されている事案もあり、それぞれの地域の課題や設置したい場所などに個別に応じながら、知見を蓄積していく。コンサルティングからワンストップでの提供に加え、パートナーとの連携でコンテナ栽培ユニット単体販売なども視野に入れているという。

エネルギー価格高騰のなかの地産地消エネルギー活用

今後は、カメラ映像やデータを用いた遠隔営農支援（30頁参照）をコンテナ内で実証していく予定だ。また、レタス以外にも、いちごやスプラウト類など、高付加価値・高収益が期待できる作物の栽培も可能である。経験の少ない人でも栽培可能な方法であるため、若年層やシニア層、農福連携として障がい者も対象とすることができるのではないかと想定している。それぞれ必要となるスキルや関わり方などを洗い出し、人件費も含めた収益性を検証していく。

●コンテナ内のリーフレタスは棚単位で管理される

収益性を考える際に、大きな壁となっているのが、近年高騰が続いている電気料金だ。通常の電力を利用するとコストペイのハードルが高くなるため、単なる生産拠点としての役割にとどまらない、地域活性化の一助になるようなあり方や民生エネルギーでの運用（GX）も含めた活用方法を検討していく。パートナーや利用者と共創・連携しつつ、通常の農業ではできなかった新しい農業のあり方を期待することができる。

ポイント解説

・コンテナ式栽培プラントは遊休スペースを活用し地域・場所を問わず安定した栽培が可能だ
・人工光型栽培に環境自動制御、遠隔指導、最適品種の活用、再生エネルギーなどと組み合わせて高い生産性をあげることができる
・ソーラパルネルやバイオガスなどの再生エネルギーを活用したGXを実現する

1-1-5 ［コールドチェーン］

電圧冷蔵庫×ICT 生鮮品の鮮度を保持し保存期間を拡大

生鮮品の販売可能な期間を拡大するため、電圧冷蔵技術にICTを合わせた鮮度保持の実証実験が展開されている。イチゴを筆頭に肉、日本酒まで保存期間の延長に成功。生産者にとっては需要に合わせた出荷調整、販売機会の拡大が期待できる。

鮮度保持という大きな課題

「おいしい果物は旬の期間が短い。生産地に行かないと、なかなか食べられない」——大都市のフルーツ店には、年間わずか1、2日しか販売できない果物がある。また、これまでは南から北へ同じ作物の収穫時期をずらす産地リレーが成り立っていたが、昨今の気候変動により収穫時期が重なり、価格が暴落する事態も発生している。

いずれも、農産物は収穫時期を調整しにくく、鮮度を維持できる期間が短いことに起因し、消費地の需要とズレを生じさせている。もし、販売期間をあと数日増やせたらもっと売れる、同時に収穫した農産物を少しずらして出荷できれば適正価格で売れるのだが……。

図表2-6●生鮮流通の課題

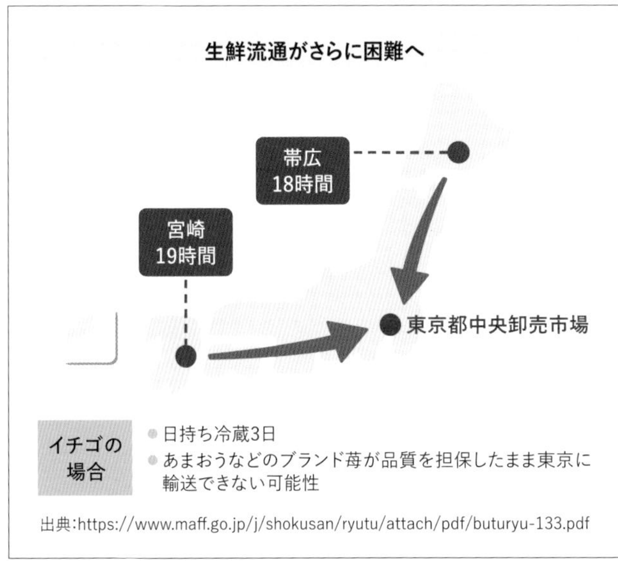

出典:https://www.maff.go.jp/j/shokusan/ryutu/attach/pdf/buturyu-133.pdf

日本国内の食料自給率は低く、2022年度は出荷額ベースで約58%にとどまっている。自給率の向上が求められる一方で、実は年間2兆円ものフードロスが生まれている（農林水産省「農業・食利用関連産業の経済計算」(平成30年）より)。外食や小売段階でのロスに限らず、生産品の未利用（流通しな

図表2-7●冷蔵技術とICT（センシング＋データ分析）で鮮度を保

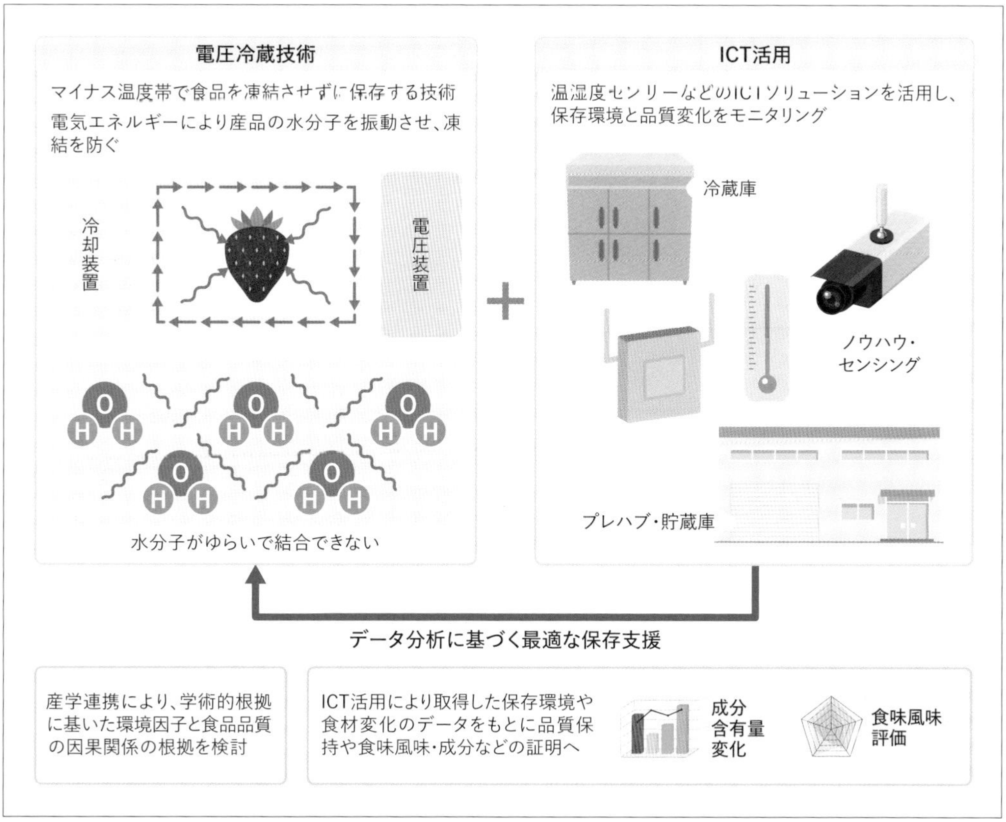

電圧冷蔵技術

マイナス温度帯で食品を凍結させずに保存する技術
電気エネルギーにより産品の水分子を振動させ、凍結を防ぐ

冷却装置
電圧装置

水分子がゆらいで結合できない

＋

ICT活用

温湿度センサーなどのICTソリューションを活用し、保存環境と品質変化をモニタリング

冷蔵庫
ノウハウ・センシング
プレハブ・貯蔵庫

データ分析に基づく最適な保存支援

産学連携により、学術的根拠に基いた環境因子と食品品質の因果関係の根拠を検討

ICT活用により取得した保存環境や食材変化のデータをもとに品質保持や食味風味・成分などの証明へ

成分含有量変化
食味風味評価

い）や、加工・流通段階で傷むことによるロスも大きい。

NTT東日本が農業分野で活動を展開するなかでも、生産者は収穫後の保存方法に高い関心を示していると実感したという。第一次産業の振興においては、質の高い農作物を効率的に生産する方法の探求と同時に、収穫後のプロセス、つまり消費者の需要に応える出荷調整や生鮮品の保存期間を延ばして販価機会を増やす、鮮度保持の技術革新が求められているのである。

電圧冷蔵技術をICTの活用で最適運用

生鮮品の鮮度を保持する技術として注目されるのが、マイナス温度帯で保存しつつも凍らせない電圧冷蔵である。食材に含まれる水分子に電気エネルギーを与えて振動させることで、水分子どうしを結合させず凍結を防ぐことができるのだ。

電圧冷蔵技術を備えた電圧冷蔵庫は複数のメーカーから提供されており、実際の生鮮品で様々な検証を行い、再現性を高めたうえでの実用化が急務となっている。

どんな食材を電圧冷蔵庫に保存したらどのように品質が保持されるか、またうまくいかないのはどのようなときか。外観の変化にとどまらず、様々な角度からデータを取得しエビデンスに基づいた最適な保存方法を研究すれば、鮮度保持に貢献できる――このような発想から、電圧冷蔵技術にIoTをはじめとしたICT技術を組み合わせ、生鮮品の鮮度保持期間を伸長する取り組みが始まった。

通常は3日のイチゴを2週間にわたり鮮度保持

最初に挑戦したのは、クリスマス需要などで価格の高低差が大きいイチゴである。電圧冷蔵庫にセンサーを設置し、温度・湿度や糖度・酸度をはじめ、イチゴの色（明度、色味）、へたの葉緑素、果皮と芯の硬さなどを測定し、データを蓄積。食感や味もチェックした。肉眼では色の変化がないように見えても、老化が進んでいる場合がある。例えば特殊なフィルターを通して撮影すると時間の経過とともにイチゴの表面に青色が増してくるが、その面積が広いほど老化が進行しているのだ（ただし、老化は熟しているサインでもあり、味が落ちるとは限らない）。

各種データを用いて研究機関の協力を仰ぎながら実験を繰り返した結果、通常の冷蔵庫では2、3日程度の日持ちだったイチゴを、電圧冷蔵庫の利用で約2週間保存することに成功した。

実証実験に参加した生産者の中には、普通の冷蔵方法ならカビが生える日数になっても品質が保持された点を評価し、すぐに導入を決めた例もあった。

収穫日から3日目までに店頭に並べることが通例と言われるイチゴは、九州から東京へ長距離配送されると店頭での販売期間が限定されがちだった。2024年4月の法令改正でドライバー不足も懸念されているが、今後は物流に柔軟性を持たせることも可能になりそうだ。

そのほか、通常の冷蔵保存では3、4日の日持ちであるプルーンにおいては90日の保存に成功。果物や野菜以外にも精肉や花、日本酒などの保存でも成果が得られている。肉はすでに「熟成肉」のジャンルが確立しており、熟成と同時に鮮度保存ができればさらに付加価値を高められる。実証実験では、菌数を押さえつつ80日の保存とうま味のアップを実現した。

こうした実証実験は、延べ80件に上っている。

図表2-8●鮮度保持の取り組み事例（イチゴの場合）

店舗の課題
- 冷蔵2、3日しか日持ちしない
- 納品が不定期であり、突然のケーキの注文に対応できない

通常冷蔵

カビ

安定供給による販売増加へ
- 2週間の保存に成功
- 店舗での安定供給が実現

電圧冷蔵

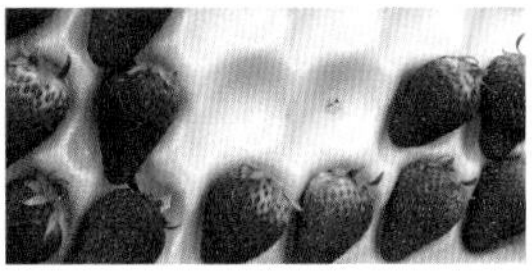

保存方法と物流方法が新たな価値に

●電圧冷蔵庫の据置型（左）とプレハブ型（右）

電圧冷蔵庫とICTの組み合わせで、生鮮品の出荷調整、長期販売、熟成（おいしさ）の付加価値提供を実現するため、現在は生産者側での活用が進んでいるが、今後は生鮮品が消費者に届くまで、つまり物流と販売まで一貫したコールドチェーン（低温物流）の実現に取り組んでいく予定だ。

ポイントになるのはやはりデータである。

今までと同じ車両で配送したとしても、どのような温度・湿度・衝撃度であれば品質を保持できるか、運び方の指南ができる。最終的にはどのように売ったら価値を損なわず一番高く売れるかまでの総合的なコンサルティング提供をめざしている。

近い将来、「鮮度と品質を保持した保存方法・物流でお届けしています」という収穫後のトレーサビリティ証明が、生産品質の高さと相まってブランド価値となり、新しい市場を創出していくと期待される。

今後は鮮度保持の対象となる生鮮品の範囲をさらに広げつつ、新たに国境を越えた電子商取引のプロジェクトも構想として動き出そうとしている。

第2部

ポイント解説

- 生鮮品の出荷時期をずらすことができれば販売機会が広がる
- 凍らせず鮮度維持したまま保存できる電圧冷蔵庫の活用が注目されている
- 保存品のデータを取得・分析して鮮度保持の質を高めていく

1-1-6 ［農業の効率化］

農業用ドローン 日本農業に合う中型ドローンで効率化推進

小規模農業に適した軽量で安価な中型ドローンが開発され、機体提供から保守・技能講習を実施するなど、農業用ドローンの普及に向けた地域の拠点づくりが始まっている。農薬散布にはじまり、種まきやセンシングなど活用対象を広げ、農業の効率化を推進する。

軽トラで運び１人でも操作ができる農業用ドローン

NTTe-City Laboの展示コーナーでもひときわ目を引くのが、黄色いボディの農業用ドローン「AC101 connect」（以下、AC101）の実機だ。NTT東日本グループのドローン専業会社

●AC101 connect

「NTT e-Drone Technology（NTTイードローン）」が、産業用ドローン製造のパイオニアであるエンルート社から一部事業を譲受し、小規模農家が多い“日本の農業”に最適な中型機として開発・製造を行なったものである。

大型化が進む農業用ドローンの中ではAC101の機体は小さめで、軽トラックにも積み込めるほどのサイズ、重さも4～8kgと女性1人でも運搬できるほど軽量化に成功している。バッテリー1回の充電で約30分間の飛行が可能であり、最大2.5haの農薬散布ができるなど、従来機に比べてスタミナ・省電力性に優れているのも大きな特徴だ。また、散布用のタンクには液状および粒状の農薬や、液肥など様々な種類の散布物を入れることが可能だ。また、工具なしで容易に取り外して洗浄できるため、様々な作物や作業での活用ができる。軽トラックで運び込み、人は田んぼや畑の脇からコントローラーで簡単に制御できるため、農作散布などの作業が1～2人で効率的に行えるようになっている。

既に多くの水田において導入・使用されており、展示ではその活用場面の映像が見られる他、自動航行の仕組みについても紹介している。一度圃場をスキャニングすることで、自動的に航行するため、より安全で効率的な散布が可能となる。

世界でも活用が広がるなか日本の農業にフォーカス

農業用ドローンは、ドローン市場の中で最も早く活用が始まり、現在も積極的な導入がなされている分野だ。もともと農業は他の産業に比べ高齢化が著しく、担い手不足が深刻化しつつあり、ICTやロボットなどテクノロジーの活用による作業の効率化・省力化が期待されている。中でも特に作業的な負担が大きい農薬散布は以前から問題視されており、90年代からラジコンヘリコプターによる作業の置き換えが行われてきた。しかしながら、ラジコンヘリコプターは本体が1,000万円以上と高額であり、機体が大きく重たいことから操縦や管理が難しく、航行時間の短さや騒音、農薬が飛び散りやすいなどの課題を抱えていた。そうした背景的事情から、機体価格がヘリコプターと比べると安価で、比較的静かで農薬が飛び散りにくいドローンへの置き換えが進んだと考えられる。

なお農業へのドローン活用は世界的にも進んでおり、特に中国を中心に多くの機器が開発されているが、大規模農業を対象としており、山間部など小さな農地が多い日本では、必ずしも使い勝手がよいものではない。そこでAC101は、1/2ほどの大きさで軽く扱いやすい、“日本の農業”に最適化したドローンとして開発された。機体の本体価格は198万円と海外製に比べるとやや高額ながら、ドローンの法定耐用年数分の7年間の有料修理保証が付き、全国各地に修理拠点を設けるなど、長く安心して使える国産ならではのサービスとしての優位性も認知され、発売以来、着実に利用者を増やしている。

図表2-9●農薬散布への活用

農薬散布を
ドローンで効率化

- 中山間地域の高齢化・人手不足対策に活用
- 生産性の向上に寄与
- 新規就農者の獲得に向けた農業

農薬散布

水田に入らず、ラジコンヘリよりも手軽に散布

自動航行

自動航行で農薬散布の負担軽減
設定も送信機から簡単に可能

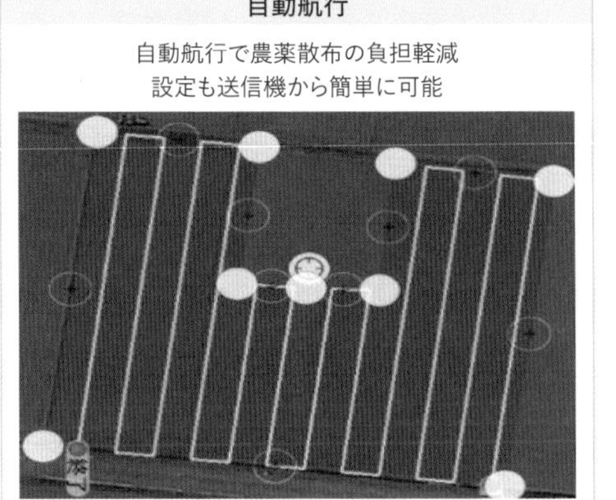

【実績】多くの水田で散布実績あり

農業用ドローンをソリューションとして提供し活用の幅を広げる

現在、AC101は機体の提供だけでなく、ソリューションとしての充実を図っている。農薬散布などの作業は農作物の育成状況に合わせてタイミングよく行うのが重要であるため、全国に販売代理店や整備拠点などの開発・拡大を進め、日本のどこでもAC101を安心して購入・利用できるような環境づくりを進めている。加えて、国土交通省の認定管理講習団体であるドローンパイロット育成スクールも各地に開設しており、AC101の購入者・利用者に対して操作・設定などに関する知識提供および実技訓練、ノウハウ共有などを実施している。また、農林水産省など省庁・自治体等で募集する、農業ドローン導入費用を補助する導入支援事業などの活用支援などについても、代理店とともに申請サポートを実施している。そうした地域密着の手厚いサービスも、NTT東日本グループらしい取組みといえるだろう。そして、機体を購入せずとも、全国のAC101ユーザーからドローンの機体とパイロットが派遣され、作業を実施する「おまかせeドローン」の提供を2021年10月より始めており、農薬散布などに対応している（「おまかせeドローン」については、第3部の事例-2を参照）。また、対象作物も米・麦・大豆・芋・レンコンなどに現在では限定しているが、今後は葉野菜や果樹などにも広げていく予定だ。

スマート農業の実現に貢献し若年層にも訴求

今後の農業用ドローンAC101については、軽量化や壊れにくさをさらに強化すると同時に、

図表2-10●**スマート農業への応用**

作付確認作業を
ドローンで効率化

- 職員の現地確認が不要になる
- 圃場の撮影・面積も算出が可能
- 作業時間の短縮によるコストダウン
- 撮影した画像を他業務に活用も可能

ドローン空撮

高精度なカメラを使用するため画像から
作物の識別が可能

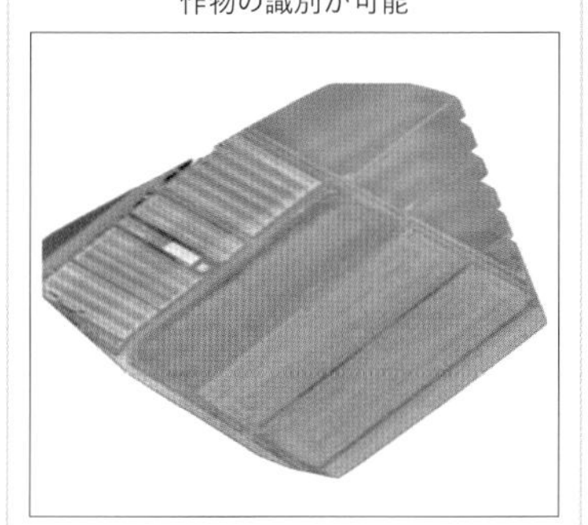

システムにより効率化

システム化により
圃場の検索・面積測定・作物の確認が可能

【実績】自治体と共同で実証実験中

ドローンの状態を監視してログで把握ができるようなシステムなど、使い勝手の良さを高めていく予定だ。さらに、積極的な営業活動によって販売台数を増やし、量産によって価格を下げることで、ユーザーのコスト負担を軽くすることも重要課題としている。

またドローンの活用目的についても、物理的な散布系だけでなく、得られたデータを活用した映像分析などのソリューションにも展開しながら、様々な形で農業の省力化・効率化を図り、「スマート農業」の実現に貢献していく。このようなテクノロジーを使った新しいジャンルへの応用は、農業のイメージアップにもつながるとも考えられ、若い世代に対しても積極的にドローンに触れる機会を提供し、体験を通じて農業の面白さや魅力を伝えていくことになるだろう。

ポイント解説

・日本の農業に特化したドローン「AC101 connect」を自社開発
・ラジコンヘリからの置き換えで小規模農家に評価
・安心して購入・利用できる環境づくりを実施中、若い世代に「スマート農業」を訴求

1-1-7 ［次世代の水産業］

陸上養殖プラント
完全閉鎖循環式の陸上養殖で新しい漁業

海洋環境変化や担い手不足により、日本の漁獲量は減少傾向だ。また世界的な需要拡大や魚価上昇の影響を受け、従来通りの「獲る漁業」では、安定供給が困難になる可能性がある。この課題を解決するため、ICTを活用したスマート陸上養殖プラントによる、安定生産が期待できる完全閉鎖循環方式陸上養殖の取り組みが始まっている。

陸上養殖事業化に取り組む意義

日本では魚離れが進んでいると言われているが、世界に目を向けると魚介類の消費量は増加傾向にある。特にアジアや、オセアニア地方では生活水準の向上に伴い、消費量が増加している。このような需要増加に対して、海水温の上昇等の影響で魚の生息域が変わることや、海洋が吸収する二酸化炭素の増大によりプランクトンが死滅、それを餌としていた海洋生物も減少しており水産資源枯渇の危機が迫っているといわれている。このような環境変動に加え、少子高齢化により漁業の担い手も不足しており、今後の魚の安定供給に向けた施策として養殖生産体制の強化が期待されている。

●NTTe-City Labo内の専用施設内に設置された飼育水槽

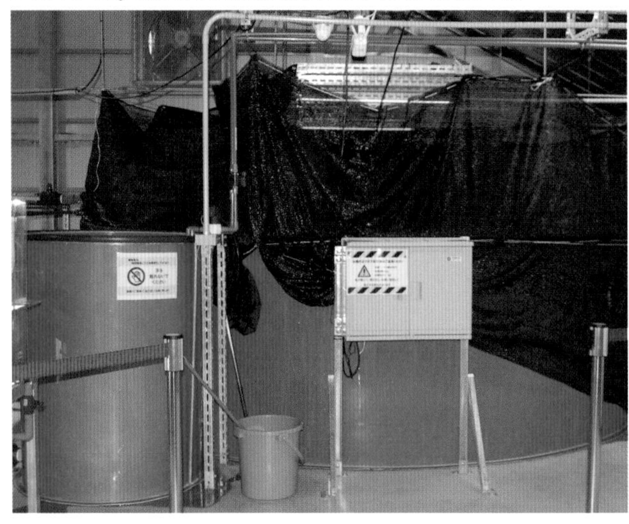

地域の課題解決に向け様々な取り組みをしているNTT東日本グループでは、一次産業の支援を重要なテーマと定め、多様な取り組みを進めてきた。一次産業の専業会社であるNTTアグリテクノロジーを設立したのもその1つ。同社は農業分野からスタートしているが、それだけではなく、水産業の課題を解決するため岡山理科大学

図表2-11●完全閉鎖循環式陸上養殖の原理

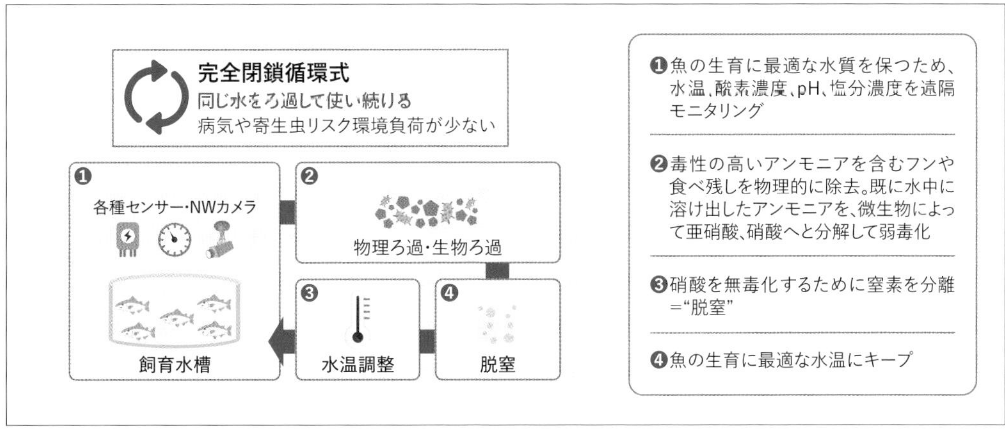

（岡山県岡山市）と共に取り組んでいるのが、完全閉鎖循環方式陸上養殖のビジネス化である。

完全閉鎖循環方式陸上養殖の特徴

これまで養殖といえば、海面養殖が一般的だった。だが海面養殖は自然環境に依存するため、立地制約が出てしまう。また台風等の自然災害による生け簀の破損、また赤潮や水温上昇等の影響により魚が大量死してしまう等のリスクがある。そのため今日着目されているのが陸上養殖である。陸上養殖は大きく分けて「掛け流し方式」、「半閉鎖循環方式」、「完全閉鎖循環方式」に分類され、NTT東日本グループでは「完全閉鎖循環方式」での提供を志向している。完全閉鎖循環方式陸上養殖とはその名の通り、完全閉鎖されたプラントの中に水槽を設置し、その中で魚を養殖するシステムだ。「循環方式」とあるように水の入れ替えは基本的に行わない。エサの残りやフン、それらから発生するアンモニア等の窒素化合物などを処理するための濾過装置や脱窒システム、および飼育水を通年で温度維持するためのチラー（冷却水循環装置）や加温機を組み合わせることで実現している。この方式のメリットは次の3つになる。

① 飼育水が飼育開始時に確保できれば、沿岸部や山間部等の立地を問わず飼育が可能
② 寄生虫等の発生・混入リスクが最小であることによる安全・安心な養殖環境の実現
③ 飼育水の排水による環境汚染の防止（周辺の自然環境や生態系を保護）

これらの特徴を生かし、場所を問わず安全・安心で安定供給できる魚の生産を実現することが可能となる。また、物流、倉庫、地域エネルギー、加工、食料販売など、周辺産業などの地域アセットとNTTグループのアセットを組み合わせ、それぞれが循環しながらお互いが繋がり、持続的に発展可能な地域循環型社会の実現に取り組んでいる。

完全閉鎖循環式陸上養殖は実証事業で成果も

完全閉鎖循環式陸上養殖プラントのカギは、いかに養殖環境を把握・管理し、それに基づく生産を日々実施する仕組みを構築するかということである。

22年1月から、福島市を中心にスーパーマーケットを展開する「いちい」（福島県福島市）と岡山理科大学、NTT東日本の三者で完全閉鎖循環方式の陸上養殖事業化に向けた実証プロジェクトを実施した。いちいはベニサケの生産と、生産したベニザケの加工・流通・販売、売上データの収集を担った。いちいでは、魚の知識や海面養殖の経験のない社員を敢えて飼育担当者に任命し、データ駆動型の遠隔指導を受けると共に、その指導・飼育ノウハウを形式知化しながら養殖に取り組んだ。岡山理科大学は好適環境水の提供と、養殖技術・ベニザケ飼育ノウハウ、プラント構築に関する技術指導を実施した。好適環境水は岡山理科大学・山本俊政准教授が開発した人工海水のことである。水産生物養殖に共通して必須となる飼育水に着目し、海水の中から海の魚にとって成長に必要な成分を絞り込むことで、効率的な生育を実現する。魚種にもよるが、稚魚から大型化までに必要な生育期間を約半分に短縮することが可能である。NTT東日本は、ICTを活用したスマート陸上養殖プラント（水温・水質センサー・ネットワークカメラ・データ蓄積ならびに生産レシピ作成用のクラウドコンピューティング環境・遠隔指導オンラインシステム）を組み合わせたデータ駆動型陸上養殖環境を提供した。同プロジェクトではビジネスベースで世界初のベニザケ養殖に成功し、約1年半の期間で稚魚から1.2kgサイズまでの大型化を実現している。養殖したベニザケは、試験販売という形でいちいにて販売された。

また宮崎県都農町でも23年度より、クエタマ（ハタ科の「タマカイ」と高級魚「クエ」を掛け合わせた新魚種）の完全閉鎖循環方式プラントを用いた陸上養殖の実証プロジェクトを開始した（宮崎県都農町、岡山理科大学、NTT西日本、NTT東日本の四者による共同実証事業）。

トータルソリューションでの伴走支援

NTT東日本グループでは、福島での実証成果も踏まえ、持続的に安定生産可能な陸上養殖事業組成に向けて、ICTを活用したスマート陸上養殖プラントの提供だけでなく、養殖事業立ち上げ検討時の事業コンサルティングから事業組成後の運営支援・リスク補償までを含めたトータルソリューションでの伴走支援を実施している。

陸上養殖を通じた地域循環型社会の実現に、地域の方々とともに取り組んでいる。

普及に向けた取り組み

今後、日本各地のビジョン・特性に合わせた形での陸上養殖事業の普及に向けて、取り組むべき課題としては次の2つがあげられる。

その1つが、プラント関連コストを低廉化すること。陸上養殖の普及に向けて、事業者・学術機関等との連携による各種技術開発を通じたイニシャルコスト・ランニングコスト双方の低廉化を図り、事業参入ハードルを下げることは必須である。特に、水質・水温維持のために必要となる濾過槽・チラー等機器のコスト低廉化と、効率的に稼働可能な低消費電力化の開発に取り組んでいく。もう1つは、遠隔指導を進化・充実させること。現在は、コックピットに構える養殖専門家と養殖プラントの現地管理を担う飼育員による「人対人」のコミュニケーション・指導であるが、将来的にはICT・AI等を活用のうえで、プラント機器の遠隔制御や自動制御等を通じ、遠隔指導の進化・充実を図っていく。

プラント導入により知見の蓄積、検証、技術開発等へ取り組む

NTTe-City Labo内に、完全閉鎖循環方式陸上養殖プラントを23年8月に構築。

福島での実証プロジェクトで得た知見をもとに、同プラントを稼働開始した。このプラントでは、NTT東日本グループのみではなく他の産業界の事業者や学術機関等との連携を通じて、顧客に提供するプラントコスト低廉化や、プラント運営の効率化・省人化等に資するノウハウの蓄積・検証、プラント構成技術の開発・アップデートを行い、養殖の経験・ノウハウがない事業者でも新規事業参入しやすい仕組みの構築に取り組んでいる。

具体的にはLabo内の完全閉鎖循環方式陸上養殖プラントの仕組みは次のようになっている。完全閉鎖されたプラント内の水槽内に水質センサー、また水槽上部にネットワークカメラを設置し、水質と魚の状態をリアルタイムでモニタリング。そのデータを光回線経由でクラウドサーバに送信。専門家がそれらのデータを遠隔地から確認可能な環境を構築することで、遠隔指導を実現。Labo現地では、センサーで取得した数値を制御盤で確認できるほか、カメラが捉えたリアルタイムの魚の様子をモニターで確認できるようになっており、ICTは飼育作業の効率化・データ駆動型の養殖を実現するためのツールとして活用されている。

ポイント解説

- 海洋環境の変化や、少子高齢化による担い手不足や高齢化より日本の漁獲量は減少しており、水産業の課題解決が社会的に求められている。
- 日本各地での完全閉鎖循環方式陸上養殖の事業組成に向けて、NTT東日本グループではトータルソリューションとして伴走支援を実施している。
- 今後の普及に向けた課題解決のための共創の場としてLaboに構築したプラントを活用していく。

1 地域の産業振興・経済成長に向けて

1-2 次世代の流通／交通のかたち

流通分野では、コロナ禍のなかで省力化とデータ活用が著しい進化を遂げた。自動運転にも多様な技術が取り入れられ、さらに実用性が高まっている。地域でも、都市部でも、導入効果の高いスマートストアと、遠隔型自動運転バスの取り組みを紹介する。

1-2-1 ［新しい店舗運営］

スマートストア「SMARTORE」長時間の無人店舗運営で収益増も

小売・卸売業は深刻な人手不足であり、店舗運営の効率化が大きな課題だ。ICTとAIを活用したスマートストアのシステムは、省人・無人化による店舗運営の効率化のみならず、データ利活用による売上拡大が可能だ。企業内店舗、自治体、学校などで高い効果を生み出すと期待されている。

人手不足とコロナ禍対応が課題となる小売業

少子高齢化が進む中で、小売・卸売業では、買い物難民対策が求められる過疎地域はもとより、地方や都市部においても人手不足が深刻な問題だ。また、ライフスタイルの多様化やSDGsなど環境意識の高まりに伴い、店舗運営の効率化やフードロス対策を進める上でも、売れ筋商品などの販売見込み商品の把握・予測は必要であり、そのためのデータ活用が求められる。さ

●NTTe-City Labo内に設営されたスマートストア

らに、企業内店舗などでは店舗運営の省人化・効率化も課題となっている。

NTT東日本では、クラウドやAI、IoT機器などのICT技術を活用して、長時間の無人運営が可能な「スマートストア」の実現に向けた実証実験を2020年11月から開始。その結果やノウハウを踏まえ、スマートストアの企画設営から運営コンサルティング、さらにはデータ活用による収益拡大をめざし、NTT東日本の子会社であるテルウェル東日本において2022年7月より本格的に事業化に乗り出した。

現在、テルウェル東日本ではスマートストア「ピックスルー」を自社で運営・提供するとともに、そのノウハウを活用した店舗向けソリューション「SMARTORE（スマートア）」を提供し、新規店舗のデザインのサポートやデータ分析を含む既存店舗の運営を支援する「コンサルティング」まで行っている。

アプリ決済とAIカメラで手軽にスマートストアを実現

「ピックスルー」および「SMARTORE」のいずれの鍵ともなるのが、NTT東日本が開発したスマートフォンアプリ決済型のクラウドPOSサービスだ。利用者がアプリをスマートフォンにダウンロードして会員登録すると、QRコードのスキャンで入店、商品バーコードのスキャンでクレジット決済（QR系、交通系ICなどでも可）が可能になる。ゲートを設置する方法などもあり、いずれにしても入退店記録が残るため、万引きなどの抑止力にもなる。購入データにはアプリの利用者情報と紐付けられ、売上データとして蓄積される。

さらにアプリに加えて、店内にAIカメラを設置し、利用者の動線、属性データ、手に取った商品のデータなどを解析し、店内での顧客の行動を可視化するオプションも提供。これにより売上データだけでは見えなかった購買行動が把握でき、導線の改善に加え、販売注力商品や売れ筋商品の陳列見直しなどにも役立てられる。

また、売上データと掛け合わせて、入店者や商品などについての分析を行い、販売数予測や仕入れ業務などの運営効率化につなげることも可能だ。さらにAI分析による売上予測や仕入れの効率化によって、食品廃棄の削減や配送の効率化など実現し、持続可能な社会にも資することをめざしている。

図表2-12●ピックスルーの利用イメージ

図表2-13●スマートストアの仕組

人件費削減とデータ分析で導入・活用範囲が広がる

NTTグループ社内店舗・初台店での実証では、コロナ禍で利益率マイナス10%だったのが、スマート化によって店員数を3人から1人に減らし、利益率をプラス9%まで向上。横須賀店はマイナス89%の大赤字だったのが、導入後は8%の黒字化に成功した。無人・省人化による営業時間延長やデータ活用による売上増効果や、人件費を抑えられたことで利益率が向上し都市部での運用効率化はもちろん、客数が少ない過疎地域でも店舗運営の可能性が高まる。

また取得したデータをもとに、最適な品揃えや棚割の改善に加え、機会損失や廃棄ロスを抑えた無駄のない商品発注が可能になり、質の高い店舗運営と顧客満足度向上も期待できる。たとえば地方エリアでは日常的な買い物の不便を解消することで生活の質向上につなげ人口減少を抑制、都市部では狭いスペースで回転率・客単価をあげるなど、スマートストアの様々な活用法を見出している。

こうした実証および自社店舗の運営ノウハウをもとに事業化した「SMARTORE（スマートア）」によるスマート店舗は、企業内店舗のほか、自治体や道の駅、学校施設などで展開を開始している。いずれも単なる店舗機能だけでなく、出店支援や店舗運営などコンサルティングも合わせて提供する。また学校には店舗の購買データを授業に提供し、分析はもちろん、結果を活かした小売店の改善や地域の商材発掘などの体験学習を支援している（学校での導入事例は第3部の事例-3を参照）。

地域活性化の拠点として3年後200店舗に拡大

今後については、NTTグループが地域で築いてきたネットワークを活かし、現在導入が進んでいる企業や学校など施設内売店の出店を増やすほか、道の駅をはじめとする観光施設や建築現場等への展開を拡大し、2025年には200店舗の導入実績目標を掲げている。

また、店舗事業だけでなく、データ活用も重要な事業ドメインとして認識し、顧客やパートナーが保有する交通量データなどのデータとスマートストアで取得したデータを組み合わせて分析し、街づくりや地域活性化に役立てていくことを想定。AIとも連携して天候と絡めた商品予測や、デジタルツインを用いた出店計画づくりなど、小売事業に関するノウハウや知見もブラッシュアップしていく。

技術的には、次世代スマートストアとして、カメラ映像の解析と重量センサーの組み合わせによって、アプリでスキャンすることなく、商品を持って出るだけで決済できる「ウォークスルー方式」を開発・検証中。ほかにも、遠隔店舗と連携してモバイルからオーダー発注で取り寄せる仕組みや、ドローンなど最先端技術を活用した販売・お届けサービスなど、NTTグループおよび協力パートナーが保有する技術を積極的に活用し、スマートストアを基点とする新しいビジネスおよび価値創出をめざす。

●店内に設置されたAIカメラ

ポイント解説

- 店舗の省人・無人化がICT、AIで可能に
- 商品のデータ管理と、来店者分析で、店舗運営の効率化と顧客満足度向上も実現
- 地域活性化に向けて、自治体、学校などでの導入が始まる

1-2-2 ［地域公共交通の効率化］

遠隔型自動運転バス ローカル5Gで円滑な運行が可能に

人口減少やドライバー不足などで、公共交通機関の維持が難しくなる地域が増えてきている。この問題の解決策として期待されているのが「自動運転バス」だ。ローカル５Ｇを用いた遠隔型自動運転バスの実用化が可能となる。

自動運転バスのデモ環境

自動運転バスの実用化には、センサーやAI、GPSなどを活用してドライバーがいなくても車両を安全に走行させる自動運転技術に加えて、安全性を向上させ、円滑な運用を可能にする遠隔監視・制御技術の確立が不可欠となる。

●実証に用いられている「自動運転バス」

●試験車両の内部（左）。車内外に設置したカメラの映像を遠隔監視室でモニターできる（右）

2022年から、NTTe-City Labo内にローカル5Gの検証環境を構築して遠隔監視・遠隔サポートが行える自動運転バスの実証が行われている。2023年9月までに約50件の体験乗車デモが行われ、公開された。ローカル5Gを用いた自動運転バスのデモ環境を常設で設けているのは、国内ではここだけだ。

車内外の状況をリアルタイムでモニター

実証で用いられている試験車両は、NTT東日本が自動運転で実績の持つティアフォーなどと共同で開発したもの。この試験車両には、車外にLiDAR（レーザーを用いた高精度レーダー）などとともに、前方や後方、側面（サイドミラーに相当）の映像を撮影するカメラが搭載されている。カメラで撮影された映像は、車両の自動運転システムで利用されると同時に、車内に設置されたカメラの映像とともに無線（ローカル5G）で遠隔監視室に送られる。

遠隔監視室では、送られてくる映像により管制担当者が試験車両の状況を把握、発車承認とドアの開閉制御をローカル5Gを介して行う。車両の状況をリアルタイムでモニターすることでトラブルへの対応も円滑に行える。

ローカル5Gを自動運転バスに用いるメリット

実証で遠隔監視・制御の無線通信手段として使われているローカル5Gは、高速・大容量、低遅延、多数接続などの特徴を持つ5Gを、企業や自治体が携帯キャリアとは別の周波数帯で免許を受け自らの施設の中などで利用できる自営無線システムだ。

実証で行われている遠隔監視・遠隔制御は、公衆5Gサービスでも実現できるが、ローカル5Gを利用することで、次のようなメリットが得られる。

1つは、自治体や企業が自ら設備を構築して、希望するタイミングで自動運転バスを実現できること。自動運転バスの運用を計画している場所が、携帯キャリアの5Gエリアになっていない場合や、経路上に5Gサービスが不安定になる場所がある場合などでも、携帯キャリアの対応を待つ必要がないのだ。

2つ目のメリットが、「上り」重視のシステムを実現できることだ。

携帯キャリアの5Gサービスでは、映像配信サービスなどのニーズに合わせて、下り（基地局から端末方向）の通信に多くの帯域を割り当てられている。ローカル5Gでは「準同期」と呼ばれる技術を用い、「上り」（端末から基地局方向）を重視した設定を行える。これにより複数の車両が映像データを送るような状況でも通信速度の低下が起こりにくくなるのだ。NTTe-City Laboのローカル5Gの実証環境（4.7GHz帯、帯域幅100MHz）では、準同期を用いて上り最大460Mbp、下り最大988Mbpsのサービスを提供。実測でも実証エリア全域で上り250Mbps程度の通信速度を確保している。

現実的な価格を実現した「ギガらく5G」

自動運転バスの無線手段として優れた特性を持つローカル5Gだが、導入には課題もある。公衆5Gサービスと同じ技術が使われているローカル5Gでは、導入に高度なスキルが必要となり、機器も高額なものが多い。

NTT東日本では、「ギガらく5G」の名称で、ローカル5Gをソリューションとして提供、シ

●Labo施設内には13カ所にローカル5G基地局が設置されている

ステムの企画から運用開始までトータルでサポートし、自治体や企業が容易にローカル５Ｇを導入できる環境を整えている。「遠隔型自動運転バス」も、ギガらく５Ｇのラインナップ追加に向けて検討・開発を進めている。

導入コストもギガらく５Ｇでは、機器の中で特に高額な５Ｇコア（ネットワーク制御装置）を、利用者が共同利用する仕組みを整備し、１基地局あたり2,000万円程からという「現実的な」値付けを実現している。NTTe-City Laboのローカル５Ｇ設備もこの「ギガらく５Ｇ」の仕組みを用いて整備されている。

空港・工場から離島、ニュータウンまで

NTT東日本には、①空港や工場、物流施設のドライバー不足の解消、②離島や山間部などでの公共交通機関の維持、③都市近郊の団地・ニュータウン・再開発エリアなどの交通手段の確保の３つの領域で、自動運転バスを検討したいという声が寄せられている。

NTT東日本では、①の空港でのニーズについては、成田空港でターミナル間の連絡に使う自動運転バスの導入に向けた実証試験を成田国際空港、ティアフォー、KDDIとともに2021年度から実施している（成田国際空港の事例については、第３部の事例-４参照）。

②③の公共交通手段確保のニーズには、スマートフォンやAIを活用して利用者のニーズに応じて便や経路を柔軟に設定、小人数地域で効率的な運用を可能にする「オンデマンド交通」と、自動運転バスと組み合わせた形で自治体などに提案していく考えだ。

ポイント解説

- 自動運転バスの実用化には、無線による遠隔監視・制御技術が不可欠となる
- 自治体や企業が自ら整備でき、映像伝送に適したローカル５Ｇは、遠隔型自動運転バスを実現する有力な手段となる
- 空港や離島・山間部のほか、都市近郊のニュータウンなどにもニーズがある

1 地域の産業振興・経済成長に向けて

1-3 人材育成を支える先端テクノロジー

人材育成にICT、AIを活用する取り組みは始まったばかりだが、成果が見えやすいのが特徴。自治体で急務となっているDXへの取り組みにおいても、鍵を握るのは、それを推進する人材の確保と育成。スポーツへの適用は遠隔でも効果が上がり、学校教育での期待も高い。

1-3-1 ［人材育成支援］

DX人材育成
スキルアップへ1人ひとりの成長を可視化

DXの推進に不可欠となる「DX人材育成」をいかに進めていくかに頭を悩ませている企業は多い。それを支援するのが、NTT DXパートナーが提供する「DX人材育成支援サービス」だ。研修前後の独自の「アセスメント（評価、査定）」のやり方が大きな特徴となっている。

DX人材育成を支援するサービス

ビジネス環境が変化するなかで、デジタル技術を活用してビジネスモデルや業務そのもの、組織・プロセス・文化を変革するDX（Digital Transformation）の推進が日本の企業・自治体・教育機関に求められている。その推進にあたって最大の課題となっているのが、DX人材の不足だ。

DXはこれまでのICT導入のようにトップダウンだけではなく、現場で業務に携わる社員や職員一人ひとりのマインドセットの変革も不可欠となる。DXはトップダウンとボトムアップの両輪があって初めて進められる取り組みだ。

地域でDXを推進する企業・自治体・教育機関に対し、この課題に応えるソリューションを用意しているのが、NTT東日本100％子

図表2-14●NTT DXパートナーが提供するDX人材育成の流れ

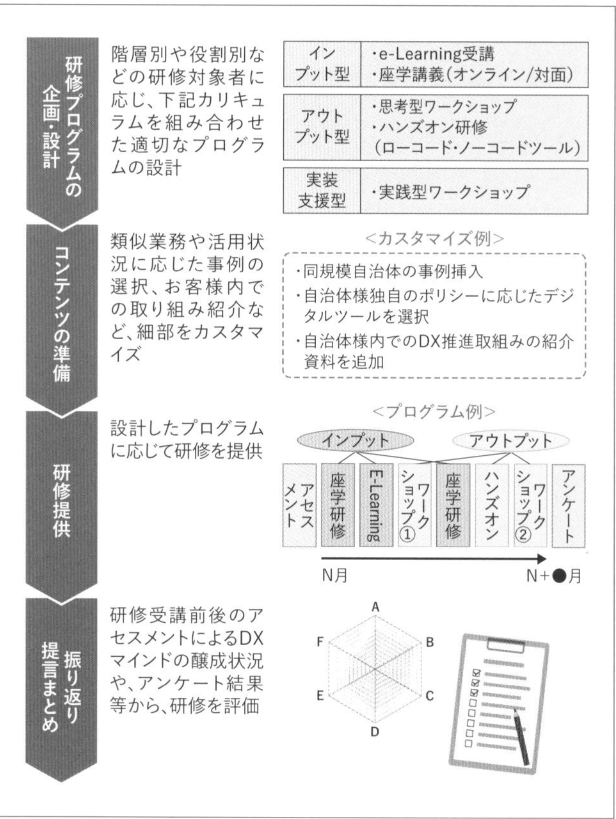

図表2-15●DX人材育成のための3つのステップ

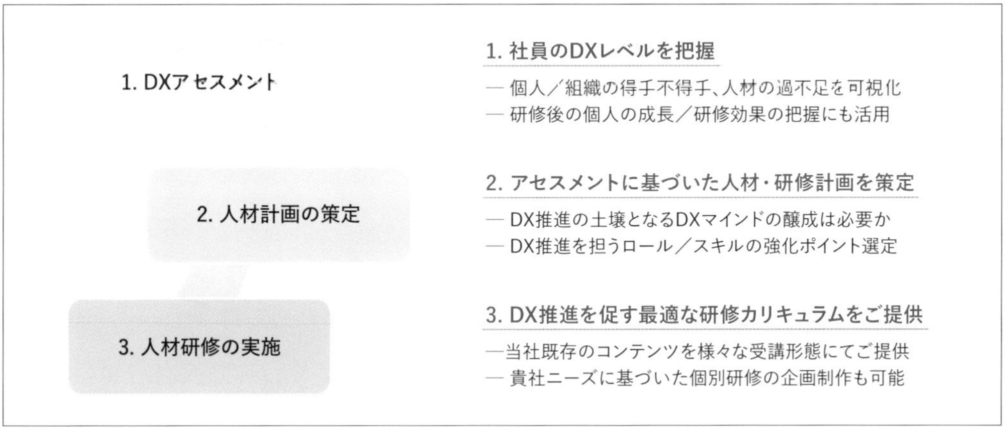

会社のNTT DXパートナーだ。

NTT DXパートナーが提供するDX人材育成支援サービスは、3つのステップで展開する。第1ステップでは社員のDXレベルを把握するためのDXアセスメント。第2ステップではアセスメントに基づいた人材・研修計画を策定、第3ステップではDX推進を促す最適な研修カリキュラムを提供する。

各ステップでの講義形式は対面による集合研修、オンライン、eラーニングの3つの形態があり、コースもDX基礎、DX応用、DX実践の3種類を用意している。eラーニングの場合は、NTTドコモグループが展開するオンライン講座プラットフォーム「ドコモgacco」と連携して提供される。

DX基礎ではDXとは何か、DXの背景や影響、これからの展望と対応の解説をはじめ、RPAやOCR、チャットボット、IoT、AIなどのITツールを紹介する。さらには実務を通じて得たDXのコツなどを講義形式で提供する。研修時間は最小で1時間、長くても半日で終わる。

DX応用ではデザイン思考やBPR、SX（Sustainability Transformation：持続可能な社会の実現に向けた経営）についての講義を提供している。

そしてDX実践では、ワークショップ形式で行われる。顧客視点で新しい価値を創造するデザイン思考ワークショップや、既存業務のプロセスを可視化し、分析・改善検討までを実践するBPRワークショップを提供する。

いずれのワークショップも、ケースを用いた1日型から実業務を用いた数か月伴走支援型等、顧客（自治体、企業、教育機関）向けにカスタマイズして提供される。

研修の前後で実施するDXアセスメント

NTT DXパートナーが提供するこれらの研修と他の事業者との違いは、アカデミックなDX

論にとどまらず実際の事例を組み込んだ実践的な内容であること。

そして、もう1つは、DXアセスメントを用意していることだ。これまでの一般的なDX研修のフローは、研修を企画し、対象者を選定、研修を実施し、その後に満足度に関するアンケートを行うというのが一般的だった。しかし、これでは研修企画の段階で、「誰に（Who）」、「なぜ（Why）」という部分が抜け落ちがちとなる。また、対象者選定も全社員一律、あるいは立候補者や推薦された人だけを対象することが多く、対象者のスキルレベルがわからないので研修の効果がまちまちになるという弊害もあった。そして、研修後に行うアンケートでは満足度を問うものが主流で、成長や変化を問うようなことは行われてこなかった。

NTT DXパートナーのDX人材育成フローは、まずアセスメントをすることから始まる。アセスメントにより個人の意識やマインド、考え方などを把握し、その上で対象者を選定し、研修を企画する。例えば対象者がDXマインドを既に会得している人であれば、DX基礎から始めるのではなく、DX応用の研修から始める。研修実施後はもう一度アセスメントを実施することで、受講者の意識やマインド、考え方の成長や変化を可視化して、それを提供する。可視化は企業全体、組織、役職、個人など、さまざまな単位で調整できる。

このようなフローにすることで、目的に応じたDX人材育成ロードマップを作成することが可能となる。つまり、研修を単発で終わらせることなく、次期の人材育成計画に繋げていくことができるようになっているのだ。

DXアセスメントは、情報処理推進機構（IPA）が提供する「DXリテラシー標準（DSS-L）」に基づき独自のアセスメントロジックで実施される。具体的には「コラボレーション」「柔軟な意思決定」「顧客への共感」「常識にとらわれない発想」「事実に基づく判断」「変化への適応、

図表2-16●DXアセスメントのイメージ

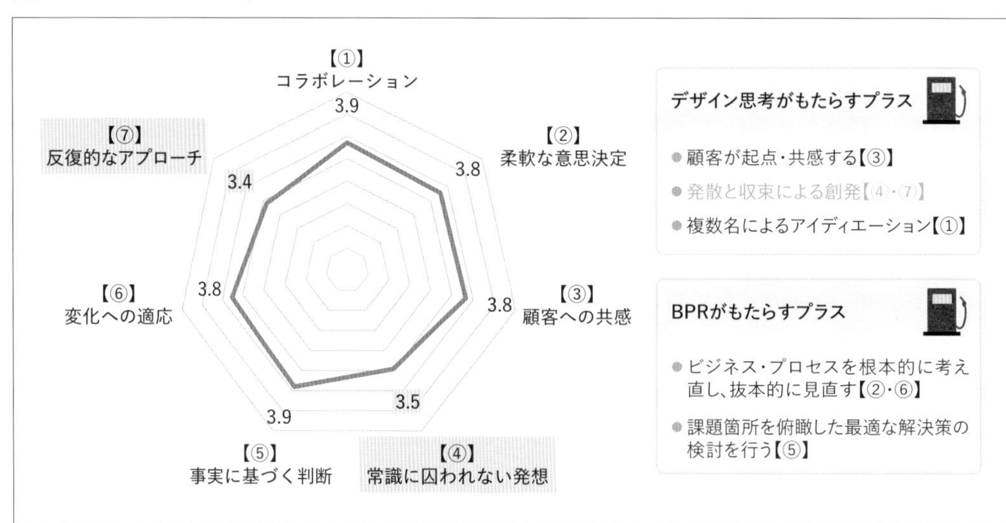

反復的なアプローチ」という7項目でDXスキルレベルがレーダーチャートで可視化される。この結果に応じて、デザイン思考やBPRの研修を選択していくという流れになる。

アセスメントの具体的な方法としては、Webアセスメントフォームから質問文をユーザに提供し、直感的に答えてもらう形で行われる。設定している質問数は約30だ。

NTTe-City Loboの展示では、NTT DXパートナーが提供するこの新しい研修の流れをパネルとディスプレイを使って見ることができる。

複数の自治体や企業で採用

DX人材育成支援は、サービスインしてまだ1年数カ月だが、すでに20以上の自治体や企業で採用された実績を持つ。

現在、DXアセスメントはプロトタイプとして提供している段階。アジャイルな開発手法でアップデートに取り組んでおり、サービスとしてブラッシュアップされたものが今後提供されていく予定だ。

研修コンテンツもまだまだ拡充中だ。そこで今後はコンテンツのラインナップの充実を早急に図るため、NTT東日本の多くの実践経験を持つ社員の活用を検討している。

ポイント解説

- 一般的なDX研修では社員の成長の効果が見えないことが問題だった
- NTT DXパートナーが提供するDX研修は、DXアセスメントを研修の前後で実施、受講者の意識、マインド、考え方の変化を可視化できる
- 企業（組織）全体、組織、役職、個人などさまざまな切り口でDXスキルを把握できるので人材育成の効果を上げやすい

1-3-2 ［部活動の地域移行支援］

スポーツテック
デジタルによる遠隔指導で教員の負担軽減

生徒の部活動の指導は、学校教員にとってやりがいのある仕事であるものの、時間外労働でもあり大きな負荷となっている。休日の部活動を地域で担う方向が定められ、実現方法の１つとして専門指導員による遠隔指導の実証実験が行われている。ICT活用による充実した指導に、生徒、教員両方から評価を受けている。

スポーツの専門人材が学校の部活動を支援

2022年、スポーツ庁と文化庁から、学校における部活動の「地域移行」を進める方針が打ち出された。教員の働き方改革が進まない理由の１つに、放課後や土日に部活動の指導業務があり、多くの時間を取られていることが挙げられる。そこでまず、土日の指導を民間に移行する改革が始まったのである。長年の習慣を変えるのは容易ではなく、地域に適切な指導者がいるとは限らないが、課題を整理しながら各地での取り組みが始まったところだ。

一方、シンボルチームとして実力のあるバドミントンと野球の選手を擁するNTT東日本では、彼らの高いスキルを各種大会だけではなく、地域でも発揮してもらう方法を模索していた。

選手の協力、さらにICT技術を活用すればスポーツ系部活動の地域移行に貢献できるのではないか――そのような発想から、2022年秋、北海道登別市と富良野市において、スポーツ専門指導者によるデジタル技術を活用した遠隔指導の実証実験がスタートした(「令和４年度　Sports in Life推進プロジェクト」)。

4つの指導プロセスでデジタルを活用

登別ではバドミントン、富良野では野球を対象に、４つの分野（下記A～D）でデジタルを活用して指導を実施した。

これまでの部活動では厳しい練習を重ね勝利に向かって邁進する指導もみられたが、新しい部活動のありかたとして提唱されている、効率的な練習による「学び」の獲得や、専門知識を持った指導者による個別最適な理論的指導が心掛けられた。

図表2-17●部活動支援の実証（バドミントンの例）

A．指導方針のサポート

部活動の様子と課題をヒヤリングし、どのような練習を進めていくかを企画する。必要に応じて、チームビルディングのワークショップ（より良いチームにするための相談会）も開催が可能。

B．遠隔映像レッスン

リアルタイムの遠隔指導である。ネットワーク会議のシステムを用いて学校と専門指導者をオンラインでつなぎ、お互いをカメラで撮影。専門指導者は生徒の動きを遠隔で確認して「肘の角度を意識していきましょう」などの具体的なアドバイスを送ったり、生徒は専門指導者の見本を見ながら練習を行ったりなど、技を直接学び取る機会を提供する。

C．お手本動画レッスン

リアルタイムの指導以外の時間でも生徒が自分で練習できるように、動画教材となるコンテンツを制作した。野球、バドミントンそれぞれについて、選手の動きを撮影し解説を加えている。

D．リモート添削

リアルタイムではない遠隔指導である。生徒側が自分の弱点分野、たとえばスマッシュのフォームや送球などの様子を録画し、専門指導者とファイル共有できる場所にアップロード。専門指導者は都合の良い時間に確認しデジタル上の「赤ペン」でアドバイスを送りフィードバックする。

これらの学習ステップは「学校スポーツDX応援パッケージ」としてGIGAスクール端末と合わせて提供する計画もあるという。

教員の不安を払しょくし指導スキル向上も

具体的な様子と成果について、北海道富良野市の中学校における野球部への指導の様子を紹介する。

部活動顧問の教員は、やりがいを感じているものの、放課後や土日の活動が中心であり、時間的な負担を感じていた。自らも学びながら練習プログラムを準備しているが、競技経験がなく専門外であることから、「本当に適切なメニューになっているか、生徒にとって一番良い内容になっているか不安があった」という。

実証実験においては、千葉県にあるNTT東日本のグランドとオンラインでつなぎ、生徒は自分のフォームを見てもらいアドバイスを受けるなど、専門指導員の動きを真剣に見つめながらカメラの前で実際に身体を動かし、コツを学び取っていた。

生徒からは、次のような感想が寄せられたという。

・自分では気づけないような点を教えてもらった
・回数はそれほど多くなかったが、上手になったことを実感した
・細かく指導してもらえてよかった

実証実験では、遠隔から充実したスポーツ指導を行えたことに加え、もう1つ成果があった。

それは指導する側の「学び」である。現場に立ち会うことで、指導上の発見やノウハウの取得など、自身の指導スキル向上において得るものが大きかったという。

遠隔指導は物理的な距離を超え、移動時間を費やすことなく指導できるメリットがある。しかし、スポーツの多くは広いフィールドを動きまわるので、すべてをカメラで追うことは難しい。また、現場でなければ指導できないことも多々ある。

部活動の地域移行には、地域で直接指導にあたれる人材の育成が不可欠であり、それが地域への大きな貢献となる。この点における遠隔指導の役割が見いだされたことも意義があったといえる。

富良野市においては、次年度の活動に向けて、遠隔からのスポーツ部活動支援に関する予算

図表2-18●野球の遠隔指導（富良野）。投球について指導を受ける

化が決定した。引き続き遠隔指導を実施していく予定である。

AIを活用した戦略分析も

今回の実証実験とはまた別で、AIを活用したスポーツの戦略分析ソリューションの開発にも着手している。バドミントンのコート2か所にカメラを設置し、映像から二人の選手の移動速度と移動距離をAIで分析するものだ。得意エリアや打つべきショットなどの戦略分析を進めているとのことだ。

今後は、このようなスポーツ科学に基づいた技術向上にも寄与していく。

ポイント解説

- 教員の部活動指導の負担を減らすため、地域の関与が求められている
- 指導経験者が限られるスポーツ分野では、ICTを活用した遠隔指導という選択肢が有効だ
- 地域の指導者を増やす点でも、遠隔指導の意義が大きい

1 地域の産業振興・経済成長に向けて

1-4 GX（Green Transformation）の最前線

GXへの取り組みは気候変動、異常気象のなかでますます重要度を増している。バイオガス、風力発電、EMSなどの最新の取り組みは、地域の特性に合った仕組みで効果が高く、期待も高まっている。

1-4-1 ［食品廃棄物のメタン発酵］

超小型バイオガスプラント 狭い敷地・少量廃棄物でもガス化が可能に

コンテナサイズのバイオガスプラントが開発され、都市部や食品工場の敷地内など限られた土地で、これまでより少量の食品廃棄物でのバイオガス化が可能となった。循環型エコシステムの構築に寄与する。IoTで遠隔監視を行い自動化も予定している。

カーボンニュートラルを推進

近隣の小学校から調理くず・食品残さ（渣）などの食品廃棄物が到着。NTTe-City Labo内に設置された「超小型バイオガスプラント」に投入されると、破砕後、加水分解、酸生成、メタン菌による発酵を経て、バイオガスと消化液を生成していく。所要日数は約2週間である。発生したガスはガスホルダーに貯めて発電機や給湯に利用。消化液は農業の肥料としても使用できる。

日本は、2050年までに温室効果ガスの排出を全体としてゼロにする「カーボンニュートラル」を目指すと宣言した。推進方法の1つに、生ごみや家畜の排せつ物など再利用可能な有機性廃棄物（バイオマス）を地域内で飼料、堆肥、エネルギーなどに再生して地域循環させるバイオマス活用が挙げられる。なかでも注目されているのが、有機性廃棄物を発酵させてバイオガス化し、ガス・電気・熱エネルギーとして再生利用する方法である。

バイオガスを製造・収集するための処理施設であるバイオガスプラントを20フィートコンテナ に格納し、圧倒的な省スペース化により設置の自由度を広げたのが「超小型バイオガスプラント」である。NTT東日本のグループ会社であるビオストックが提供している。

バイオガスプラントを全国に広めるには

2020年に設立されたビオストックがまず手掛けたのは、北海道の酪農業におけるふん尿処理用バイオガスプラントだった。再生可能エネルギーで発電した電気は「FIT制度」（固定価格買取制度）により高額で買取されることも追い風だった。町の酪農家から数千頭規模の家畜ふん尿を集めて処理するプラント整備プロジェクトに携わる一方で、高額な初期投資を懸念する酪農家向けに月額利用料金のレンタル制でバイオガスプラントを提供する試みも行っている。

図表2-19●超小型でコンテナに格納できるバイオガスプラント

NTTe-City Laboに展示されている超小型バイオガスプラント　調布市内の小学校と連携して循環システムを運用中

調理くずや食べ残しなどを投入する

原料を移送して調整槽から発酵槽へと進める

圧倒的なコンパクトサイズ

- 20フィートコンテナに格納
- 可搬型のため設置が容易（最短2日間で稼働開始）
- 1t/日～の原料から運転可能

独自の遠隔監視・自動制御機能

- IoTによる遠隔監視システム
- オンサイト設置・無人運転を可能に
- データに基づく最適稼働（AI活用も）

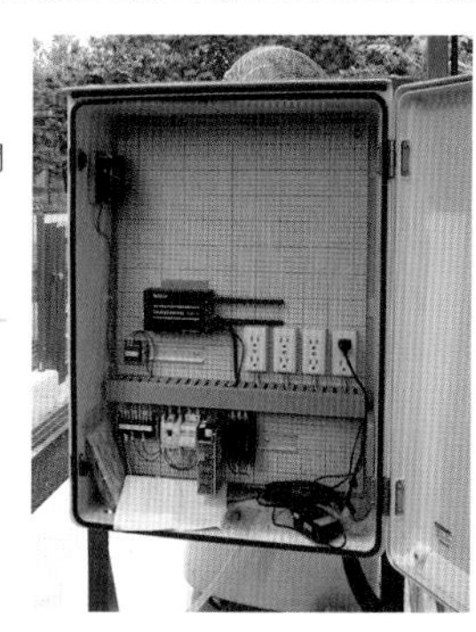

収集したデータをクラウドへ送信するBox

ただ、現状では、バイオガスプラントの設置は北海道に集中している。なぜなら本州以南の地域は大半が中小規模の酪農家であり、プラントへの投資効果を得る１日数十トン規模の有機廃棄物は集まらないからだ。広域から車で運搬すればCO_2を排出するジレンマもある。プラントを設置するための土地確保もハードルだった。

一方で、人口の多い都市部では、日々大量の食品残さが出ている。また、食品リサイクル法により年間一定量以上の食品廃棄物を出す事業者は指定比率以上のリサイクルが求められている。2018年度の国内における事業者の食品廃棄物は、1,765万トンに及ぶ（2021年環境省発表）。有機廃棄物の中でも食品廃棄物を原料とするバイオガス化には潜在的な需要が存在するといえる。

限られた面積の敷地内でも、また原料が大量でなくとも稼働できるコンパクトなバイオプラントがあれば、持続可能な循環型社会の実現にさらに貢献できる――「超小型バイオガスプラント」はこうした背景から生み出された。

大型プラントの設備には長期間の建設工事を伴うが、「超小型バイオガスプラント」はトラックで運べるコンテナサイズであるため、現地で基礎工事を行っていれば最短２日で設置が完了する。設置後に食品工場の統廃合や移転があっても移設が容易である。また、1日1トン以上の原料があれば、運転が可能である。

IoT による遠隔監視でノウハウを数値化

小型化に加え、もう1つの特徴として挙げられるのが、IoTの活用によるプラント稼働状況の遠隔監視である。

メタン発酵は微生物の分解作用を利用するため、菌と原料のバランスなどは熟練の技と日常的な調整管理が求められる。特にエネルギーの回収効率が良い55℃の高温発酵は37℃の中温発酵と比較して管理が難しい。今後、技術者不足で生成するバイオガスの量が減れば、設備の投資費用回収に影響を及ぼしかねない。

そこで、IoTを活用したバイオガスプラントの遠隔監視システムを構築し、メタン菌が活発に動く温度帯やpH（酸・アルカリの度合い）をはじめ数十項目のデータを取得してノウハウを蓄積すべく実験を続けている。とくに発酵槽内のpHの挙動には注意が必要になる。

稼働状況はプラントの中央制御盤にも表示されるが、現地でしか確認できないうえ、技術者以外は数字だけ見ても対応策を判断しにくい。そこで、遠隔監視の画面は、わかりやすいUI（ユーザーインターフェース：見やすい画面表示の工夫）を作りこんでいる。将来的には、遠隔制御やAIによる不調の予兆検知をめざしていく予定だ。

プラント遠隔監視システムはクラウド型のサービスであるため、すでに設置済の他社製プラ

図表2-20●**超小型バイオガスプラントの構成**

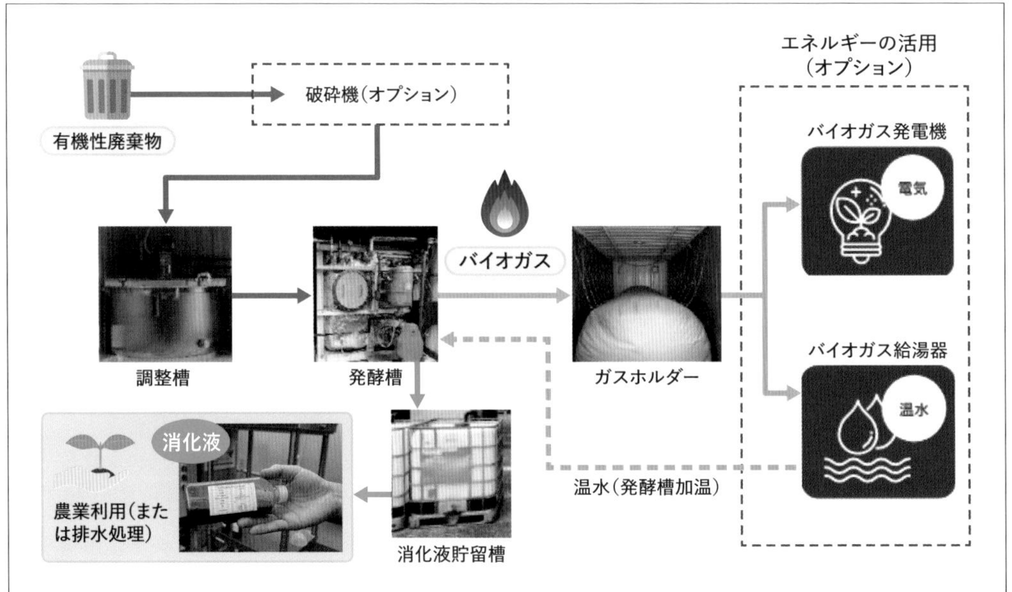

ントにも導入が可能である。

大幅なコスト削減に成功したカット野菜工場も

四国地方のあるカット野菜工場では、1日1.7トンのカット野菜残さが発生し、焼却費用が課題となっていた。「超小型バイオガスプラント」導入後は、発生したバイオガスを場内のボイラーで温水として活用し、消化液は処理後に河川へ放流することで、年間1000万円のコスト削減に成功した。

また、年間20トンのCO_2排出量を削減した野菜ジュース工場もある。1日2トンの植物性残さから生成されたバイオガスは蒸気ボイラーで熱に変換して加熱・殺菌工程で利用し、化石燃料の使用量を削減することができた。

ビオストックでは、さらなる小型化を目指し1日1トン未満の稼働にも対応できるよう研究を進めている。食品メーカーや惣菜工場、自治体、フードコートを持つ商業施設のデベロッパーなど、様々な場所で食品廃棄物のバイオガス化を実施し、都市型・循環型エコシステムの普及に貢献していく（超小型バイオガスプラントについての事例は、第3部の事例-5参照）。

ポイント解説

- 有機廃棄物の処理方法としてメタン発酵によるバイオガス化が注目されている
- 都市部などにおける食品廃棄物への対応としてコンテナサイズのバイオガスプラントが開発された
- IoTを活用した遠隔監視機能により各センシングデータをリアルタイムで確認可能で、今後は遠隔制御やAIによる不調の予兆検知を目指している

1-4-2 ［クリーンエネルギーの創出］

マイクロ風力発電 省スペース・低騒音の都市型風車

再生可能なクリーンエネルギーへの移行が大きなテーマとなっているなか、クリーンエネルギーの風力発電で、風向きに大きく影響されず低風速でも可能な垂直軸型のマイクロ風力発電が注目されている。

クリーンエネルギーの必要性

●マイクロ風力発電

クリーンエネルギーの風力発電は、持続可能なエネルギーの供給において有用な方法である。また、太陽光発電も同様に地球環境にやさしい自然エネルギーだ。「マイクロ風力発電」はこの風力発電と太陽光発電と蓄電池をハイブリットで搭載しており、風力・太陽光・蓄電池一体型の独立電源である。

従来からの風力発電機のデメリット

風力発電はクリーンエネルギーとして評価が高いが、従来からの風力発電（水平軸型風車）には、次のようなデメリットがあるのも事実だ。

・発電量は不安定

水平軸型風車では風に正対した向きでないと回転効率が大きく低下する他、羽間距離も大きいため低風速地域では回転・発電できず発電量が安定しにくい。

・周辺環境への配慮が必要

ブレードが回転する際に回転速度が速く、羽先端に空気の渦が発生しやすく騒音の発生にも繋がるため周辺環境への影響にも配慮する必要がある。海洋や山間部での設営が多いのは、その理由の１つでもある。日照の妨害も発生するので、おおよそ都市部などでの設置は難しくなる。

・施設、施工とも大規模

長期間屋外に晒されるため経年劣化にも耐え、かつ大きなブレードを支える頑丈な構造物であるため、大規模な施工工事になる。つまり、工期や費用がかさむため、初期費用も影響する。

マイクロ風力発電の特徴

図表2-21●垂直軸型風車が回る原理

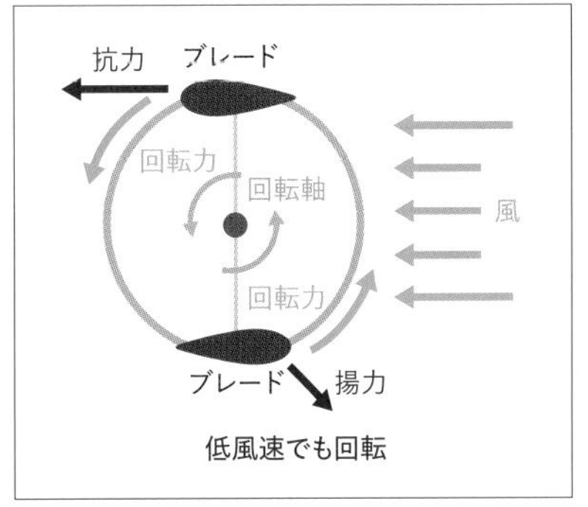

マイクロ風力発電は、風を受けて回る風車の部分が垂直軸型のタイプになる（地面と垂直）。これは、従来型の水平軸型風力発電機と比較して、いくつかの利点を持つ。

まず、垂直軸型の構造は風向きへの柔軟性を持っているので、風量が変動する環境においても安定した発電が期待できる。また、風向きの変化に対する感応性が高いため、風の方向に左右されずに一般的な水平軸型と比較して安定的に発電できる特長がある。これは、都市部や限られたスペースにおいて、風の変動が多い状況での導入に適しているといえよう。

水平軸型と比べてブレードの部分がコンパクトなので、水平軸型に比べると広い面積を必要としない。そこで、狭小地などでの施工も可能で、一般的な大型の風力発電と比較して工期としても非常に短い。イニシャルコストとしても低く抑えられるので、小規模な導入にも適している。これにより、地域ごとのカスタマイズや個々のニーズに対応しやすく、地域エネルギーの自立性を向上させることが期待できる。

構造上低周波音があまり出ないのもメリットであり、都市部での設置も可能である。例えば、都市中のビル間で、ビル風が強いところなどでの設置に向いている。

マイクロ風力発電の用途と今後の展望

自治体の役場の敷地内など市街地に設置し、平時は街灯や防犯カメラ、外部Wi-Fi機器やネットワークカメラへの給電などでの使用が効果的だ。非常時に主電源がブラックアウトした際には、携帯電話の充電などの電源供給も可能であり、災害対策ソリューションとしての活用も期待できる。

また、デザインの柔軟性も高いため、建築物やインフラに組み込みやすく、都市環境での利用が進むことで、再生可能エネルギーの導入が一層加速することが期待されている。

ポイント解説

- 垂直軸型風車を取り入れたマイクロ発電機は狭小地や都市部での設営に向いており、用途を限定し低コストで設置が可能。
- ブレード部分もコンパクトなので、建築物やインフラの中にも組み込みやすい。

1-4-3 ［エネルギー運用の効率化］

エネルギーマネジメントシステム（EMS）電力利用を統合管理し最適な使用量に

地球全体の気候変動、資源の枯渇などの環境問題や、電力利用者のエネルギー利用の最適化として注目されているのが、エネルギーマネジメントシステム（以下、EMS）だ。EMSと再生可能エネルギー利用を組み合わせることで、地域におけるエネルギーの地産地消が期待される。

3500世帯分の消費電力を一元的にマネジメント

広々とした敷地に研修棟や宿泊棟など14の施設を擁する「NTT中央研修センタ」では、2022年秋より、エネルギーマネジメントシステム（EMS）を構築し、約120万kWh/月に上る電力使用量の状況を管理している。これは小規模な自治体レベルのおよそ3,500世帯分のエネルギー使用量に相当し、その電力ネットワークを統合管理して、電力の使用状況や太陽光・バイオマスによる発電量などを可視化するものだ。管理画面には、対象エリア全体のエネルギー情報に加え、建物別のエネルギー情報やデマンド（電力需要）予測、再生エネルギー別の発電量などがまとめられ、リアルタイムで状況を把握できるようになっている。

将来的にはEMSシステム自体の自動化・省力化も予定されているが、現時点では電力使用量の可視化に加え、快適性や利便性を損ねずに使用電力を最適化するための方法や知見が検証されている。また、環境負荷の低い再生エネルギーの生産・活用を増やしていくためにも、供給の不安定さをコントロールできる仕組みやノウハウが求められている。エネルギーマネジメントの構想はスケールが大きいものになるが、現在の実証はその第一ステップとなっている。

社会的に高まるエネルギーマネジメントの必要性

こうした「エネルギーマネジメントシステム（EMS）」が注目される背景には、地球全体の気候変動や資源の枯渇など、環境問題が世界的な社会課題となっていることがある。エネルギー運用の合理化・最適化が国家レベルで求められ、政府は2020年10月に、2050年までに温室効果ガスの排出を国全体でゼロにする「カーボンニュートラル」をめざすことを宣言した。それを受けて、自治体レベルでもゼロカーボンに向けて早急な取り組みが求められているが、その

図表2-22 ● NTT中央研修センタのエネルギーマネジメントの対象（図はイメージです）

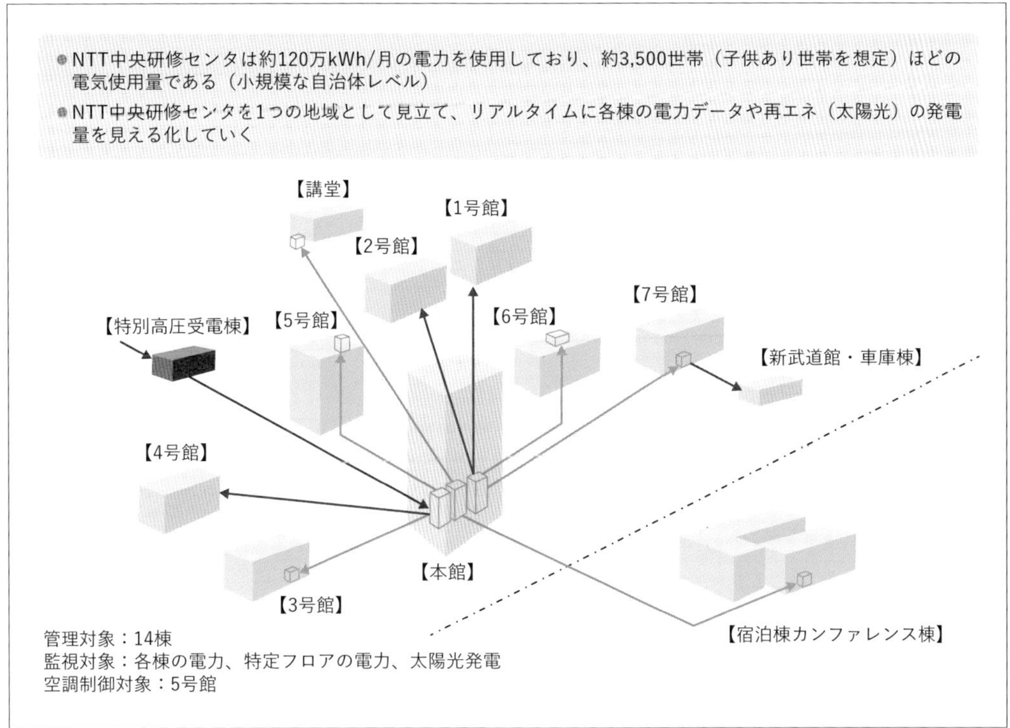

ための知見やノウハウ、システムを持たず、予算やアウトソース先なども十分とは言えない状況にある。

そこで、通信やICTの高度なノウハウや知見を有し、これまで自治体との信頼関係を構築してきたNTT東日本が、地域全体のエネルギーマネジメントを担う存在になろうとしている。これまでエネルギー供給を担ってきた事業者、新たに参入する事業者に対し、第三極的な存在となることで中立的な役割も果たす。また事業体として日本の電力消費の１％を占めるエネルギー需要者であり、自身のエネルギー削減・効率化も重要な課題であることは言うまでもない。

デマンド予測による電力ピークカットの実証

電力使用量の把握・可視化に次いで、2023年夏には、得られたデータをもとに空調設備の制御による電力ピークカットを実証し、昨年同時期比で約３割※もの電力料削減に成功した。現在の電気料金システムでは、過去１年間のうち30分ごとに計測される平均電力の最大値によって翌年の基本料金が決まるため、電力料金を削減するには、この最大値を抑えることが重要に

※ここでいう３割は月単位の削減額としての最大割合。なお、現状では５号館のみで実施している。

なる。そこで、EMSの電力デマンド予測によって、30分の間で設定した電力量を超えそうになると、空調の出力を自動的に制御するように設定。それぞれの施設の空調室外機へ司令を送り、一定時間だけ空調の出力の抑制をするようにした。2023年も猛暑だったものの、たびたびの自動制御で空調が停止しても不快感を与えるほど室温は変わらず、快適性を保ったまま、電力最大値を抑えることができた。

次年度以降については、室内に温度センサーを設置して吹き溜まりや日差しの影響などを可視化し、送風やカーテンの設置などで温度ムラを解消した上でピークカットを実践していく。デジタルとアナログの両面からアプローチし、適正な温度を保ちつつ、効果的にエネルギー削減につなげるための最適解を見出そうとしている。

地域の再生可能エネルギー活用推進にも貢献

今後、中長期的な施策としては、蓄電池によるエネルギーの融通に関する実証を予定している。基本的に電力は発生してすぐに消費する必要があるが、溜めておくことができれば融通性が生まれ、ピークカットや施設別の偏りの解消などが行いやすくなる。たとえば、太陽光で昼間に余剰なエネルギーを生み出した分を夜に活用する、エネルギー生産が多い地域から少ない地域へと移行する、ということも蓄電池で容易にできるようになるというわけだ。これが実現すれば、時間や天気、季節などによって生産性に大きな差があり、供給不安が生じやすいとされてきた、地熱・風力・バイオマス・太陽光など再生可能エネルギーが効率的に活用できるよ

図表2-23●**電力の見える化**

図表2-24●電力デマンド予測（青の波線部）

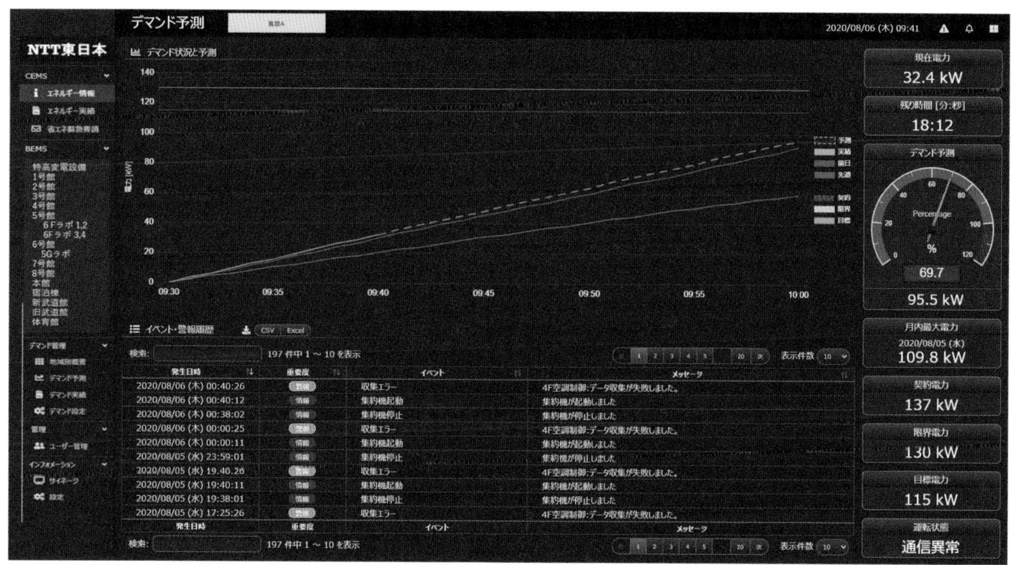

うになり、事業化や雇用創出にもつながっていく。また石油などの化石燃料や原子力など、年間20兆円にも上る海外からのエネルギー調達を大きく削減できる可能性が広がり、必然的に二酸化炭素排出量も大きく削減できる。

なお再生可能エネルギーは基本的に地産地消であり、今後は様々な電力がミックスされ、さらに地域によって多種多様な組み合わせが想定されることから、エネルギーマネジメントも各地域に応じてカスタマイズする必要がある。今後は地域別の差分を検証するためにも、多様な自治体での実証を進めていく予定だ。地場の企業とのタッグも画策しており、育成・支援にも積極的に取り組んでいく。

ポイント解説

- NTT中央研修センタの電力使用を一元管理
- 電力デマンド予測によるピークカットを実証
- 電力の融通性向上で再生可能エネルギーを推進
- 地域におけるエネルギーの地産地消を支援

2 地域の賑わい創出に向けて

2-1 新たな観光資源の掘り起こしによる地域の活性化

地域の活性化に、文化、芸術、芸能、祭り、スポーツは欠かせない。それはまちおこし、まちの賑わいを作りだすと同時に、人々を惹きつける観光資源としての価値も持っている。

2-1-1

［eスポーツによる社会課題の解決］

eスポーツ 地域、学校、職場に新しい「賑わい」を

eスポーツは若者に人気があり、また年代、地域、性別などを超えて人とのつながりができることから、その活用で地域の活性化を実現する取り組みが広がっている。中学・高校の部活動の一環として環境整備を進めたり、高齢者福祉厚生に活用するなどに力を入れている自治体が増えている。

地域の課題解決にeスポーツを活かす

eスポーツ（electronic sports）は、その名の通りPCなど電子上のゲームで思考能力を使って競技する「マインドスポーツ」であり、サッカー、野球など「フィジカルスポーツ」と同様、世界的にはすでに大きな競技人口と市場が形成されている。幾つもの世界大会が開催され、「アジア競技大会」などでも正式種目として採用されている。日本でも若年層を中心に盛り上がっており、2018年に全国組織の日本eスポーツ連合が発足、19年に茨城国体の文化プログラムに採用されたことなどで、認知度が拡大している。

図表2-25●NTTe-Sportsのミッションと、実現のための5つの事業

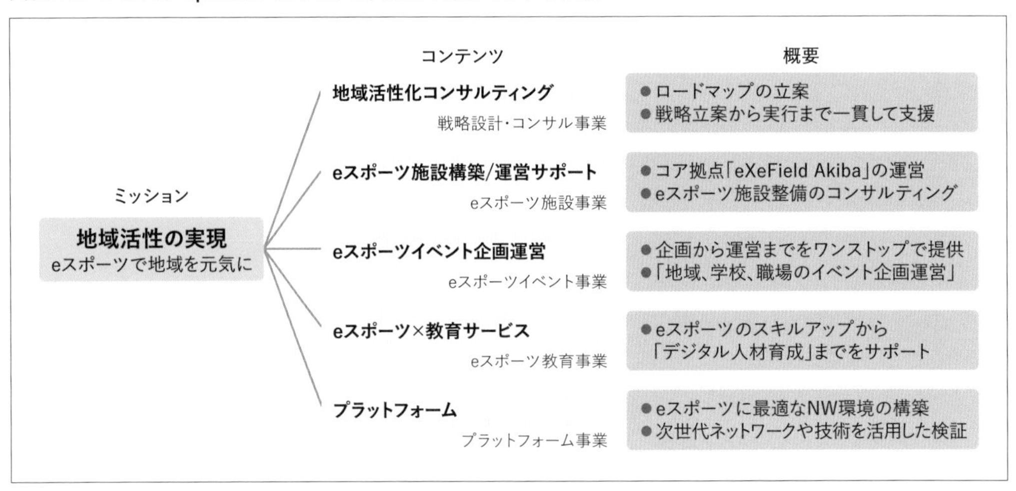

競技自体の面白さに若者がひきつけられるので、まちおこしを目的としたeスポーツイベントを開催する自治体も現れている。地方でeスポーツチームが立ち上がったり、地域eスポーツ拠点を作ろうとする動きも広がり始めている。

eスポーツの遠隔対戦に不可欠な光回線を提供するNTT東日本にも、自治体から「eスポーツのイベントを開きたい」「遠隔対戦のできるeスポーツの施設を設けたい」といった問い合わせが、多数寄せられるようになった。こうしたニーズを受けて、NTT東日本、NTT西日本、NTTアド、NTTアーバンソリューションズ、スカパーJSAT、タイトーの6社によって2020年に、NTTe-Sportsが設立された。

NTTe-Sportsは、eスポーツで地域活性化を実現するために、5つの分野で事業を展開、コンサルティングから施設構築/運営、イベント企画、さらにeスポーツと教育との連携など具体策の実行までをワンストップでサポートできる体制を整えている（図表2-25参照）。その特徴は、興行として捉えられることの多いeスポーツを「地域のあらゆる場面での賑わいを創出する事業」と位置付けていることだ。職場のレクリエーションや学校の部活動、高齢者の福祉などにも目を向け、自治体とともに地域を盛り上げ、学生・社員・住民の教育、休養、福祉などを実現しようとしているのだ。

職場のコミュニケーションを活性化

NTTe-Sportsでは、eスポーツの活用により社会課題の解決を図る取り組みに力を入れており、デジタル教育の効果やコミュニケーション活性の力にも着目し、事業を展開している。

その事業の1つとして、企業向けに提供されている「eスポーツ×社内レクパッケージ」がある。従来行われてきたボウリング大会や慰労会などの社内レクリエーションが、近年、従業員の趣味趣向の変化などによって盛り上がらなくなり、参加率も低迷するようなってきた。この課題をeスポーツで解決しようというのだ。

地域や企業のeスポーツイベントを数多く手掛けてきたNTTe-Sportsがその経験・ノウハウを活かし、台本作りや魅力的なMC（Master of Ceremonies）の派遣などでレクリエーションの中で行われるeスポーツを盛り上げる。

当初はNTTe-Sportsが東京・秋葉原に開設しているeスポーツのイベントスペースeXeField Akiba（エグゼフィールド アキバ）に、レクリエーションを行う会社の従業員に集まってもらい、ネットワークを介して自宅や会社の拠点からも参加できる形で運営されていたが、2023年7月のリニューアルにより、完全オンラインでの開催も可能になった。福利厚生に力を入れている大手企業を中心に採用されており、22年度は24社が導入した。23年度はその2倍の利用を見込んでいるという。

「デジタル人材育成」や学校のPRにも

もう1つ最近、特に力を入れているのが、中学・高校のeスポーツ部のサポートである。自治体や学校の間にeスポーツ部の設立する動きが広がってきているからだ（学校におけるeスポーツ部についての事例は、第3部の事例-6参照）。

狙いは大きく3つ。まず人材育成。eスポーツはチームで行うため、強くなるにはチームワークを鍛える必要がある。突発的な事態に対応するためのコミュニケーション能力や、リーダーシップ、マネジメントなど、運動部の活動と変わらない教育的な効果が期待できるのだ。

次に、デジタル教育。高性能なPCが多数配置されるeスポーツ部の部室は、学校教育で一般的に用いられるPCでは難しい動画の制作や配信などのスキルを学べる場にもなる。eスポーツでは、ゲームの内容を実況配信する文化が根付いており、こうした取り組みを通じて、社会で即戦力として通用するデジタル人材が育つ可能性がある。

三番目が、学校のPRだ。少子化が進むなか、生徒の応募を拡大する手立てとしてeスポーツが期待されているのだ。実際に、eスポーツ部に力を入れたことで入学志願者が増加し、多くがeスポーツ部に入部するという学校の事例が出てきている。

eスポーツを指導できる教員がまだ少ない現状を踏まえ、NTT e-Sportsでは実践的な教材や

●eスポーツのコア拠点「eXeField Akiba」では、動画配信機能に力を入れている

部活マニュアルを提供している。さらに、既存の学校設備を活かしeスポーツ部の設備をリーズナブルに整備するなど、様々な面でeスポーツ部の活動を支援している。

そしてまた、北米のeスポーツ団体の日本支部（NASEF JAPAN）により23年11月から24年2月にかけて開催された「全日本高校eスポーツ選手権」を共催するなど、高校のeスポーツ文化の定着に向けた活動にも注力している。

eXeField AkibaとNTTe-City LaboをIOWNで結ぶ

NTTe-Sportsは最先端の設備でeスポーツを楽しめる「eXeField Akiba」を2020年から運営しているが、この施設は2つの面で新たな役割を担うようになってきた。

1つは、eスポーツだけではなく、多様なイベントやセミナーなどを配信できるスタジオとしての役割だ。秋葉原という立地に大画面のモニター、ハイエンドの機材を揃え、増大する配信需要に応える。

もう1つが、NTT東日本グループの商材を広く紹介するショールームとしての役割だ。eスポーツに関心を持って訪れた自治体関係者などに、「地域を元気にする」という視点で他の商材も含めて紹介できるコンテンツが用意されている。NTTe-City Laboの役割の一部をeXeField Akibaが担っているのだ。逆に、NTTe-City Laboの展示でeスポーツに興味を持った方が、詳しい情報を求めてeXeField Akibaに足を運ぶことも多いという。

eXeField AkibaとNTTe-City Laboとの間は光回線で結ばれ、eスポーツのデモが行える環境になっている。今後は、光回線を次世代ネットワークのIOWNに更新し、eXeField Akibaに置かれた高性能サーバーを使って、NTTe-City Laboにいながら、eXeField Akibaにいるのと同じ感覚でeスポーツを楽しめる環境を整備する計画だ。

ポイント解説

- eスポーツを地域活性化に活用する自治体の取り組みが広がっている
- 学校でのeスポーツ部活動によりデジタル人材の育成や学校のPRなどの成果も期待できる
- 自治体では高齢者の福祉厚生面でeスポーツを活用する取り組みが行われ、企業では職場レクリエーションなどでの活用も始まっている

2-1-2 ［デジタルアーカイブの推進と地域活性化］

デジタルアート
ICTで実現する「新しい鑑賞」のかたち

地域の文化財・芸術作品を災害や経年劣化から守り後世に伝えるため、高精細デジタル技術で保存し、デジタルならではの特徴を活かして、場所や時間の制限なく鑑賞を可能とする取り組みが始まっている。絵画、版画等の美術作品などから伝統工芸品、祭りなどの無形文化財、さらに音楽、舞台芸術などに及ぶ。地域と地域、地域と世界を結び、地域活性化につなぐ。

文化芸術のデジタル化の取り組み

少子高齢化に伴う地域文化の担い手不足や、経年劣化・災害等による文化遺産の損壊・消失など、地域の文化・芸術をいかに守り、継承させていくかは社会的な課題となっている。近年では、2019年に沖縄県の首里城や、フランス・パリのノートルダム大聖堂の火災による消失が記憶に新しいところだ。日本においては、特に地震や豪雨など自然災害が文化遺産に大きな被害をもたらしている。

●NTTe-City Labo内の展示の様子

「町の大事な歴史文化財を守って後世に残したい」「もっと多くの人に郷土が誇る文化財を見に来てほしい」――こうした、地域が抱える課題を前にして、NTT東日本では地域活性化の観点から対応に取り組んでいる。

取り組みのコンセプトは、「守る」「活かす」「つなぐ」の３つに集約される

①「守　る」… 地域の価値ある文化や芸術を高精細にデジタル化を行い、NTT東日本の通信ビルで安全に保管し集積

②「活かす」… ICTの力で新たな魅力を引き出し、あらゆる場所に発信することで、文化芸術を体感

③「つなぐ」… NTT東日本がつなぎ役となり、地域と地域、あるいは地域と世界をつなぐことで、地域の文化芸術を通じた地方創生にチャレンジ

これらの取り組みを具体的に進めていくため、2020年12月に専業会社「NTT ArtTechnology（アートテクノロジー）」が創設された。

NTT ArtTechnologyでは、このデジタルアート事業を次の3つを中心に据えている。

・文化財のデジタル化
・ArtTechViewをはじめとしたサービス提供
・サテライト/バーチャルミュージアム

高精細、高品位デジタル画像処理技術を中核とした文化財のデジタル化

●北斎作「神奈川沖浪裏」の一部。強風の様子が擦目を使って表現されている

神奈川沖浪裏（部分）山梨県立博物館所蔵　©Ars Techne Corp

文化芸術のデジタル化を行う際、対象となる作品の特性によって様々な先端技術を使い分けて実施している。なかでも絵画作品において、作家固有のマチエール（絵筆の調子）や、顔料の粒子反射、下地(キャンパスや和紙繊維)、表面の凹凸などの「微細な質感情報」まで再現を行う場合は、NTT ArtTechnologyではパートナー企業であるアルステクネ社と共同し、同社が開発した三次元質感画像処理（DTIP）を駆使してデジタルデータを記録、作成する。作品の所蔵元はできるだけ多くの方々に作品を観てもらいたい一方で、展示による品質劣化から作品をできるだけ保護するために、展示ケース等に格納し照射光量を制限した環境下での展示を、短期間に限って行うといった、作品の「公開」と「保存」のジレンマを抱えている。だが、この技術を用いてデジタル化を行うことによって、至近距離での鑑賞が可能となり、微細な質感情報を存分に鑑賞することが可能となった。

高精細デジタル作品を配信するArtTechView

ArtTechViewは、こうして作成された高精細デジタル作品データを、遠隔地の4Kモニターにネットワークを通じて配信するサービスだ。所蔵されている場所から遠く離れていても、本物と変わらない精度で見られるという新しい鑑賞の形を提供する。

高精細デジタルデータは万が一流出してしまうと現物と見分けがつかない様なレプリカが勝

手に作られてしまう様な危険性を孕むことになるが、その点、データはNTT東日本のデータセンターで厳重な管理下で保管されている。さらにデータ配信での提供の際は、一般のインターネット配信ではなく、VPN（Virtual Private Network：仮想専用網）を用いた１：１の接続で行われる。通信技術をうまく掛け合わせながら文化芸術事業を行っているのが特徴だ。

サテライト／バーチャルミュージアム

先進技術の活用により、文化芸術作品を「体感」することができる、新しい鑑賞体験が可能となる。生活者にとって身近な場所に、デジタル化された作品を高精細レプリカとして展示したり、ネットワークを介しての配信や、体験型の展示をお楽しみいただく「サテライトミュージアム」。オンライン上で展示の一部を公開し、ご鑑賞いただく「バーチャルミュージアム」。

リアル／バーチャルを問わず、様々な場所で多くの人が作品を「体感」することで、興味関心を喚起し、所蔵元への送客つまり「やっぱり本物を見てみたい」という思いを呼び起こすことが可能となる。これは地域-都市-世界をつなぐ地方創生への導線になるだろう。

伝統工芸品、無形文化財などでも

このような取り組みは絵画だけに留まらない。宮城県の加美町では、打ち刃物の伝統工芸品が有名だが、打ち刃物の技術を持っている職人は減少している。現在では最後の一人にまでなっており、このままでは宮城県の伝統工芸品として登録されている貴重な技術が失われてしまう。そこで、後世に残し継承するため４Ｋカメラでのデジタル化を実施した。デジタル化したデータからすべての工程を細部まで記録した全編動画と、15分程度で紹介する短編動画の２本

図表2-26●新しい形の地方創生の実現

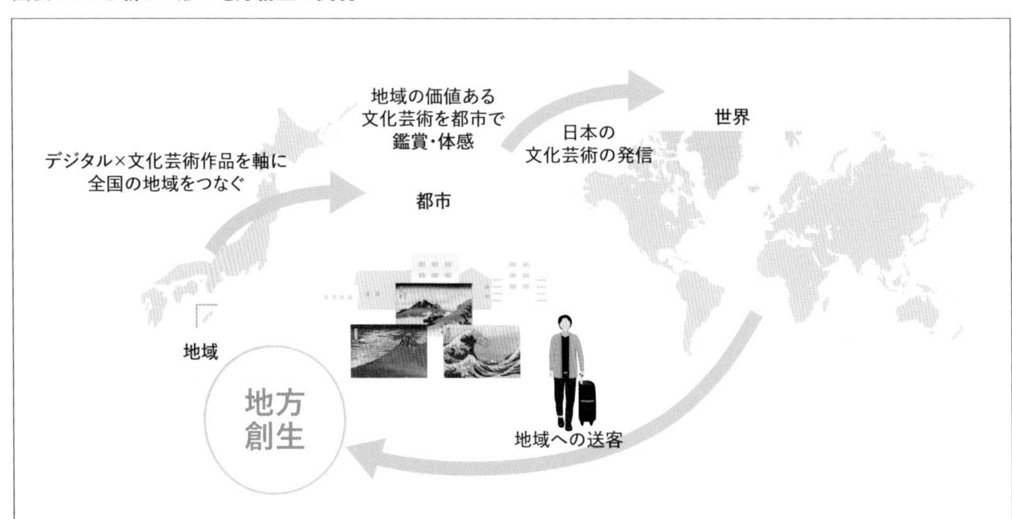

の映像を制作し、技術を継承するだけでなく、自治体のPRとしても活用している。

無形文化財でいうと青森県の「ねぶた祭」があげられる。もともとNTTグループはねぶた祭りに参画してきたが、地域の活性化をめざした事業に取り組んでおり、その一環としてねぶた祭という地域の大きな文化資産をICTでデジタル化・アーカイブ化し、それを活用することによって、祭りの保存と継承、さらに裾野の拡大を図ろうとしている。

岩松院本堂天井絵「鳳凰図」のデジタル化と小布施町

NTT ArtTechnologyはアルステクネと共同し、小布施町の岩松院本堂天井絵「鳳凰図」、通称「八方睨み鳳凰図」をデジタル化した。2022年６月から７月にかけて開催された「Digital×北斎」特別展では、これまで現地に行かないと見られない天井画が、はじめて東京にやってきたということで注目された。また、それを受けて2022年の小布施町岩松院の観光シーズン（９～11月）の一日あたりの拝観者数が2021年の２倍、コロナ前の2019年と比べても２割増だった。現地に行く前に身近なところで見てもらい、その結果として送客に結びつくというエポックメーキングな事例ということができる（小布施町の事例の詳細については第３部の事例-7参照）。

文化芸術として音楽における活動も行っている。コロナ禍による社会情勢の変化のなかで、音楽コンサートのオンライン配信やリモートレッスンなど音楽の新しい共創・鑑賞形式が広がりを見せている。一方で、従来のリモートコンサートでは、通信や音声・映像の処理により遅延が発生し、１つの音楽として成立しづらいという課題があった。

これらの課題に対し、NTTグループ全体で取り組んでいるIOWN構想と呼ばれる低遅延伝送を実現するネットワークを介して実現された新しい鑑賞スタイルが「未来の音楽会」だ。その第二回目の音楽会は2023年２月に開催され、遠く離れた東京-大阪-神奈川-千葉の４地点でリアルタイムに演奏が行われた。４地点間で音声・映像が低遅延で伝送され合成されることにより、聴衆者たちはあたかも同じ場所で演奏しているような音楽体験を味わうことができた。

この他にも演劇など舞台芸術にも同様なトライアルは行われており、文化芸術全体にこの流れは今後広がっていくだろう。

ポイント解説

・地域活性化の観点から文化芸術の作品のデジタル化の取り組みが始まっている
・デジタルアーカイブをもとに「新しい鑑賞のかたち」が進んでいる
・伝統工芸品、無形文化財、音楽などにも取り組みが広がっている

3 地域の安心・安全の高度化に向けて

3-1 防災・災害対策の取り組み

防災・災害対策は全ての自治体の喫緊の課題となっている。住民を守り、被害を食い止めるための準備と対策に様々な取り組みが行われている。ここでは、災害時に設置する防災オペレーションセンタ、防災備蓄管理、災害時に住民避難に有効となるシン・オートコールについて紹介する。

3-1-1

［地域の防災強化］

防災オペレーションセンタ 自治体の災害対策を平時から支援

異常気象で自然災害が頻繁に発生するなか、地域の自治体では住民を守るための災害対策の強化が求められている。地域の通信インフラを守ってきたNTT東日本は、これまで培ってきた経験と技術を生かし、自治体の防災対策に関する総合的なコンサルティングを行い、災害時に必要となる防災オペレーションセンタの運営までを担う予定だ。

自治体における災害対策の課題

世界的な異常気象、気候変動のなかで、近年、日本でも大規模な自然災害が各地で頻繁に発生するようになっている。2023年は台風13号の影響で千葉県や茨城県、福島県などで線状降水帯が発生。床上や床下浸水など建物への被害、土砂崩れによる通行止め、停電や断水など甚大な被害に見舞われた。前年の22年には山形県や青森県、新潟県で線状降水帯が発生。特に山形

図表2-27●**NTT東日本における災害対策の歴史**

東日本大震災以降「通信をつなぐ使命を果たす」から「**地域の復興・課題解決型復旧に貢献**」へ変移

60〜70年代	80年代	90年代	2000年代	2010年代
1968年 十勝沖地震 市外伝送路2ルート化	1982年 長崎豪雨 非常用発電装置の増配備	1990年 九州北部豪雨 デジタル式の災害対策機器開発	2003年 宮城県沖地震 iモード災害用伝言板 ※携帯電話での開発	**2011年 東日本大震災** **<ネットワークの強靱化>** ・大規模停電対策強化 ・水防対策強化 ・伝送路の多ルート化 **<迅速な復旧>** ・大/中ゾーン基地局拡充 ・災害対策機器の拡充 **<被災者通信の確保>** ・安否確認サービスの機能拡充 ・特設公衆強化　等
1975年 旭川東光局火災 非常用交換機の開発	1983年 島根豪雨 通信衛星利用の災害対策機器開発	1993年 北海道南西沖地震 可搬型衛星局の開発	2006年 Web171の運用開始	
1978年 宮城沖地震 橋梁添架管路の強化	1984年 世田谷とう道ケーブル火災 難燃ケーブルの採用	1995年 阪神淡路大震災 災害用伝言ダイヤル(171) ※固定電話での開発	2007年 緊急速報エリアメールを提供開始	
ハード（設備）を中心とした対策			**ソフト**（設備）を中心とした対策	**ハード、ソフト両面の対策**

県では最上川やその支流が氾濫し、大きな被害が出た。

最近の自然災害は被害が甚大で、避難生活が長期に及ぶことも珍しくない。住民を守るために、全ての自治体は防災に向けた多面的な取り組みと準備を行わなくてはならない。災害対策はどの自治体にとっても第一級の重要課題、まさに喫緊の課題といえる。

とはいえ、都道府県と比べ市町村などの基礎自治体では、その業務を担う組織も人員も少ないため、専任の部署を設けることなく、総務課などの職員が兼務で対応することも少なくない。広範囲で多面的な取り組みと準備が求められつつも、どこから着手するのかさえ難しく、迅速な活動も困難なところが多いといわれている。

東日本大震災が契機に

設立以来、日本の通信インフラを守り続ける使命を持つため、NTT東日本は大規模災害に備え、「通信ネットワークの信頼性向上」「重要通信の確保」「サービスの早期復旧」を災害対策の基本方針として、ハード面、ソフト面ともに様々な対策に取り組んできた。NTT東日本は指定公共機関（公共的機関及び公益的事業を営む法人のうち、防災行政上重要な役割を有するものとして内閣総理大臣が指定している機関）に指定されているため、民間でありながら公共的な役割もあるからだ。

自社の通信インフラを守り続けるという本来業務での取り組みに留まらず、災害被害にあった地域の復興への協力や地域の防災活動への対応という新しい取り組みの契機となったのが、2011年3月に発生した東日本大震災である。

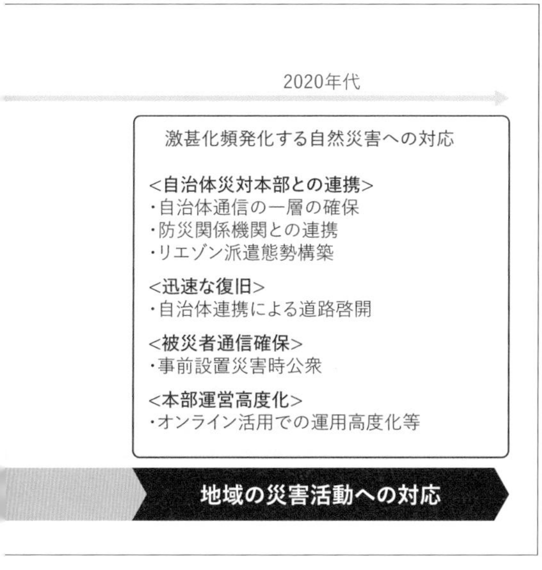

2020年代

激甚化頻発化する自然災害への対応

<自治体災対本部との連携>
・自治体通信の一層の確保
・防災関係機関との連携
・リエゾン派遣態勢構築

<迅速な復旧>
・自治体連携による道路啓開

<被災者通信確保>
・事前設置災害時公衆

<本部運営高度化>
・オンライン活用での運用高度化等

地域の災害活動への対応

NTT自身甚大な被害を受け、自社の通信インフラの復旧に全力を注ぐことで、地域の復興に資そうとした。被害局舎の再興、寸断ネットワークの復旧はもちろん、移動電源車の拡充や非常用公衆電話の設置なども積極的に行ってきた。こうしたハード面の取り組みに加え、ソフト面ではオンラインで災害対策ができるような環境も構築してきた。

そして、震災以降も、通信事業者として様々な災害を経験し復旧に向けたオペレーションの改善や体制強化を図ってきたことから、NTT東日本のノウハウや技術や知見を地域の防災対策に展開する必要性を再認識し、地域における災害対策、防災対策に、積極的に取り組んできた。

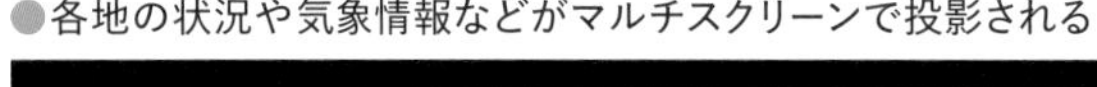
●各地の状況や気象情報などがマルチスクリーンで投影される

「災害に強いまちづくり」の支援への取り組み

こうした取り組みの上に、22年12月「災害に強いまちづくり」の実現に向け、NTT東日本澁谷社長直轄のワーキンググループが発足。5月にはプロジェクト化し、本格的に災害に強いまちづくりの実現に向け取り組みを開始した。

新たな組織では、災害に強いまちづくりに向けて、自治体に対する「防災コンサルティング」を行う。これは、「ビジョン」「調査」「分析」「デザイン」の4ステップで、防災に向けて地域のあるべき姿を描き、課題を顕在化させ、必要な解決策を検討・実現していくというプロセスになる。

例えば山形置賜地域3市5町では、NTT東日本と連携し、地域シェアリング型災害対応地域の実現をめざした取り組みを進めている。背景にあったのは、冒頭でも紹介した22年の豪雨災害により3000人もの人が避難し、被害総額が400億円に上ったことだった。

ここでは、4ステップに沿って、災害対策関連業務の調査、当該業務におけるリスク分析、リスクに対する解決策の検討、さらに実証実験、そして置賜地域全体のレジリエンス強化に向けた、置賜地域自治体および関連企業との協議などが、実施される。

そして、復旧オペレーション業務の高度化が行われ、そのなかでNTT東日本が有するマンパワー、技術、通信ビルなどを置賜地域と共同活用を行い、地域住民が不安のない仕組みの創設と地域防災の課題解決、および地域活力の創出に取り組んでいる。

同様の取り組みを、千葉県館山市、山梨県北杜市、中巨摩郡昭和町などでも行い、NTT東日本のリソースと連携し、災害におけるレジリエンス強化を図っている。

フェーズフリーの観点でのサービス

「災害に強いまちづくり」の実現に向けた取り組みにおいて、解決策は各自治体の課題によって様々だが、いずれもフェーズフリー（日常時はもちろん、非常時にも役立つようにデザインしようという考え方）の観点を大事にしている。

例えば住民への避難連絡や安否確認を電話で行っているような地域には、オートコールという自動で電話をかけるサービスとAIを組み合わせたソリューション「シン・オートコール」を用意している（106頁参照）。事前に登録した固定電話や携帯電話に災害時に一斉に電話することに加え、自動音声で「避難しているか」や「現在地」などの短い質問を投げかけ、住民はそれに「はい」や「いいえ」で答えるだけ。自治体の担当者は管理画面で住民が回答した状況をトレースできるという仕組みである。シン・オートコールは非常時だけではなく、例えば高齢者の定期的な健康確認など、平常時介護のシーンにおいても使えるサービスだ。

また自治体に対しては、防災対策の現状のレベルやどこの対策が足りていないのかなど、現状と対策のレベルをレーダーチャートで見える化する。それで、取り組み課題の適切化と迅速化を実現することができる。

防災オペレーションセンタを運用

災害が発生した時には、自治体は災害対策センタを置くことになる。そこでは、全域の状況をリアルタイムで把握することはもちろん、被害現場の状況の一元的な把握、今後の気象情報、予測される被害状況などを収集し、一覧にするシステムと設備が必要となる。

このイメージがつかめるのが、NTTe-City Labo内に設置された防災オペレーションセンタだ。ここでは、災害に遭った自治体の対策本部がどのような課題に直面するのか体感できる。ただ、同じ設備をすべての市町村ごとに設置することは難しいので、個別の自治体を超えて利用できる防災オペレーションセンタの開設を予定している。

ポイント解説

- 異常気象が続くなか自治体には災害対策の強化が求められているが、基礎自治体では自前で災害対策本部を運営するのは難しい状況にある
- NTT東日本は通信インフラ事業者としてさまざまな災害を経験、復旧のノウハウを持つことから地域の災害対策に連携して取り組む
- 自治体に防災コンサルティングを行い、防災オペレーションセンタを設置する

3-1-2

［自治体の防災対策支援］

防災備蓄管理 災害時備蓄品を統合管理し迅速に提供

災害時に必要な備蓄品や管理、倉庫スペースなどを提供し、自治体の効率的な防災備蓄管理を支援するソリューションが展開されている。断水時に、水を循環再生させて少ない量で多くの人が手洗いやシャワーを使える最新機器もあり、避難生活における衛生対策やストレスから守る環境づくりが可能だ。

防災備蓄の必要性

災害発生時に一人ひとりの生命や財産を保護するため、国、都道府県、市町村、各自治体は防災に関する計画を作成し、実施する責務を担っている。

自治体が行う危機管理対策の１つに、災害時に必要な物資を備蓄しておく「防災備蓄」がある。例えば地震が発生し自宅から避難した住民には、まず緊急時を過ごすための水や食料、身を守るグッズを迅速に提供できる体制を整えることが必要だ。各自治体は、それぞれの方針のもとに防災備蓄管理を行っているが、いくつか課題も見えている。

災害に利用する備蓄品、管理の課題

自治体提供における防災備蓄管理の課題としては、まず危機管理対策担当者による備品の準備と管理業務の煩雑さが挙げられる。近年は備蓄食品においてもアレルギーや宗教を配慮した対策が求められ、食品の種類が増している。賞味期限が近付いたら代替のものを発注し、保管中の食品は無駄にしないよう、例えば防災フェアで配ったりフードバンクに提供したりなどの手配を行う。より便利な商品が登場したら採用することもあり、都度、倉庫の入れ替え作業も発生する。

第二の課題は、保管場所である。備蓄倉庫のスペースには限りがあるが、取り扱いアイテムは増えており、さらに最近は水害などで、役所の建物が被災することもある。災害に強い場所や分散しての保管が求められる。また、被害が大きく避難の長期化が見込まれ、他地域から応援物資が届いたときなどに荷物を保管し、住民に配布する場所も確保しておくことが望ましい。

このような備蓄品の購入、入れ替え、保管管理、リスト管理、保管場所の確保など多岐にわたる業務を下支えするのが、「防災備蓄管理」ソリューションである。

図表2-28●防災備蓄管理ソリューション

備蓄品の準備から格納、管理アドバイスまで

NTT東日本は、地域の指定通信事業者として日ごろから自治体と密接に連携して災害対策に努める過程で、災害時に地域がいち早く生活を取り戻していくには、通信ネットワークを守るだけではなく、地域と連携して災害対策を広げていく必要性を感じていた。災害対策の中で各自治体の悩みの1つである平時からの備蓄品管理に焦点を当て、2022年よりグループ会社のテルウェル東日本との連携のもと幅広くアウトソーシング可能なソリューションを提供している。

ソリューション分野は大きく4つに分かれる。

①災害時に使用する備蓄品

水や乾パン、簡単に食べられるごはんなど、避難直後の生活を守る食品から身を守る装備品まで一式が備蓄されている。小麦を使わない食品など多様なニーズにも対応する。賞味期限が近い食品の入れ替えや補充、期限間近の食品についてはフードバンクなど受け入れ先を探す手配も行う。

これまでの備蓄品は品目ごとに段ボールなどに保管されているので1種類ずつ配布しなけれ

ばならなかったが、最近は一箱に一人分の水や食料をセットしたキット型商品も用意されている。一人一箱を一度配ればよいので、配布作業もスピードアップする。食品以外では、例えば畳んでコンパクトにしまえるヘルメットなど、商品開発の工夫により保管しやすくなった備蓄品もある。

②備蓄品の管理・管理ノウハウ

多くの倉庫には、段ボールに詰めた備品が順に積み上げられていることが多い。どの箱がいつ賞味期限なのかの確認や、チェックリストと現物との照合も手間のかかる作業である。こうした管理業務を、管理簿の作成から一式アウトソーシング対応しているほか、「賞味期限品のある食品は入れ替えやすい場所への格納に」とか、「重い荷物を持ちにくい担当者でも管理しやすいレイアウトに」、といった備品管理のコンサルティングも行っている。

③手洗いやシャワーなどの設備

災害で断水が起きると復旧まで時間がかかることが多く、復旧に最大2か月程度要する被害が発生する可能性も予測されている。時間の経過とともに入浴へのニーズは高まるが、一人がシャワーを浴びるには50リットルの水が必要とされ、飲み水以外の水の確保が大きな課題となっている。

「防災備蓄管理」ソリューションでは、「小規模分散型水循環」技術を有するWOTA社と提携し、水道いらずの水循環型手洗いスタンド「WOSH」および水循環型シャワー「WOTA BOX」を提供し、衛生対策やストレスから守る環境づくりに貢献する。

「WOSH」は20リットルの水で約500回、手を洗うことができる。使用した水を循環させて98％の水を再生できる技術によるものだ。センサーにより非接触で水が出る。手洗い横にはスマートフォンを除菌する装置もついている。

「WOTA BOX」は、シャワーキットと接続することで「水循環型シャワー」として使用できる。100リットルの種水があれば、循環再生により約100人がシャワーを浴びることができる（シャンプーやせっけんも使用可）。排水がほぼ出ないので、冠水時など排水が困難なときにも利用可能である。

④NTT局舎スペースの利用

「備蓄品が増えて倉庫スペースが不足気味になってきた」「役所が被災することも想定し、備品の保管場所を分散したい」との要望も高まりつつある。通信設備を管理するNTT東日本の局舎は堅牢な建物であることを活かし、防災対策スペースとしての貸し出しを行っている。「WOTA BOX」のような機器を複数の自治体で共有し、中間地点に近い局舎で保管する使い方も考えられるだろう。

また、災害が長期化し支援物資が届いた場合の荷受け・中継・配布スペースとして駐車場を活用することも可能である（局舎ごとに、対応範囲やソリューション内容は異なっている）。

自治体がもう1つの防災拠点を持てば、リスクを分散しつつ、柔軟な支援体制を整えられる

図表2-29●WOTA BOX＋屋外シャワーキット

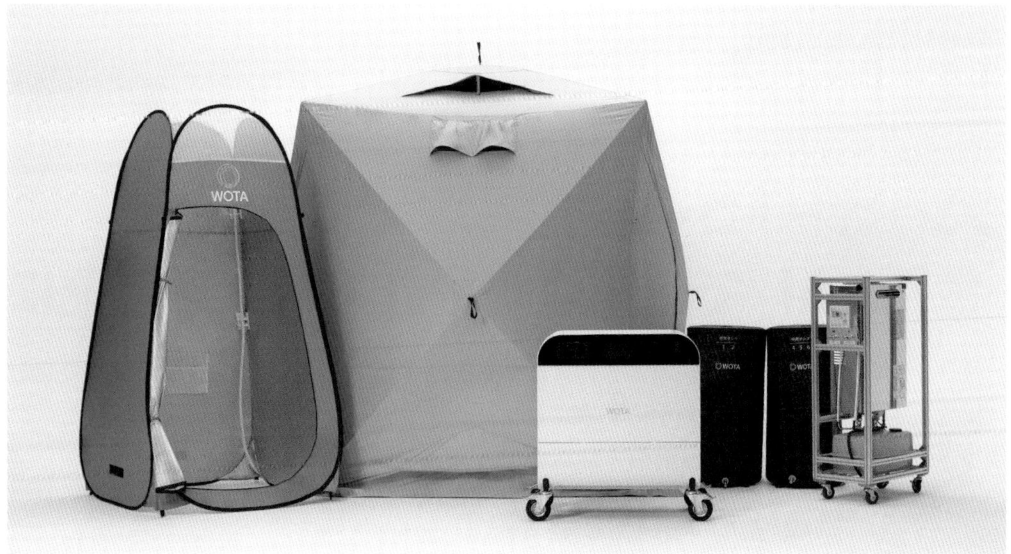

だろう。

自治体から寄せられる高い関心

　これらのソリューションメニューは、1つだけでも全部でも、状況に応じて自由に選び、組み合わせて利用できる。サービスが開始されてから間もないが、すでに利用中の自治体があり、さらに多数の自治体が検討中である。

　自治体においては、職員の防災備蓄管理業務の効率を高めて、より質の高い防災業務や他の業務に携わる体制を構築できる。また、最新トレンドを意識した備蓄品をそろえて平時にきちんと管理しておけば、災害時に円滑に物資の提供を行うことができる。

ポイント解説

- 自治体の防災備蓄管理を支援するソリューションが提供されている
- 備蓄品の調達から管理、コンサルティング、倉庫スペースまで、トータルに対応する
- 自治体は、管理業務の効率を高め、災害への備えを強化できる

3-1-3 ［防災対策のDX化］

シン・オートコール 「電話＋AI」で防災連絡や詐欺対策を迅速に

住民が日頃から使っているスマートフォンや固定電話とAIを連携させ、災害時の避難連絡などを効率的に行えるようにするソリューションが「シン・オートコール」だ。クラウドサービスを活用し、自治体・住民のニーズに柔軟に対応する。

災害時の避難連絡・状況確認を自動化

東日本大震災で大きな被害を受けた岩手県 陸前高田市で、住民が使っているスマートフォンや固定電話とAI（人工知能）を連携させた新タイプの防災システムの導入が進められている。

この防災システムは、災害が発生し避難が必要になった時に、事前に登録した住民の固定電話や携帯電話に一斉に電話をかけて、避難情報を提供する仕組みだ。自動音声で「今、避難で

図表2-30●「シン・オートコール」をベースに開発された「新防災システム」

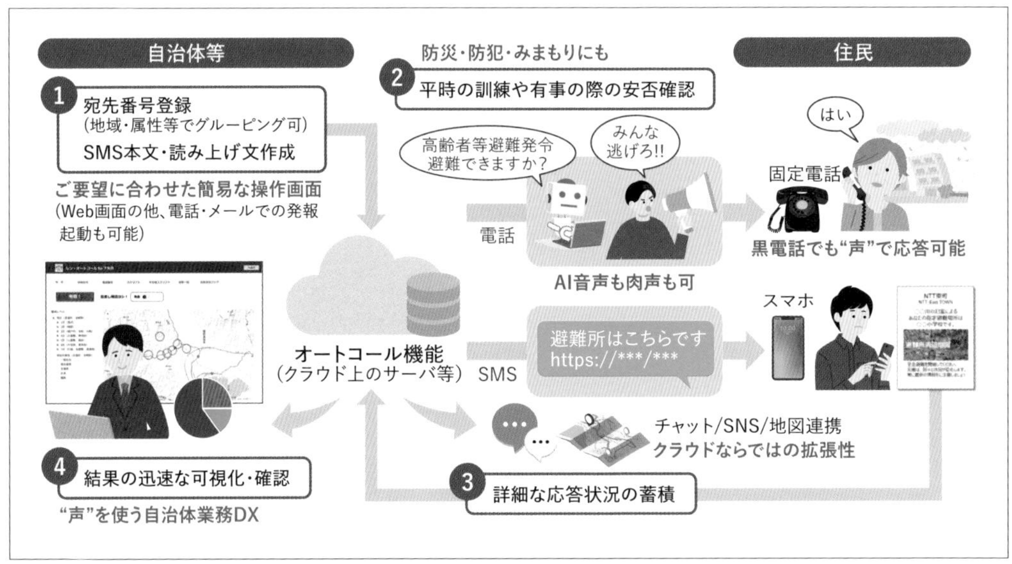

きますか？『はい』『いいえ』でお答え下さい」といった問い合わせを行い、回答をAIで認識し、対象地区の避難状況を一目で確認できるように整理してディスプレイに表示することができる。

災害発生時の住民への連絡には防災行政無線が広く用いられているが、豪雨時の雨音や音の反射などで情報がうまく伝わらない可能性がある。SNSの活用も始まっているが、高齢者など、情報機器を使いこなせない住民の存在は見逃せない。

さらに住民それぞれの避難状況を確認しようとすると、自治会等を通じて、個別に連絡・確認をとるほかなく、多くの時間や人手が必要となってしまう。

こうした課題の抜本的な解決策として期待されているのが、NTT東日本の自治体DXソリューション「シン・オートコール」をベースに開発された、この「新防災システム」である。

アジャイル開発でニーズを汲み取る

シン・オートコールは、アマゾンのクラウドサービス（AWS：Amazon Web Services）上でNTT東日本が開発・運用するソリューションだ。AWSで提供されているコンタクトセンター機能、対話AIエンジン、音声認識機能などを組み合わせて、電話を活用して自治体の多様なニーズに応えられるプラットフォームに仕上げた。

開発したのはNTT東日本が新しいIT技術・ソリューションの創出を狙い2021年に組織を発足させた「特殊局」の鈴木巧担当課長。クラウドの選定から、プログラムまで１人で手掛けた。

特殊局に着任した鈴木氏は、電話やSMSを使って特殊詐欺やフィッシング対策の訓練ができるシステムを開発し自治体に紹介していく中で、「この仕組は防災用途で使えるのではないか」とアイディアをもらったことが、防災システムの開発に取り組む契機になったという。自治体のニーズを踏まえて開発をスタート、防災訓練などでのトライアルを経て、2023年に陸前高田市で初めて導入された。

この防災システム開発で特筆されるのが、防災訓練などを通じて陸前高田市と機能や画面構成などを一緒に作り上げてきたことだ。

当初の仕様は、自動音声での問いかけ対して、住民がスマートフォンのプッシュボタンを押して答える形が採られていた。この仕様に訓練前の住民説明会の参加者から「声でできないか」という意見が強く寄せられたという。高齢者にはスマホは使えても通話中にキーパットを呼び出せない人も多く、災害時に利用できない可能性があるからだ。音声での回答に対応したことで、少なからぬ世帯に残る「黒電話」でも利用が可能になり、防災システムとしての有用性は格段に高まった。

シン・オートコールでは、試作と修正を繰り返し完成に近づける「アジャイル開発」の手法を採ることで、ユーザーの要望に柔軟に対応できるようにしている。

もう１つ、このシステム機能面での特徴として挙げられるのが、支援を必要とする方のリストアップ機能だ。「避難状況を教えて下さい」という問いかけに「ケガをして動けない」と答えた場合、AI変換でテキスト化して記録すると同時にケガなどの単語を含むメッセージがリストアップされ、支援を行いやすくなる。

陸前高田市では2023年から、職員の緊急連絡などにこのシステムを活用、電話番号の登録の広がりをみながら、対象を順次広げていく方針だ。

岩手県内をはじめ全国の多くの自治体でこの防災システムのトライアルが進められているという。2024年度以降、導入が一気に広がりそうだ。

特殊詐欺の水際対策やセキュリティ教育にも活用

防災以外の分野でもシン・オートコールの導入が始まっている。

その１つが2023年４月から警視庁蒲田警察署（東京都大田区）が開始した特殊詐欺の水際対策での利用だ。特殊詐欺グループからの不審な電話が掛かってきたという通報があった場合などに、シン・オートコールを使って近隣の銀行の52支店へ自動で電話をかけ、ATMでの声がけなどを強化する。これにより、これまで１時間以上かかっていた連絡が数分で完了、タイムラグによる被害の拡大を防げるようになった。

他府県の警察署でも同様のシステムの運用試験が始まっており、事前に登録した高齢者などに直接警戒を呼びかけるトライアルも実施されている。

東京都では４月に商用導入したシン・オートコールを用いて、住民が詐欺電話・SMSを見分けられるようにするトレーニングに活用している。前述の陸前高田市では、防災システムを、平時は高齢者の見守りに活用することも視野に入れている。

NTT東日本では、シン・オートコールをAWSのリセーラーとして自治体や企業に提供して

図表2-31●警視庁蒲田警察署でのシン・オートコールの活用事例（特殊詐欺の水際対策）

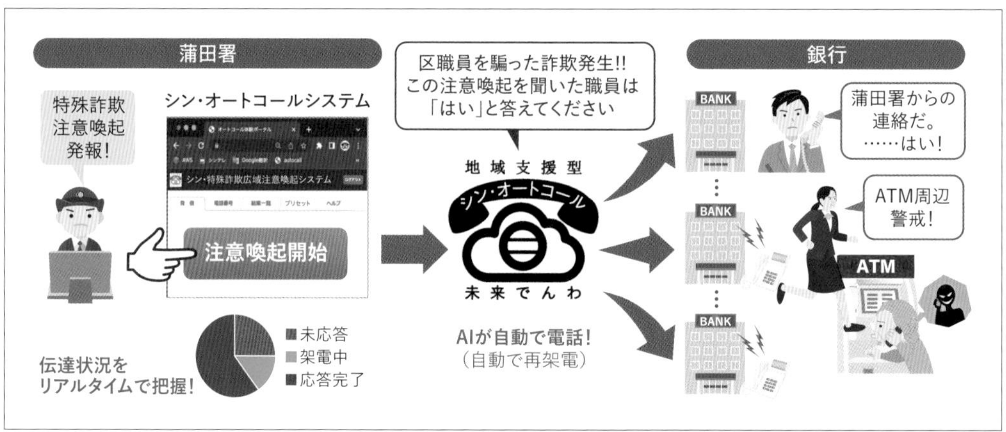

図表2-32●シン・オートコールは多様な領域で活用できる

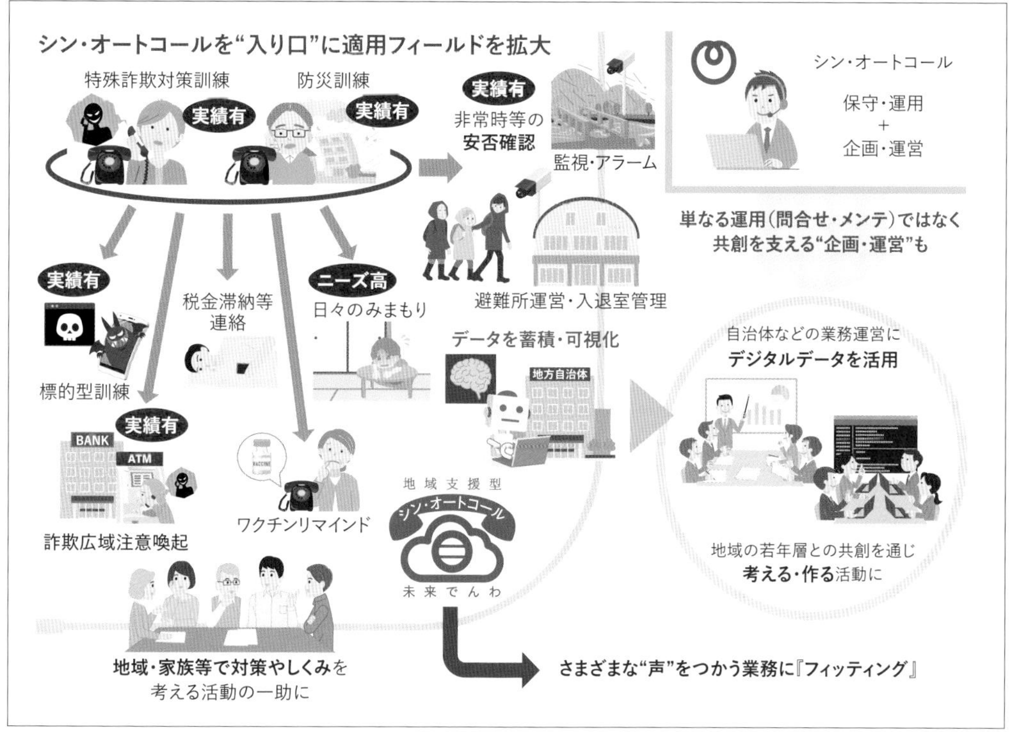

いる。導入が本格化、ニーズも多様になってきたことから、シン・オートコールの開発・カスタマイズ体制の強化を進めているという。

ポイント解説

・電話と最新のAI技術を連携させ、高齢者にも使いやすい災害情報伝達・安否確認システムを実現
・アジャイル開発により、自治体と地域住民の声を柔軟に反映したシステムに
・防災だけではなく、特殊詐欺の被害防止、高齢者の見守りなど、多彩な用途で活用可能に

3 地域の安心・安全の高度化に向けて

3-2 リスクマネジメントへの取り組み

様々なウィルス攻撃から特殊詐欺まで、住民は数々の攻撃にさらされている。AI、ICTを使って住民を守り、セキュリティと安心・安全を確保する取り組みが急がれている。ここでは、企業のリスクマネジメント、住民を特殊詐欺から守るAIを用いた対策について解説する。

3-2-1 ［企業・自治体のセキュリティ強化と補償］

リスクマネジメント 様々な脅威に全方位のリスク対策

自然災害や情報漏えい等、様々なリスクに私達は直面している。一方で企業や自治体等においては、こうした脅威への対策が十分ではない状況がある。NTT Risk Managerはこの課題に対し、リスクマネジメントプランの立案、人材育成、事故発生時の保険での補償等、トータルなリスク対策に関するコンサルティングを担っている。

全方位のセキュリティ対策を可能に

様々なリスク対策が求められる中、とりわけ身近になっているのがサイバー空間に関連したリスクである。企業や医療機関がサイバー攻撃を受け、業務停止を余儀なくされる深刻な事案が、ニュース等でしばしば報じられているが、こうした巧妙化・悪質化するサイバー攻撃のリスクを回避するには、技術面だけでなく人・組織を含む全方位の情報セキュリティ対策が不可

図表2-33●NTT東日本グループのランサムウェア対策

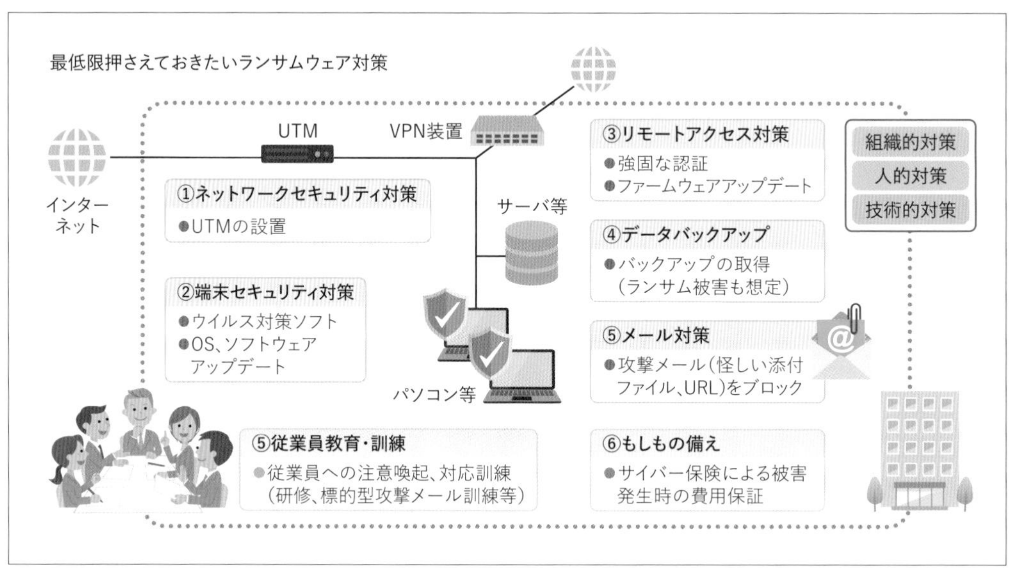

図表2-34●リスクマネジメント研修用のカードゲーム（左）とゲームソフト（右）（いずれも学校版）

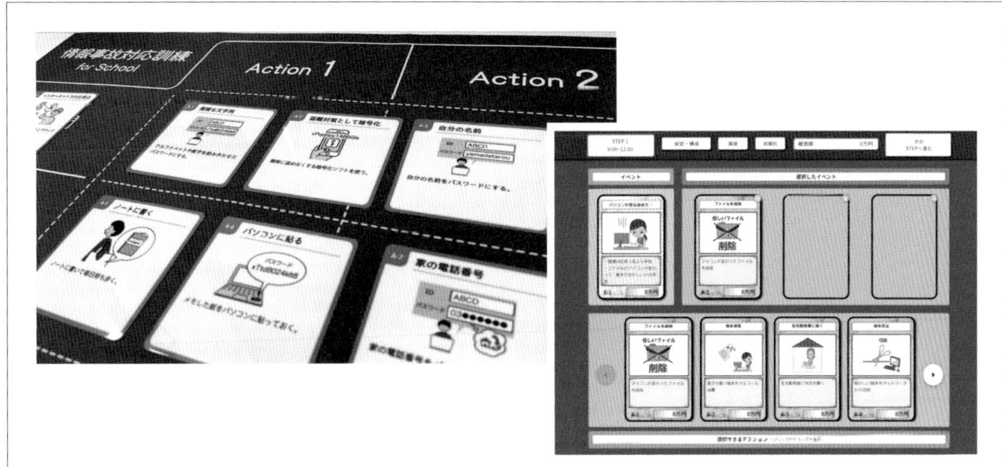

欠となる。

NTT東日本グループでは、このような「技術・人・組織・物理」全ての面で情報セキュリティ対策を提供している。その中でもNTT Risk Managerは人・組織面での対策に加え、トータルでのリスクマネジメントに関する課題解決を提供している。

職場や学校、家庭のリスク対策をサポート

NTT Risk Manager の事業を、３つのシーンごとに紹介する。

１つが職場だ。職場（企業や自治体など）はランサムウェアなどのサイバー攻撃の主要なターゲットとなる。外部からの攻撃だけでなく、組織内にも不注意による情報漏えいなどの「人的リスク」が存在する。取引先がサイバー攻撃の被害に遭い、連鎖的に被害を受けるケースも少なくない。

２番目は学校である。学生・生徒のICT活用の進展に伴い、電子掲示板やメールを使った新種のいじめなど新たなリスクが生じてきた。インターネットが日常的に使われるようになったことで、学生・生徒が脅威にさらされる危険も高まっている。

３番目が家庭。近年、電話やSNSを使った特殊詐欺が増加し、その対策が急務となっている。

NTT Risk Managerは、こうしたリスクに対する具体的な対策を、自治体や企業・学校、地域のコミュニティに提供する。その取り組みの核となるのが、「コンサルティング」だ。

企業や自治体などから寄せられる相談には「セキュリティ対策をどうしたらいいのか」といった抽象的なものも少なくない。そこでNTT Risk Managerではヒアリングや現地調査等を通じて顧客の情報資産を把握し、そのリスクを分析・評価し潜在的な課題を抽出、方針・目標を明確にした上で、その実現に向けた対策を提案していく。

ルールの策定から研修、監査まで

NTT Risk Managerが提供する対策メニューとしてまず挙げられるのが、情報資産を管理するために行うべきことをルール化する「セキュリティポリシー」の策定支援だ。最近では、サプライチェーン全体のセキュリティ対策のために親会社や取引先から出されたセキュリティ強化の指示や、業界団体や監督官庁のセキュリティガイドラインに対応するために、セキュリティポリシーの策定に動き出す自治体や企業・学校が増えている。

もう1つ、NTT Risk Managerが力を入れている対策メニューに「研修」がある。ルールを策定しても、組織の構成メンバー（従業員、学生など）がそれを認知・実行しなければ、効果は上がらないからだ。

NTT Risk Managerは、対面・オンラインでのセキュリティ研修業務を遂行すると同時に、研修に用いる教材の制作にも注力している。その1つで、好評を得ているものにリスクマネジメント研修用のカードゲーム（事故対応演習）がある。このゲームでは「PCの動きが悪くなった時はどうするか」といった設問に選択肢を選んで回答。間違った場合は「情報が漏えいし100万円の損失がでました」などのペナルティが課され、損失の少なさを競う。中高生などを対象にインターネットの安全な利用方を学ぶ「学校版」のカードゲームも用意されている。

ビデオ教材の制作にも力を入れており、2023年5月にはNTTe-City Labo内に、教材の制作

●NTTe-City Laboに設けられた教材制作、遠隔セミナー用スタジオ

や映像によるオンライン研修に利用できるスタジオ設備が整備された。

対策メニューには、情報セキュリティポリシーや外部のガイドラインなどと照らして、セキュリティ対策がきちんと運用され機能しているかを評価する「監査」や、サーバーのプラットフォームやアプリケーションの脆弱性など技術面での評価を行う「テクニカル監査」なども用意されている。情報セキュリティ対策の効果を上げるには、その職場、学校の環境に基づいて計画を立て、対策を実施、さらにそれがきちんと運用されているかを監査して、できていない点があれば見直しを行うという、PDCAサイクルに沿った形で運用する必要がある。その一連の対策をトータルで提供しているのだ。

サイバー攻撃だけでなくメールの誤送信による損害も補償

NTT Risk Managerの事業で特筆されるのが、東京海上日動の代理店として「サイバー保険」を取り扱っていることだ。この保険は情報インシデントが発生した場合の損害を広く補償するもので、攻撃を受けた際のサーバーの復旧費用、業務停止に伴う損害、被害が取引先にも及んだ場合の損害賠償費用などのほか、メールの誤送信によって発生した損害なども補償の対象となる。

NTT Risk Managerでは、新しいリスク対策サービスの開発にも取り組んでいる。

NTT東日本では、すでに家庭向けのセキュリティサービスとして特殊詐欺対策サービスを提供している。かかってきた電話に特殊詐欺で多用される単語（例えば「ATM」など）が含まれているとAIがこれを検知し、家族や本人に警告メッセージを送るというものだ。

こうした家庭・地域向けセキュリティサービスをネット空間やリアル空間にも展開していこうとしている。

ポイント解説

- 悪質化するサイバー攻撃に対し、技術面だけでなく人・組織面、保険を含む全方位でのセキュリティ対策を提供する
- セキュリティ対策では、組織的な対策の運用が重要なのでその運用支援も行う
- サイバー保険では、メールの誤送信で発生した損害など、広い範囲が補償の対象となる

3-2-2 ［高齢者・地域の防犯］

AIによる特殊詐欺対策 会話から詐欺を検知し高齢者を守る

特殊詐欺が横行し、とくに高齢者の被害が後を絶たない。詐欺被害から高齢者を守るべく、詐欺の入口となる電話の段階で詐欺の可能性を検知し、関係者に通知するシステムが登場した。自治体が主導し、地域全体を詐欺から守る取り組みも注目される。

特殊詐欺事件の状況

対面せずに相手を信頼させ、指定した預貯金口座への振込みなどの方法により、不特定多数の者から現金等をだまし取る犯罪、特殊詐欺。国内の2022年被害額は370億円にのぼり８年ぶりに増加した。認知件数は１万7570件である（警察庁「特殊詐欺認知・検挙状況等（令和４年・確定値）」）。

警察庁では、特に次の５つ手口について注意を喚起している。

- オレオレ詐欺…親族、警察官、弁護士等を装い、親族が起こした事件・事故に対する示談金等を名目に金銭等をだまし取る（脅し取る）
- 預貯金詐欺…自治体や税務署の職員などと名乗り、「医療費の払い戻しがあるのでキャッシュカードを確認して取り替える」などの口実で自宅を訪れ、キャッシュカード、クレジットカード、預金通帳などをだまし取る
- 架空料金請求詐欺…インターネットサイト事業者などを名乗り、「未納料金が発生している」とメッセージや郵便を送り、使用していない料金を支払わせようとする
- 還付金詐欺…自治体、税務署、年金事務所の職員などと名乗り、医療費・保険料の過払い金や、一部未払いの年金があるなど、お金を受け取れるという内容の電話をかける。被害者が犯人の指示通りにATMを操作すると、実際には犯人側の口座にお金が振り込まれる
- キャッシュカード詐欺（窃盗）…警察官などと偽って電話をかけ「キャッシュカード（銀行口座）の不正利用が確認された」などの理由でキャッシュカードを確認するふりをしてすり替える

図表2-35●特殊詐欺事件発生状況(2022年)

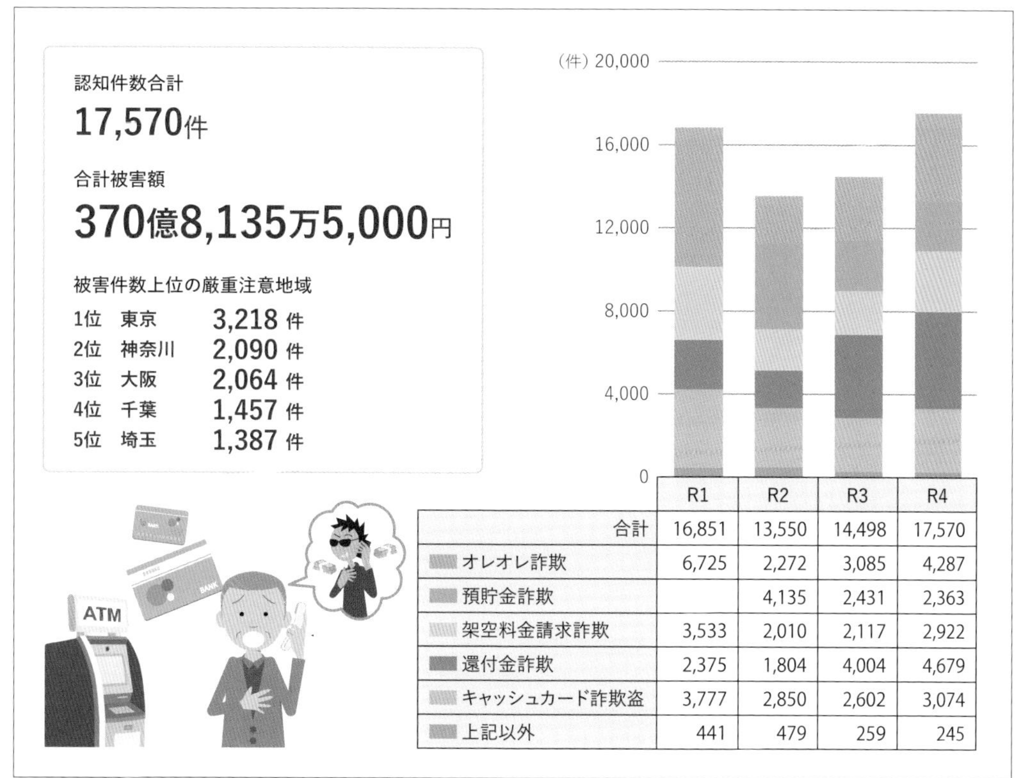

	R1	R2	R3	R4
合計	16,851	13,550	14,498	17,570
オレオレ詐欺	6,725	2,272	3,085	4,287
預貯金詐欺		4,135	2,431	2,363
架空料金請求詐欺	3,533	2,010	2,117	2,922
還付金詐欺	2,375	1,804	4,004	4,679
キャッシュカード詐欺盗	3,777	2,850	2,602	3,074
上記以外	441	479	259	245

高齢者の固定電話を特殊詐欺の入口にしない

特殊詐欺被害の認知件数のうち法人被害を除いた86.6％を65歳以上の高齢者が占め、男女比は1：3である。地域生活を脅かす深刻な課題として、自治体なども対策に乗り出している。

犯人から特殊詐欺の被害者へ最初に使われた通信手段を警察庁が詳細に調査したところ、2022年の11月及び12月に認知した特殊詐欺事件においては、メール、はがき、電話等の中では電話が85.2％を占めた。さらに被害者側の電話は97.2％がいわゆる固定電話であることも判明した(「警察庁　特殊詐欺の手口と対策」)。

人と人とのコミュニケーションを豊かにする手段である電話が犯罪の入口に使われることはNTTグループにとって心苦しい事態であった。そこで、固定電話への特殊詐欺における防犯にフォーカスし、詐欺が疑われる電話に気づいてもらう仕組みとして「特殊詐欺対策サービス」を開発した。2024年３月31日までに新規に申し込むと、申込数の上限人数内は、初期工事費と利用開始から2025年３月31日までの月額利用料が無償となる。

事前登録していない電話番号から入電があると、案内アナウンスを流した後、通話内容を録

図表2-36●AIによる特殊詐欺対策サービスの概要

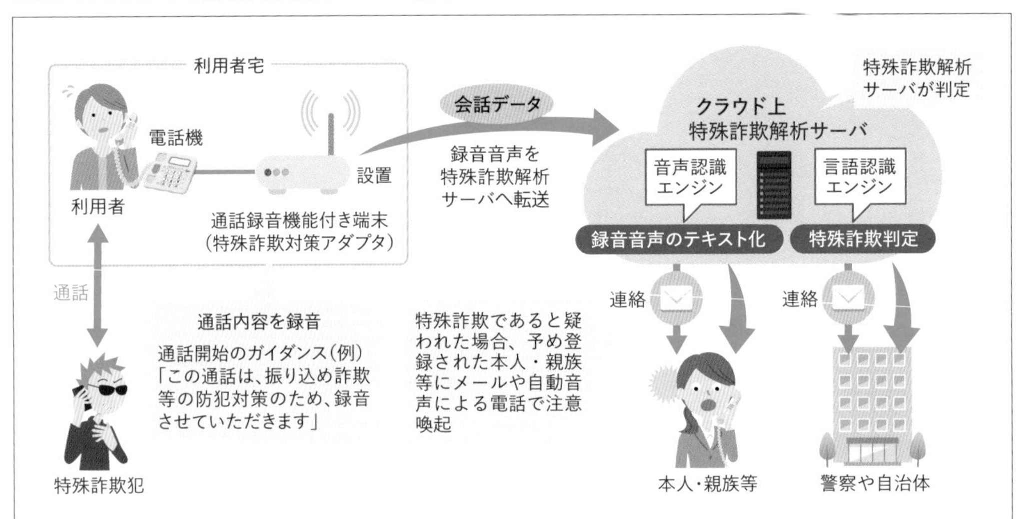

音してクラウド上の特殊詐欺解析サーバに自動送信する。会話の特徴から特殊詐欺が疑われると、事前に登録されている家族や知人、自治体関係者などに通知される。

電話を切った後に本人宛にも自動音声による電話が入るが、周囲に知らせ利用者に声がけしてもらう「見守り」を意識している点が特徴である。子どもや孫など親族から「今かかってきた電話は詐欺かもしれないよ」と連絡が入れば、冷静になって、不自然な点に気がつきやすいといえる。

NTTe-City Laboでは、犯人役、利用者役、家族など見守る役の三者にわかれ、電話による特殊詐欺を検知するデモを体験できる。

会話の特徴からAIが詐欺の可能性を検知

利用に際しては、高齢者など利用者宅の電話に「特殊詐欺対策サービス」を契約し、詐欺の疑いが検知された場合に通知する先の連絡手段をサーバへ登録申込をする。そして、特殊詐欺対策アダプタを接続する。

アダプタにはモバイル通信を行うSIMが搭載されており、利用者が操作をせずとも会話の録音データは自動的にサーバへ送信されるようになっている。

録音データを受け取ったサーバ側では、音声認識技術で会話を文字化し、警察が提供している特殊詐欺につながる会話の特徴（巧みに相手の個人情報を聞き出すなど）と照らして、AIが特殊詐欺の可能性を判定する。送信されたデータは、判定以外には使われない。

関係者への連絡手段は、メール、または自動音声による電話通知となっている。

システム開発の過程では、実証実験を行い利用者の声を聞いた。そのなかに「知り合いとの会話を録音されたくない」との意見があり、「事前に登録した電話番号からの着信は特殊詐欺検知用の録音を行わない」という現在の運用方法を確立した。

自治体主導で活用し高齢者を特殊詐欺から守る

地域の高齢者が特殊詐欺被害に遭う事態を防ごうと、自治体が主導して「特殊詐欺対策サービス」を活用するケースが増加している。

長野県では、県と警察、大学とが連携して高齢者宅にサービスの利用を勧めている。その中の仕組みとして特殊詐欺の疑いを検知した際の連絡先を、利用者の許諾を得た上で長野県警察も設定することができる。詐欺疑い検知の通知が届くと長野県警察から利用者に連絡を入れ、犯人からの電話と判明すれば利用者宅への臨場、エリア内の警備を強化する。特殊詐欺は1つのエリアをまとめて狙う傾向があるからだ。(長野県の事例については、第3部の事例-8を参照)

実証実験中の別の県では、同じく通知先を県警とし、詐欺検知の通知を受けた際に、県警からエリア内の銀行やコンビニエンスストアに特殊詐欺発生の可能性を知らせる自動電話をかけ、地域全体で高齢者を守る体制づくりを検討している。

「特殊詐欺対策サービス」の利用によって犯人検挙につながった例もある。

東京都のある区においては、通知を受けた区が警察に連絡。警察が利用者と詐欺犯が待ち合わせする公園で見張り、犯人を逮捕することができた。

今後はさらに一人暮らしの高齢者が増え、特殊詐欺検知の連絡先が無い、あるいは限定されることも増加するだろう。自治体が主導し地域全体で犯罪を防ぐ手段として「特殊詐欺対策サービス」を活用するモデルは、今後ますます広がっていくと予想される。自治体関係者の見学も増えている。

●利用者宅に設置される特殊詐欺対策アダプタ(右側)

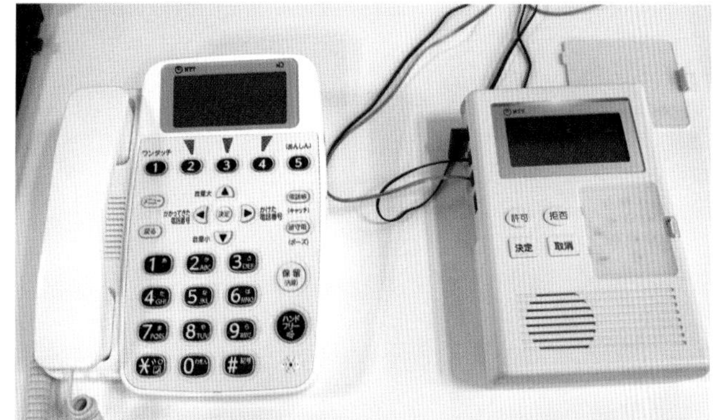

ポイント解説

- 特殊詐欺被害の多くは高齢者であり、対策が求められている
- 詐欺の入口となりやすい電話の会話の中身から、詐欺の可能性を検知する
- 自治体主導でシステムを活用し、地域全体を守る動きが始まっている

3 地域の安心・安全の高度化に向けて

3-3 医療におけるAI、ICTの活用

医療におけるAI、ICTの活用は最も進歩の速い分野である。問診、聴診、バイタル測定、睡眠の各分野における先端の取り組みを紹介する。医療現場における技術とその活用には目覚ましいものがある。

3-3-1 ［医療機関の問診業務支援］

AI問診 受付業務を効率化し診察のサポートも

医療機関における業務効率化と医療の質向上を実現する「AI問診」が活用されている。診療受付時の問診業務をデジタル化し受付業務を効率化するのみならず、AIを活用して医師の診断にも役立つ情報を提供する。「医師の働き方改革」を推進する役割も果たす。

過酷な医療現場の実態

2024年4月、医師の働き方改革を推進する制度改定が実施される。国内の医療は、「医師の長時間労働に支えられている」と警鐘が鳴らされてから、長い期間が経っている。医師が健康に働き続けることのできる環境整備は、医師本人にとってはもちろんのこと、患者・国民に提供される医療の質・安全を確保すると同時に、持続可能な医療提供体制を維持していくために欠かせないものである。

病院に常勤する勤務医の約4割が年間の時間外労働・休日労働の基準時間を超えて働いているという実態がある。改定後は医療機関の5つの適用水準に応じて時間外労働の上限が960時間、または1,860時間に設定され、面接指導や休息時間の確保も義務となる（A水準の医療機関の休息時間確保のみは努力義務）。

医療機関においては、適切な労務管理の実施、専門性に基づいた業務範囲の明確化、業務改革による効率化の推進が喫緊の課題であり、その実現にICTの活用が有効な手段と目されている。

適切な質問で症状を深堀しAIが診断をアシスト

病院・クリニック（診療所）で受付の際に紙で実施されている問診のデジタル化も医療の質向上と効率化に寄与する有効な方法である。

2020年からUbie株式会社との共創により運用が始まった「AI問診」システムは、医療機関が求めるセキュリティレベルを保ちつつ、外来の問診業務を効率化し、診察のアシストを行うクラウドサービスである。

やり方は、とても簡単だ。患者は、紙の問診表に替わりタブレットを用いて画面に表示される複数の質問に答えていくだけだ。あるいはリモートで、事前に「AI問診」のURLを伝え、患者のスマホから回答してもらうことも可能となっている。

そしてデジタル・コンテンツであることの利点を生かし、患者の回答内容に沿って、次の質問項目が枝分かれしていくのが大きな特徴にもなっている。例えば「頭が痛い」という症状なら、どのように痛いか、頻度はどうかなど詳しく状況を確認する選択肢が示される。自分の言葉では表現しにくい症状も、あらかじめ選択肢があれば伝えやすい。

図表2-37●「AI問診」は症状（主訴や訴え）に応じて質問を重ねる

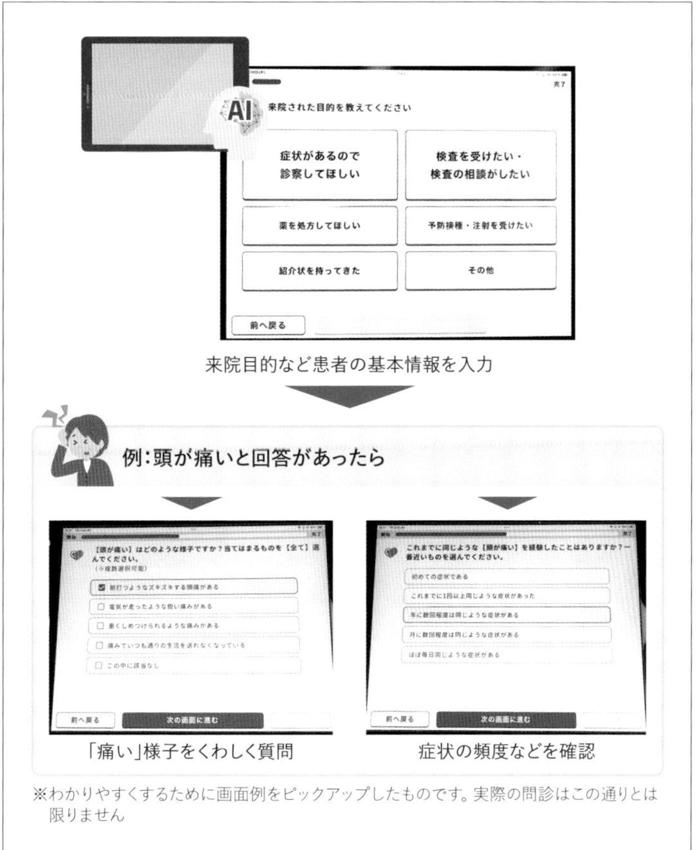

さらに、多面的な問いにより集められた情報をもとに、関連する病名をAIがピックアップし、医師のパソコンに参考として表示し、医師の診断に役立ててもらう機能も有している。コロナ禍においては、AI問診を活用し、新型コロナウイルスに関連する症状がみられた患者を、別の待合室に誘導する対応も行うことができた例もあったという。

利用者増で精度が向上、ネットワークセキュリティも

「AI問診」は2023年現在、国内1,500件を超える病院・クリニックで採用され、多くの問診結果と診断結果のデータがフィードバックされている（個人を特定する情報は蓄積されない）。これらの豊富な実データをもとにＡＩがさらに学習を重ね、問診の精度や質問項目の精度をともに向上させている。

問診データは、クラウド上のサーバーで保管される。問診情報という極めて機密性の高い個人情報を扱うので、通信回線にも高いセキュリティレベルを求める医療機関に対しては、NTT東日本が提供する閉域網（VPN（Virtual private network）：オープンなインターネット上では

図表2 38●AI問診の流れ外来問診業務の効率化

2023年10月現在 国内1500件強の病院・クリニックに導入

	事前問診	口頭問診	カルテ入力
いままで 各ステップで無駄な時間が発生	紙による質問	症状をイチから聴き取り	聴取内容をイチからカルテへ入力
これから 問診・カルテ入力の時間を短縮	インターネットに接続できるタブレットを活用	記載がほぼ終わった状態から追加で聴取するのみ	一部コピー&ペーストでカルテ入力時間を短縮

なく、限定された利用者間を接続する仮想ネットワーク）を利用するプランが用意されている。

「AI問診」の活用で現場に起こる変化とは

では、病院の受付業務はどのように変わるのだろうか。

患者側で「AI問診」の回答が終わり診察券の番号など患者のIDを入力すると、電子カルテとの紐づけが行われる。問診の回答内容は一部を患者の電子カルテにコピー＆ペーストすれば記入が完了。手書き文字の誤読や入力間違いを起こすこともなく、受付の事務作業をスピードアップしていく。

また、患者が他の医療機関からの紹介状や「おくすり手帳」を持参した場合は、カメラで撮影し画像解析された情報を登録することができる。

効率化によって捻出した時間で他の業務を行えば、病院全体の生産性は向上する。当サービスの活用により、看護師が採血や治療補助など本来担うべき役割に注力できるようになった病院も見られている。

医師側は、すでに問診が済み情報がそろった状態から診察を開始するので電子カルテへの入力に時間を取られず、視診や追加の聴き取りに集中できる。医師からは「患者と向き合える時

図表2-39●「AI問診」導入効果の例

医師・看護師それぞれが専門分野に集中し働き方改革を推進しつつ、
医師の診察をサポートし、医療の質向上にも貢献

働き方改革の実現へ	医療の質向上へ
患者受付業務の効率化 （看護師が本来業務に専念できる）	症状に沿ったきめ細かい問診で 症状を確認
問診をほぼ終えた状態から 診察を開始	問診結果からAIが 関連する病名を複数表示
「AI問診」の記載内容を 電子カルテへ （入力業務を大幅削減）	多くの病院での診察結果 を学習し、 精度向上

間を確保できるようになった」との感想も届いている。問診時間を削減した分、より多くの患者を診療することも可能になるだろう。

また、「AI問診」ではきめ細かい問診の結果、関連する病名をリストアップするので、診断の参考にしたり、見落としを防いだり、診察のサポートとして活用できる。

働き方改革が今、切実に求められている医療現場において「AI問診」に対しては、業務効率化と医療の質の向上の両面における貢献が期待されている。

ポイント解説

- 紙の問診をデジタル化し、受付業務を効率化する
- AIの活用で関連する病名を表示するなど、診察をサポートする
- 業務効率化で働き方改革を推進しつつ、医療の質向上に貢献する

3-3-2 ［オンライン診療業務支援］

聴シンクロ（リモート聴診）看護師が訪問し医師は遠隔診療可能に

患者を訪問した看護師が聴診器を使用し、遠隔にいる医師がその聴診を行う、新しいオンライン診療が実現する。高齢や通院が難しい患者からの訪問診療へのニーズに応え移動時間の制約がある医師の診察を可能とし地域の医療アクセスを改善していく。

オンライン診療とは

患者のもとを訪問した看護師は、オンライン診療の準備をしながら聴診器を取り出した。すると、患者とは離れた病院にいる医師は、患者とつないだ画面を通しての観察や経過の確認に加え、看護師が患者の胸にあてた聴診器の音をリアルタイムに聴き、診察を進める。

このように遠隔からの聴診を実現し、オンライン診療がさらに一歩前進した姿が「リモート聴診」である。

オンライン診療の課題

病院やクリニック（診療所）への定期的な通院が困難な患者のもとへ、医師や看護師が訪問して診療を行う訪問医療へのニーズは高い。ただ、外来が中心の病院・クリニックにおいては、医師が移動時間を確保しにくいという現状がある。ICT技術の発展とともに患者宅に行かずに遠隔から診療を行えるオンライン診療が注目されている。2020年からのコロナ禍では、時限的・特例的な扱いとして対面による診療を経ずに初診からの適用が許可されたこともあり、2021年１月現在でオンライン診療に対応する医療機関は15％を超えた（厚生労働省医政局調査）。

患者と医師をオンラインで接続することにより問診や視診は可能となったが、診療の重要項目の１つである聴診を行えない点が課題であった。

ここを乗り越えたのが、患者・医師間で、映像の伝送とともに心音、呼吸音などのオンライン聴診を可能とした「リモート聴診」（NTTスマートコネクト「聴シンクロ」）である。

このソリューションにより医療に求められる安全なネットワークを提供し、オンライン診療の内容を充実させることが可能となった。

図表2-40●聴シンクロ（リモート聴診）の仕組み

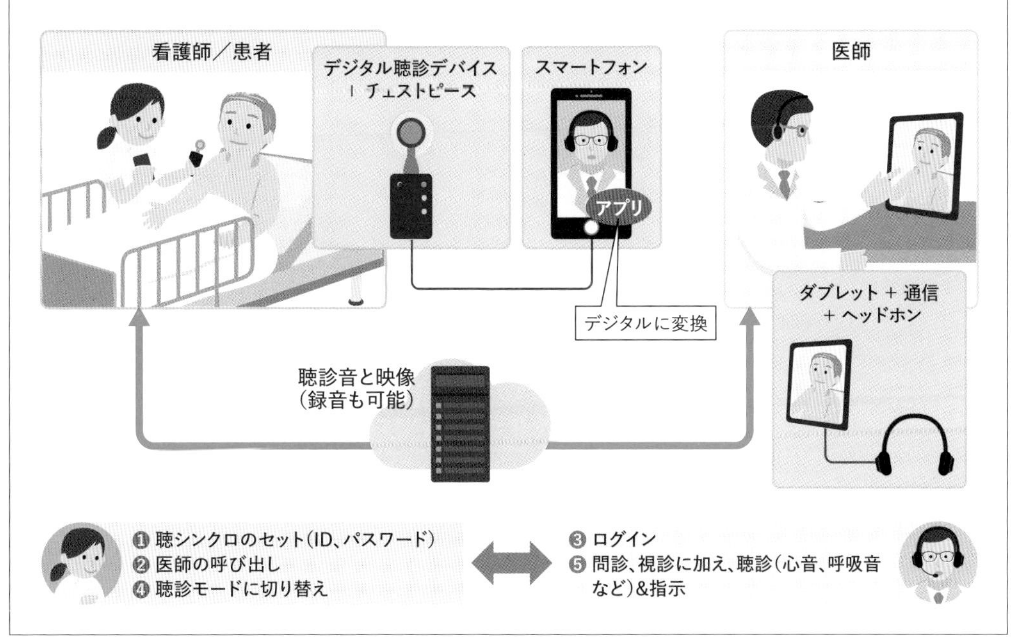

聴診器の音をデジタル変換して医師へ送信

看護師が使用する聴診器は、インターフェース（Lightning）を経由して専用アプリケーションを入れたスマートフォンに接続されている。聴診器側でA/D変換された音を、インターネット経由で伝送する。聴診音には日常会話より低周波の音があり、これらを聞きやすくする技術的な工夫も施されている。また、聴診音を録音しクラウドへ保存することも可能である。

看護師は複雑なセッティング作業を必要とせず、コストも含めて導入のハードルが低いのもメリットといえる。導入に際して、通信手段はモバイル回線やWi-Fiなど希望に沿った方法を選べ、端末機器も一式レンタルするパッケージ版も用意されている。

利用医師からは、「移動時間の負担を軽減しつつ、医療を提供できる」「遠隔から聴診器をあて、心音や呼吸音を聴けるのは大きな変化。医療の質を向上できる」「心音の確認により、心疾患の早期発見につながる」などの感想が寄せられている。オンライン診療の課題であった聴診を実現した意義は大きいといえる。

オンライン診療は「オンラインの医師と訪問する医療従事者の組み合わせ」が基本のスタイルとなる。これまで医師が訪問医療を提供しにくかった地域、また通院が困難で診療を受けられなかった患者に対し、訪問看護ステーションの設置などを進めることで、充実した医療機会を提供する体制を構築することができる。

「聴シンクロ」の活用によるオンライン診療の充実は、医療を求める各地の高齢者と都市部に集中しやすい医師との地理的な不均衡を解決する重要な手段の１つとなるだろう。

地域自治体のへき地診療や医学研修にも

「聴シンクロ」は、自治体による地域医療サービスの充実にも活用されている。

長野県のある自治体では、オンライン診療設備や「聴シンクロ」を含めたオンライン診療設備を搭載した移動診療車による診療サービスを提供している。患者宅の近くに停めた自動車の中で診療を行うのが特徴で、患者の家族への負担を減らすことも意図している。

車に同乗した看護師が医師の指示により聴診等のオンライン診療をサポートする。ここでは、医療移動車の提供と予約管理システムの運用部分を自治体が担っている。

また、医学教育への寄与も期待される。担当医の診療の場に研修生がオンラインで参加し、「聴シンクロ」を使ってリアルの聴診とそん色ない心音を聴けば、臨場感を持って実際の診療の様子を学べる。都市部以外の地域にいる若手医師に対して場所を問わず実践的な医学教育を提供し、学ぶ機会の創出に貢献する。

図表2-41●聴シンクロによる医療受診機会の拡大

●聴シンクロの機器例

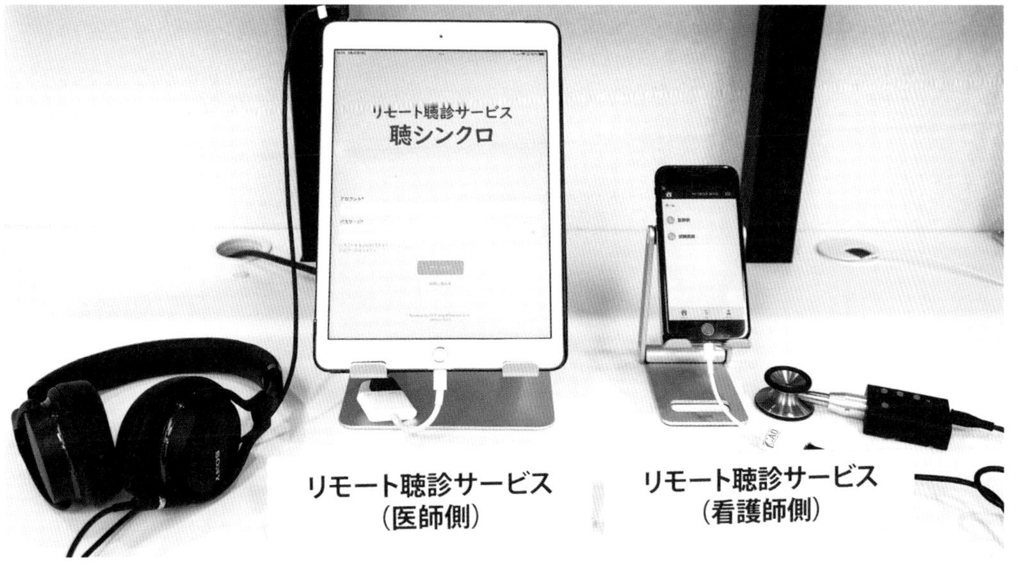

NTT東日本はこうしたリモート聴診やオンライン診療等のソリューションを提供し、地域医療の充実に貢献していく。

ポイント解説

- 高齢化社会を迎え、オンライン診療への期待が高まっている
- オンライン診療の基本となる問診・視診に加え、聴診が可能となった
- 聴シンクロは地域医療の充実や医学教育の推進で期待される

3-3-3 ［健康管理・健康増進］

バイタル測定サービス カメラ撮影で複数のバイタルデータを測定

非接触、そして一度の撮影で患者の体温はじめ複数のバイタルデータを測定する新しい技術が開発された。医療現場の計測業務を支援すると同時に、地域と連携した健康増進への貢献が期待されている。対応デバイスも拡大していく計画だ。

バイタル測定サービス

病院では、体温計をはじめ、血圧計、パルスオキシメーター（動脈血の酸素飽和度SpO_2、脈拍数）など、患者の状態を把握するために複数の機器を使ってバイタルデータを測定する。健康増進への指標として欠かせないこうしたデータを、非接触でかつ１つのカメラによる一度

図表2-42●バイタルカメラの測定原理

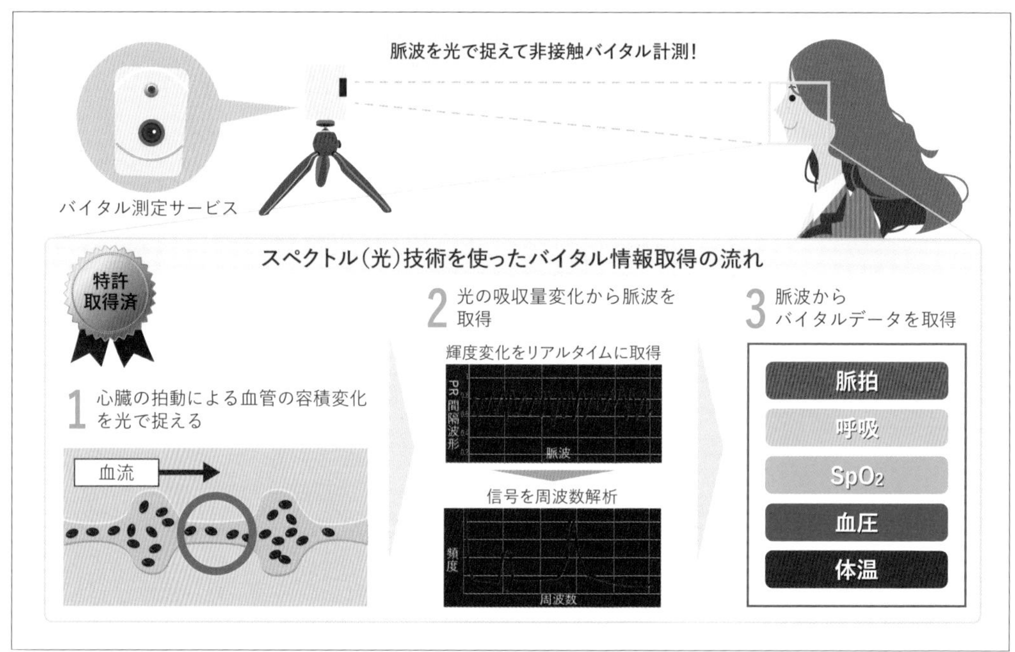

の撮影で測定できる「バイタル測定サービス」が、エバ・ジャパン社との連携により提供されている。

血管の脈波を光でとらえ非接触での計測を実現

「バイタル測定サービス」を使った測定は驚くほど簡単である。対応するカメラとアプリケーションを搭載した専用スマートフォンであれば、カメラに顔を近づけて位置を合わせてから約15秒で、脈拍、呼吸数、SpO_2、血圧、体温が計測される。そして、計測された数値はクラウド上で記録・保管される。データはスマートフォンなどに見やすく表示される。過去の数値との比較や平均値の算出も可能である。

ではなぜ、身体に触れずカメラを通じて測定できるのだろうか。

体温は、コロナ禍で普及したサーモカメラによる非接触型測定と同様に、赤外線の放射量をもとに測定される。

体温以外の４項目は、顔に張り巡らされている血管の血流量（血管の容量変化）を示す脈波を、「スペクトルカメラ」が光でとらえて計測する。この計測技術は、脈拍によって血管の容積が変化すると光の吸収量が変わることに着目して開発されたものだ（本サービスで用いられている光技術によって血管の容積変化を測定する技術は、エバ・ジャパンが特許を取得している）。

医療現場に負担をかけず医療の質を向上

NTT東日本関東病院をはじめとした医療機関で実証実験を行いつつ、医療機器の承認を得ていくのが、今後の予定だ。

では医療現場では、どのような活用が考えられるだろうか。

まず、非接触・１つの端末のみでバイタル測定ができるので、病院受付で自動測定するなど病院スタッフ・患者双方の利便性向上が挙げられる。

また子どもや高齢者などが測定機器の装着に慣れていなかったり、手間取ったりする場合にも有用だ。

あるいは、例えば通常の血圧計を使うと、つい緊張をしてしまい正確な数値を測定できない場面は、医療現場では多々みられる。このように装着による数値のブレが生じたりする場合では、非接触で、かつ、顔をカメラに向けるだけ

●スマートフォンでバイタル測定する際の様子

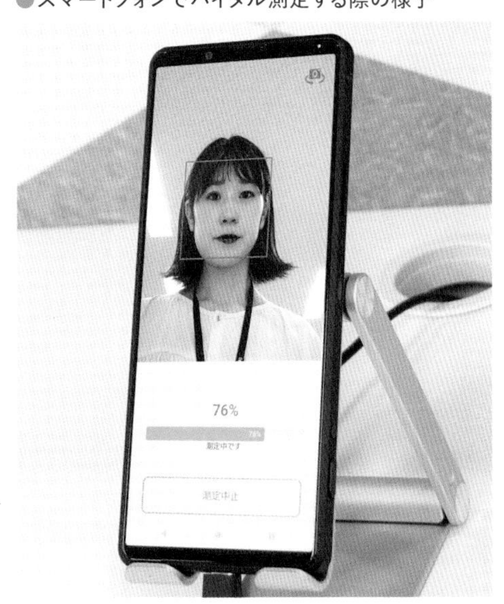

で測定できる本サービスの活用のメリットは大きいといえるだろう。

次に、入院患者のベッドサイドでバイタルを自動取得して記録すれば、急変があった場合にアラートをあげるなど、変化を見逃さない医療体制を構築できる。同様に介護施設において体調不良者を早期発見することも可能になるだろう。

「バイタル測定サービス」のデータを電子カルテと連動させれば、手作業を削減しつつ医療の質を向上させることも期待される。

導入にあたっては医療機関と意見交換を重ね、クラウド環境の構築やセキュリティ面までトータルでサポートしていくという。

地域における健康増進・適切な健康指導の推進へ

国内においては、豊かな日常生活の一方で、生活習慣病の増加が課題となっている。厚生労働省が2013年から行っている国民健康づくり運動「健康日本21（第２次）」の報告書（2022年公表）においては全53項目の目標設定のうち目標値に達したのは８項目、改善傾向にあるのが20項目だった。

「脂質異常症の減少」「メタボリックシンドロームの該当者及び予備群の減少」などについては改善がみられておらず、ICTの発展により「健康づくり分野においても最新のテクノロジーを活用する動き」に期待が寄せられている。

高精度なバイタルデータを個人が日々簡単に測定できれば、一人ひとりの意識向上・行動改革に役立てると同時に、地域医療機関とデータを連携して適切な健康指導を受けられるようになる。地域と連携した健康増進体制の基盤となるだろう。

測定可能な端末は、現在開発中の専用のカメラ、あるいはスマートフォンのカメラを筆頭に、今後は、ドライブレコーダーやスマートテレビ、ノートパソコンの内蔵カメラ、スマートミラーなどに広げていく計画だ。

通勤の車の中であったり、自宅でくつろいでテレビを見ているときなど、ライフスタイルの様々なシーンにおいて持続的な健康チェックと、身体の各種数値を把握する機会を創出し、さら

●バイタル測定の結果画面

図表2-43●様々な生活シーンにおいて持続的な健康チェックが可能に

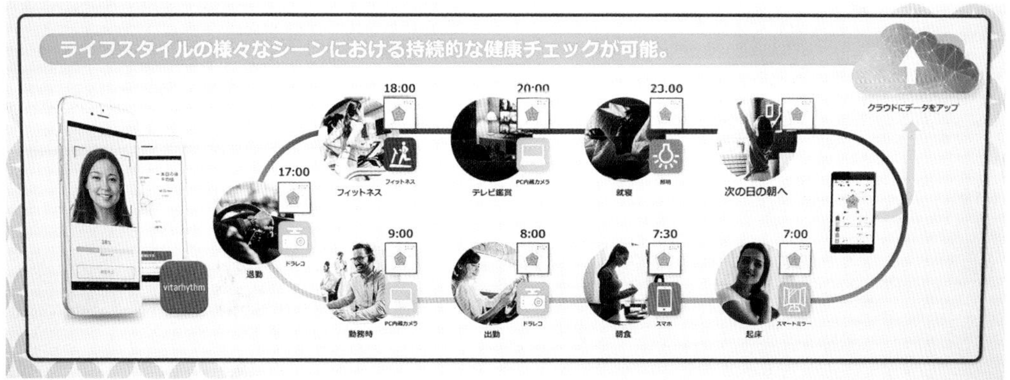

なる健康意識の向上を図る考えだ。

今後は個人のバイタルデータと地域で所有している他のデータを組み合わせるなど、さらにデータを活かした地域の健康増進の支援も検討中だ。

ポイント解説

- 非接触で複数のバイタルデータを同時に取得できるシステムが開発された
- 測定は脈波を光でとらえる技術が用いられている
- 医療現場での活用や地域と連携した健康増進への貢献が期待されている

3-3-4 ［健康経営の支援］

スリープテック
データ×医学で睡眠の質向上に取り組む

睡眠不足は生産性の低下や疾病のリスクを上げるなどのリスクがあるにも関わらず、対策をあまり施されてこなかった。この社会課題を解決するために、NTT東日本とNTT DXパートナーの若手メンバーが立ち上げたのが、データと医学を掛け合わせたスリープテック事業だ。睡眠の啓蒙活動を進めつつ、企業の健康経営をサポートする。

世界一睡眠が短い日本人 - 質の高い睡眠の確保は社会課題

OECD（経済協力開発機構）が33カ国を対象に行った調査「OECD Gender Data Portal 2021: Time use across the world」によると、日本人の睡眠時間は7時間22分と、33カ国中33位と最下位と報告されている。日本はまさに「世界で最も寝ていない国」といえる。睡眠不足は、日中の様々な活動に大きな影響を与えている。その1つが脳卒中や認知症などの疾病リスクが上がること。また生産性や集中力の低下による経済損失コストの高さも明らかになってきた。今

図表2-44●睡眠障害や睡眠不足に生じる様々なリスク

集中力低下	強烈ないびき ※米国の離婚要因の第3位はいびき	疲労感　倦怠感
運転中の眠気 ※健常者の**約4倍** 文献:臨床精神医学1998;27:137-147 改変	居眠り運転 ※健常者の約5倍 文献:臨床精神医学1998;27:137-147 改変	
認知症・脳卒中 ※健常者の約2〜3倍		文献:August 9,2011.University of California-San Francisco The Jouenal of the American Medical Association.
高血圧 ※健常者の**約3倍** 文献:New England Journal of Medicine 2003;342:1378-1384	糖尿病 ※健常者の**約2倍** 文献:Am J Respir Crit Catr Med 2005;172:1590-1595	脳卒中 ※健常者の**約3倍** 文献:New England Journal of Medicine 2005;353:2034-2041 改変
不整脈 ※健常者の**約4倍** 文献:Am J Respir Crit Catr Med 2006;173:910-916	メタボリックシンドローム ※健常者の約2〜4倍 文献:愛知医科大学病院睡眠医療センターにおける症例について調べた報告(2006年)	
慢性心不全 ※健常者の**約2倍** 文献:循環器病の診断と治療に関するガイドライン2008-2009 合同研究班報告.Circ J74 (Suppl.II),963-1084,2010.	心筋梗塞・狭心症 ※健常者の**約6倍** 文献:Kario K,et al.Clin Exp Hypertens 2004;26:177-187	

や「睡眠」は個人の問題ではなく、社会課題になりつつある。また睡眠について日本人の半数が悩みを抱えているという調査もあるが、その一方で解決策が提示されていない状況がある。

政府は2014年より「健康づくりのための睡眠健康指針」を出すなど、心と身体の健康づくりを目指してきた（健康づくりのための睡眠指針2014にある睡眠12箇条）。しかし冒頭の結果でもわかるように改善はまだまだ途上だといえる。そこで23年10月に新たな「睡眠指針2023」を公表。個人の属性やライフステージに応じた適切な睡眠時間を確保することを推奨し、質の高い睡眠のために心掛けるべき注意点を示すなど、良い睡眠のための環境作りを後押ししている。

政府だけではない。睡眠という社会課題を解決するため、様々な企業が参入している。ヤクルトが21年に発売した「Y1000」はその代表例だ。そのほかにも、機能性表示食品製品が多数参入。安眠グッズや入眠のための音楽や、ベッドや寝室回りの寝具類など科学的知見に裏付けられた商品が登場し、「睡眠×○○」というスリープテック市場の拡大が期待されている。

睡眠に関わる課題を解決するためにスリープテックを事業化

NTT東日本には、イントレプレナープログラムという社員立案型で事業を開発する取り組みの一環がある。30代前後の同社の社員が、睡眠改善・仮眠を取り入れること自体は仕事のパフォーマンスの向上に期待ができるのではないかと着想し、この制度を活用しスリープテックチームをボトムアップで立ち上げた。

とはいえ、睡眠不足という社会課題に対する関心はあるものの、睡眠に関する学術的・科学的知識は持ち合わせていない。そこで事業化にあたり連携したのが、ブレインスリープ（東京・千代田）の創業者兼最高研究顧問であり、米国スタンフォード大学医学部精神科で眠りの研究に長年従事してきた西野精治教授である。西野教授が持つ最先端の睡眠医学とNTT東日本が長年培ってきたテクノロジーを掛け合わせ、睡眠に関わる課題解決をめざし、NTT DXパートナーがスマートな睡眠ソリューションを提供する。

NTT DXパートナーが提供する3つの事業とコミュニティ運営

NTT DXパートナーが提供するサービスは3つ。1番目が睡眠事業参入コンサルティング。睡眠事業への新規参入をサポートし、チームとなって共創を行う。具体的にはサービス設計からエビデンス検証、ソリューションモデル開発など、一気通貫した伴走支援はもちろん、スポット支援にも対応する。

2つ目が健康経営ソリューション。健康経営を推進する企業を対象に、睡眠の観点からサポートする。この健康経営ソリューションに活用できるのが、NTT東日本とブレインスリープが開発した「睡眠偏差値 for Biz」や「ブレインスリープ コイン」である。睡眠偏差値 for Bizは従業員の睡眠の質を質問票ベースで主観的に評価し、全国の睡眠偏差値と比較することで、プレゼンティズム（心身の健康上の問題が作用して、業務の生産性が上がらない状態）を改善するためのサービス。

ブレインスリープ コインは利用者の睡眠状態を詳しく分析することが可能な睡眠計測アプリ・専用デバイス。パジャマのウエスト部分に装着するだけで、睡眠ステージ（睡眠の深さ）、寝姿勢、いびきや環境音、寝床内温度（布団の中の温度）が計測できる。これらのソリューションにより、従業員の睡眠を改善、健康経営に貢献する。NTTe-City Loboでは、これらの専用デバイスやアプリを見れる展示になっており、大きさやアプリの表示内容を確認することができる。

●ブレインスリープ コイン

3番目の事業がスリープテックプラットフォーム。睡眠偏差値 for Bizやブレインスリープ コインを通じて得た精度の高い睡眠計測手法を、アプリケーションやシステムの開発者、研究者向けにAPIとSDKで提供するサービスである。

3つの事業に加え、もう1つ重要な活動がある。それは睡眠市場を盛り上げるために企業や個人をつなぐ共創コミュニティ「ZAKONE」の運営である（リーダー企業はNTT 東日本とNTT DXパートナー）。89社が参画しており（2023年12月現在）、日本最大級の睡眠関連コミュニティを形成している。ZAKONEでは睡眠に関する企業同士を集めてつなげることに加え、睡眠に関する企業コラボを誘発し創造する、睡眠に関するイベントを開催し啓蒙するという活動を行っている。

「睡眠×○○」で新しいサービス・製品の共創を支援する「ZAKONE」

スリープテック事業の活動により、様々な製品・サービスが生まれている。22年10月26日に公開されたNTT DXパートナーとマッキャンエリクソンの共創による、視聴しながら仮眠～起床を経ることでクリエイティビティを向上させる仮眠ミュージックビデオ「カレ～なる仮眠」はその1つ。同ビデオは入眠につながるリラックスしやすい音

図表2-45●睡眠 × ○○で市場拡大

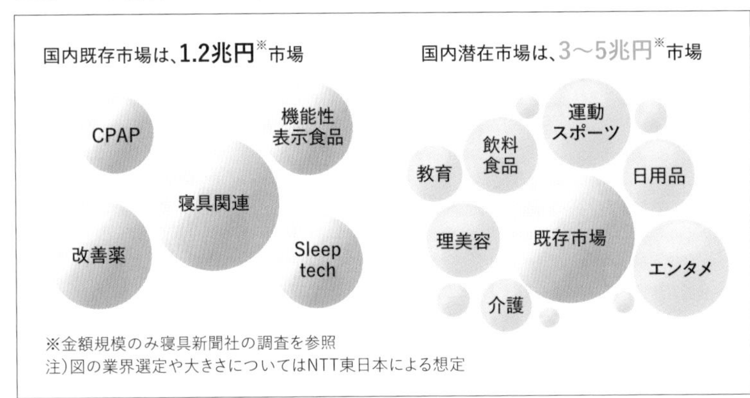

※このビデオは YouTube で配信されている。https://www.youtube.com/watch?v=LJP3vvCMmGg

楽を用いた仮眠パートと、目覚めにつながる覚醒しやすい音楽を用いたクリエイティビティ覚醒パートの２部構成で、合計視聴時間は30分。この動画の視聴を促進していくことで、仮眠文化を啓蒙・醸成し、ビジネスパーソンのクリエイティビティ向上に貢献することをめざしている※。

またソニー・ミュージックジャパンインターナショナルとクリエイター・アーティスト集団のKonelが22年３月に開設したおやすみ前の入眠プレイリスト「sasayaki lullaby」について、ブレインスリープとNTT東日本によって睡眠にどのような効果があるのか実証実験を行った。一般的に音楽を聴くと体が反応するため寝つきが悪くなると言われているが、ささやき声の場合だと睡眠効率が良くなったという興味深い結果が得られたという。

個人向け睡眠改善コミュニティによるスリープテック市場の拡大も

23年８月には新たに個人向け睡眠改善コミュニティ「ZAKONE LAB」をグランドオープンさせた。同コミュニティのコンセプトは「みんなで睡眠改善を、学ぶ、試す、測る。そして睡眠を楽しむ」。睡眠改善に関する質の高いコンテンツや多種多様な製品やサービスの紹介、睡眠計測を活用した効果が見える実践方式の提供のほか、資格を持った専門スタッフに匿名で睡眠相談もできる。睡眠サービスを開発したい企業や健康経営に取り組みたい企業の活動を後押しすべく、日本最大の睡眠ユーザーコミュニティに育てていく予定だ。

●正しい睡眠への展示も行われている

NTT東日本、NTT DXパートナーではこれらの活動を通して、スリープテック市場を現在の1.2兆円から、３～５兆円市場へと拡大させると共に、日本人の睡眠の質を向上させ、世界平和への貢献をめざしていく。

ポイント解説

- 日本は世界で最も寝ていない国、睡眠不足は疾病のリスクや生産性低下を招く
- 睡眠に関わる課題解決するため３つの事業を展開し、企業や個人をつなぐ共創コミュニティ「ZAKONE」を運営
- 個人向け睡眠改善コミュニティ「ZAKONE LAB」で睡眠に関する課題や悩みを吸い上げ、睡眠事業や健康経営に取り組む企業を後押しする

3 地域の安心・安全の高度化に向けて

3-4 公共インフラの維持・メンテナンス

公共インフラの維持・管理は最重要な社会課題の１つとなっている。AI、IoT、ドローン、サイバー技術などを活用することで日々進化しているインフラ管理・メンテナンスの現場の取り組みを解説する。

3-4-1 ［スマートメンテナンス］

モービルマッピングシステム（MMS）3Dデータ活用でインフラの保守を効率化

電柱などの通信インフラ設備は、これまで人が巡回し点検・保守を行ってきたが、レーザースキャナーと高精度カメラなど最新の技術を搭載したスマートメンテナンスカーを使って効率化する「MMS」という新しい技術を導入している。通信以外の分野でも効果的であることから、実証が始まっている。

MMSでのデータ収集・分析により点検稼働を効率化

日本全国で約3600万本ともいわれ身近な存在の電柱は、電話や電気、インターネットなどを支える重要なインフラ設備だ。NTT東日本にとっても守らなくてはならない重要なネットワーク基盤であり、多くの労力を投じて保守・管理されている。これまでは保守作業員の目視による定期的な点検が主だったが、人力による点検は時間やコストが掛かることから、2019年ころ

図表2-46●2種類のスマートメンテナンスカー

NTT東日本では、MMS(Mobile Mapping System)を活用した設備点検を導入

レーザMMS（9台）

設備の構造状態（電柱の傾き・たわみ）を計測

×

画像MMS（11台）

設備の材質状態（錆び・ひび等）を計測

新たな設備点検による『点検稼働の効率化』・『品質の向上』

図表2-47● MMSの概要

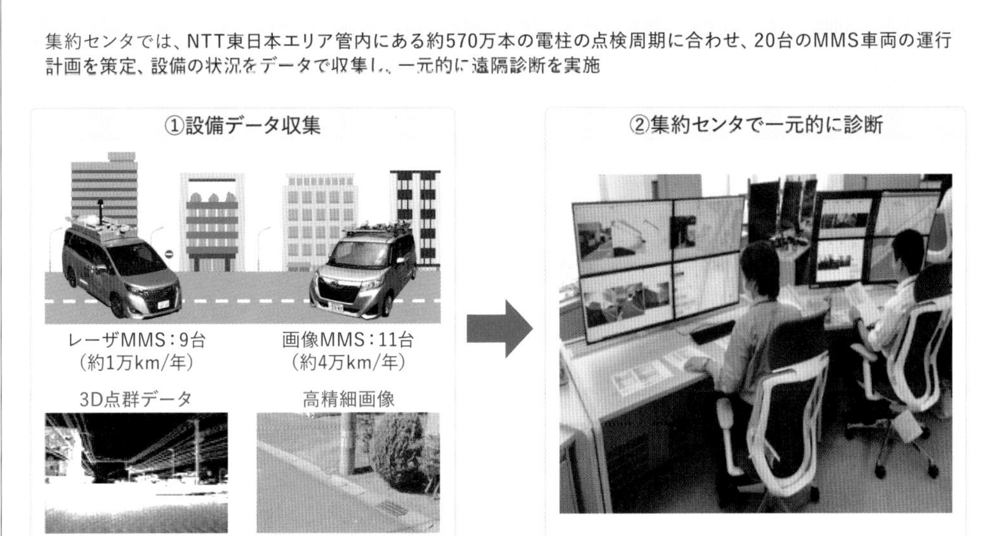

から新たにMMS（Mobile Mapping System）を活用した遠隔診断を導入している。

MMSでは、レーザースキャナーと高精度カメラを搭載した車両（スマートメンテナンスカー）で現地を走行し、撮影・スキャンを行いデータを収集する。収集されたデータは集約センターで一元的に分析・管理し、その上で確認や点検が必要と思われた設備のみに人が対応するという手法だ。

この仕組みの中で用いられているレーザースキャナーは、自動運転でも使われているLiDAR（ライダー）と呼ばれるもので、対象物にレーザー光を照射し、跳ね返ってきた反射光をセンサーで検出して、対象物までの距離や形状を測定する仕組みだ。現在は、NTT東日本管内にある約570万本分について、このレーザースキャナーを装備した９台のスマートメンテナンスカーが稼働している。

レーザースキャナーを使った走査により架空構造物の３Ｄ点群データが取得され、集約センターで電柱のみを自動的に検出・３Ｄモデル化している。この分析により、電柱の傾きやたわみなどを高精細で数値化することが可能となる。さらに高解像度カメラを搭載したスマートメンテナンスカー11台が取得する高精細画像を分析し、コンクリート柱のひびや錆、へこみなどを確認している。そうして収集された設備データをあらかじめ机上診断を行うことで、点検の品質を維持しながら、従来より作業負荷を約５割削減することに成功している。

NTTe-City Laboでは、こうした仕組みを解説するため、モニターで机上での簡易診断の様子を紹介すると同時に、点検で出動している時以外、２種類のスマートメンテナンスカーの実際の姿を見ることができる。

労働力不足を補いインフラの社会的負担を軽減

インフラの保守管理の効率化については、NTT東日本だけの課題ではない。今後、労働力が不足し、人手での保守管理が難しくなりつつある中で、企業単位でのテクノロジーの活用による効率化を進め、社会全体でのインフラコストを低減するために、各インフラ事業者が協力しあい、効率的に保守点検を行うことが求められている。そこで、NTT東日本でもスマートメンテナンスカーが取得したMMSによる3D点群データおよび高精細画像を、他のインフラ点検などにも活用できないか模索が進められている。

その1つが、建設業界が進めつつある「i-construction」へのデータ活用だ。現在、建設業界において生産性向上や経営環境の改善を目的に、建設現場のあらゆるプロセスにICT技術を導入する動きが活発化しており、ドローンなどによる三次元測量、AIによる三次元データの活用などが進みつつある。

NTT東日本では、新潟建設会社との協業により、所有するMMSの3D点群データを、民間

図表2-48●3D点群データの活用範囲の拡大

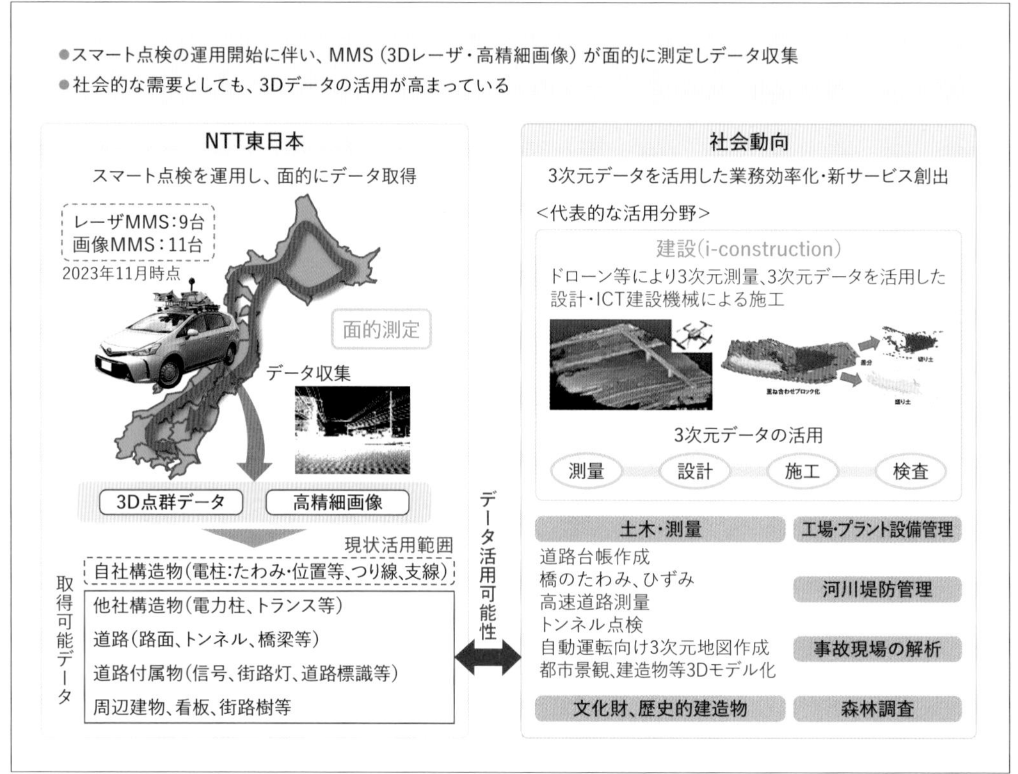

会社発注の舗装工事に活用。MMSの精度確認も含めて実工事への適用の実証実験を行った。この他、工場・プラント設備や河川堤防管理、事故現場の解析、森林調査、文化財・歴史的建造物点検などにも、MMSデータは活用できるものとして期待されている。

質・量ともに潤沢なデータの利活用をめざす

NTT東日本はスマートメンテナンスカーを20台擁し、走査のための管内の走行は、ほぼ毎日行われている。NTT東日本の電柱設備がある場所は、道路延長（東日本のみ）に対して画像データで約70％以上、点群データで約20~30％以上をカバーすると想定する。そして同一箇所は定期的（10年周期）巡回している。走行方向や太陽光の照射方向への対応など、架空物を走査する際のノウハウについても蓄積が進められている。

また、NTT東日本で行っている他業務での取得データ、たとえば道路における電柱の保守・整備の工事の際、必要となる道路占用（道路占用については152頁参照）によってこれまで蓄積してきた工事箇所の情報や、あるいはネットワークカメラやドローンなどといった、MMSとは別な手段によって得られてきた画像データなどを掛け合わせることで、より微細に街路周りの空間を把握できるようになる。

例えば、道路の路肩等の補修工事を行う際には、「大型重機が通れるか」「工事用地は確保できるか」「現場入口付近での架空物（電線、電柱、看板、広告塔）はどうなっているのか」といった距離や高さ、面積の確認情報が必要となる。これを事前に３Ｄ点群データや画像情報で取得することにより、施工手法と施工のステップ、あるいはそれに使用する重機の選択・配置などの検討が効率的になる。つまり、実際の作業現場に沿った作業計画を作成することが可能になると想定される。

建設現場への応用以外にも、MMSによって得られた膨大な３Ｄ点群の集約データは、他のジャンル、例えば自動運転における地図基盤（４Ｄデジタル基盤）の構築や、道路上の自然災害に対する備え（法面の地形や土量の測定など）様々な場面での活用の検討が進んでいる。

ポイント解説

・人力によるインフラ設備の点検・保守の作業が人手不足により難しくなっている
・３Ｄ点群データと高精細画像を取得する「MMS」導入による効率化が進んでいる
・通信分野以外でのMMSの活用と実証が広がっている

3-4-2 ［インフラ保守・点検の効率化］

ドローンによるインフラ保守・点検 AI/ICT活用で作業の効率化を実現

ドローンの活用として、インフラの保守・点検、また災害対策が注目されている。インフラの老朽化、担い手の高齢化が進むなかで、ドローンとAI画像解析などICTを活用して作業の効率化、高度化を実現するソリューションが期待されている。文化財や歴史的建造物などの点検にも利用されている。

最先端のソリューションとともに実機を紹介

NTTe-City Laboでは、NTT e-Drone Technology（NTTイードローン）による平時・災害時のインフラ保守・点検へのドローン活用の様子が示されている。実際に使用されているドローンの実機とともに、ソリューションを説明するパネルが展示され、動画でインフラ点検や

●インフラの保守・点検に主に用いられるドローン（左がSkydio2+、右がANAFI AI）

図表2-49●点検と測量への活用

土木・施設管理を
ドローンでDX化

- 道路・橋りょうの維持・修繕を効率化
- 自治体所有物も手軽に調査可能／3D化によって報告書や修繕計画の作成も容易に
- 足場も重機も不要なため、安全に工期短縮・予算削減が可能

点検

危険な場所でもドローンであれば
安全に短期間で点検が可能

3D点検測量

点検物の3D化することで
修理作業計画の作成をサポート

【実績】自治体橋りょう・放水路・外壁など多数

撮影の様子を紹介している。展示されている実機は、「ANAFI Ai」と「Skydio 2＋」の2機だ。ANAFI Aiの開発元はフランスのParrot社で、Skydio 2＋は米国のSkydio社で開発された。いずれも小型ドローン機だ。

たとえば、全方位障害物回避ができるドローンによる「橋梁や鉄塔の点検作業での近接撮影」、高画素映像を瞬時に撮影・送信するドローンでの「撮影災害時の被害状況の空撮」など、最新事例を取り上げている。また、ドローンで撮影するだけではなく、AIによる画像解析や画像処理（オルソ化、3D化）を行うなど、NTT東日本グループの強みである最先端のテクノロジーを組み合わせたソリューションとしての提供も可能だ。

インフラ保守・災害対策の担い手として期待

ドローンのインフラ点検・災害対策への活用が注目される背景には、道路や橋梁など「インフラの老朽化」という日本における深刻な社会問題が背景にある。急速な少子高齢化によって労働人口が減少する中、公共事業関係費も減って、財政的・人員的に十分な点検・補修を行うことが難しくなりつつある。そこで、人の目に代わる効率的な点検手法として、ドローンやAIなどの先端技術の活用が注目されているというわけだ。

また一方で、世界的な技術の進化で、高機能かつ多種多様なドローン機器が開発され、活用場面も広がりつつある。NTT東日本およびNTTイードローンでは、そうした世界的トレンドを捉えながら、最先端機器や活用法などについての情報をいち早く取得し、日本における用途

や課題に照らし合わせて検証。インフラ点検や災害対策については、代理店としてそれらの国産及び欧米製の機器を提供するとともに、パイロット育成やソリューションまでを含めたサービス提供を行っている。さらにサービスを持続可能な形で提供できるよう、パートナーとの連携を強化し、全国のネットワークづくりも進行している。

ドローンは活用領域の広がりとともに、市場全体も急速な成長・拡大傾向にあり、2020年頃より点検用の市場が著しく拡大し、2027年にはこれまで主流だった農業用の2倍以上の規模になることが予想されている。NTT東日本のドローン事業についても全体的な売上・収益を拡大することはもちろん、農業分野に加え、成長分野である点検用事業にも注力し、事業の柱としていく予定だ。

社内に蓄積したドローン活用ノウハウを社会へ還元

NTT東日本では、管理する施設やインフラ関連のドローン点検・管理についても、NTTイードローンと連携し自社内で実施しており、そこで得られたノウハウや経験を自社サービスに反映させている。代理店としてのドローン販売や、ナレッジの提供、パイロット育成スクール、保守・修理などの一連のサービスの他、ドローン機体とパイロットを派遣する「おまかせeドローン」の提供を2021年10月より開始している。本サービスは、インフラや建造物の点検以外にも、農作業や測量、ケーブルのけん引など多彩なメニューが用意されている。2023年3月末現在で、インフラ点検用として産業用ドローンを166台を提供し、自社およびパートナー企業に1300名ものパイロットを育成する規模へと成長を遂げている。

さらにドローンのインフラ点検・災害対策への活用については、2022年11月に東京ガスネットワーク、東京電力パワーグリッド、NTT東日本の3社により、ライフラインの効率的な管理・メンテナンスなど目的とする包括的な連携協定を締結している。これにより、たとえば1つの建造物に対してドローン点検を重複して行う必要がなくなり、映像や情報を共有することで効率化を図り、社会全体のコストも抑制できる。平時はもとより、災害時にも迅速な情報収集を実施し、自治体などへの情報提供も行う。

「ドローン×AI/ICT」で新しい価値創造へ

インフラ点検・災害対策以外にも、建造物については歴史的建造物や文化財などの点検・撮影にもドローンの活用が始まっている。2022年には、世界遺産である「富岡製糸場」(群馬県富岡市)の煙突の保存修理工事のため、現況把握を目的とした自社製ドローン「EC101」による点検実証を行った。また、国の重要文化財である江戸中期の建造物、「旧高橋家」(埼玉県朝霞市)についても、高精細ミラーレスカメラを装着したドローンによる空撮実証を行い、映像データを提供している。今後は、グループ内のAI/ICT技術を活用してデジタルアーカイブ化を実施し、文化財のPRやエンターテインメントなどに役立てることを模索している。

図表2-50●文化財への活用

ドローンで新たな文化財PR・保護を実現

- 文化財を高精細なデジタルアーカイブとして保存が可能
- 文化財の新たなPR方法
- 煙突などの高層物も点検が可能

保存・鑑賞

ドローンによって高精細なデジタル化が可能

点検・修繕

ドローンを活用して
文化財の点検や修繕計画に活用が可能

【実績】文化遺産のデジタルアーカイブ化・世界遺産の点検・3D化

また防災についても、建造物などの被害状況把握のほか、行方不明者などの捜索や孤立地区への衣料品輸送、インフラ復旧の作業支援など、ドローン活用の可能性は広い。官公庁や自治体からの期待も高まっており、様々なパートナーと連携しながら各種実証を行い、事業の幅を広げていく。

こうした様々なドローン活用を実現していくためには、画像解析などのデータ活用やドローンの状態を監視する仕組みなど、機体以外の技術進化も継続的な課題であることは間違いない。

ポイント解説

・インフラ点検・災害対策にドローンをソリューションとして活用
・機体の提供・パイロット育成・環境づくりも推進
・文化遺産や災害時対策などにもノウハウを応用

3-4-3 ［仮想空間によるメンテナンス］

デジタルツイン 仮想空間上で高度な遠隔保守を実現

施設や設備のメンテナンス、管理業務は高齢化による人手不足が懸念される分野である。現実の空間を仮想空間に再現するデジタルツイン技術で高度な遠隔モニタリングが可能となり、ビルメンテナンスの大幅な効率化が実現できるようになった。

双子のような仮想空間

現実の空間情報をまるで「双子」のように仮想空間に再現し、リアルタイムに取得したデータと合わせて遠隔でモニタリング・シミュレーションする「デジタルツイン」と呼ばれる手法がある。この技術を用いて、ビル内設備などのメンテナンス業務を高度化する取り組みが進められている。NTT東日本の通信ビルを検証の場として、遠隔監視をより臨場感をもって、便利に行っていくものだ。

センサー周辺の「現場情報」が判断材料に

デジタルツインによる通信ビルの遠隔監視は、インターネットに接続できるパソコンまたはタブレットから行う。

基本画面は、メンテナンス管理が必要なビル内フロアを立体的に（3D）表示する「マクロビュー画面」である。現実のフロア内各所には、1つの端末で温度、湿度、照度、騒音を測定

図表2-51●メンテナンス業務におけるデジタルツイン活用

活用効果を高めるために	今後の展開・可能性
●センサーが設置されている場所の周辺情報を確認し、緊急性の有無を判断する ●現実空間のスキャン情報を無理なくアップデートする仕組み（業務フローに組み込む、清掃ロボットに撮影機能を持たせるなど）	●メンテナンスが必要とされる幅広い産業・場所での活用 ●振動や異臭、積雪など、多様なセンシングによる現場把握 例）複数ある空調機のきめ細かい管理による電気代の削減 例）空間全体のヒートマップを把握し、より効果的な冷暖房の実施　など

するセンサーが一定間隔で設置されており、IoTによって適宜データを取得している。それを反映してフロア画像にはセンサーの位置が丸印でプロットされ、画面右に実際の数値、下に時系列グラフが表示される。センサーから取得した数値が一定範囲を超えると、丸印が赤くなりアラートを発する。管理ビルのコンディションを一目で把握できるのだ。

もし異常値を発しているセンサーがあれば、「ミクロビュー画面」に切り替え、該当箇所にフォーカスする。まるでビル内に入ったかのように、センサーが置かれている位置や周辺にどのような設備があるかなど、詳細を素早く確認できる。

IoTによるデータ取得は以前から行っていたが、情報がセンサー番号とデータのみだったため、該当するセンサーの周辺環境を把握する作業に時間がかかったり、様子がわからず現場に向かったり、管理の手間を要していた。この課題が開発のきっかけとなった。

デジタルツインによる管理システムを活用すれば、遠隔にいるメンテナンス担当者はアラートを発したセンサーが置かれている環境を確認し、例えば、そこが検証用の装置のように優先度が比較的低いものであるなら、「今回は緊急対応をせず、次回のメンテナンス時に確認する」など必要度に応じた判断を下すことができる。また蓄積したデータの分析は、ビル内劣化箇所

図表2-52●デジタルツイン技術の活用によるビル管理

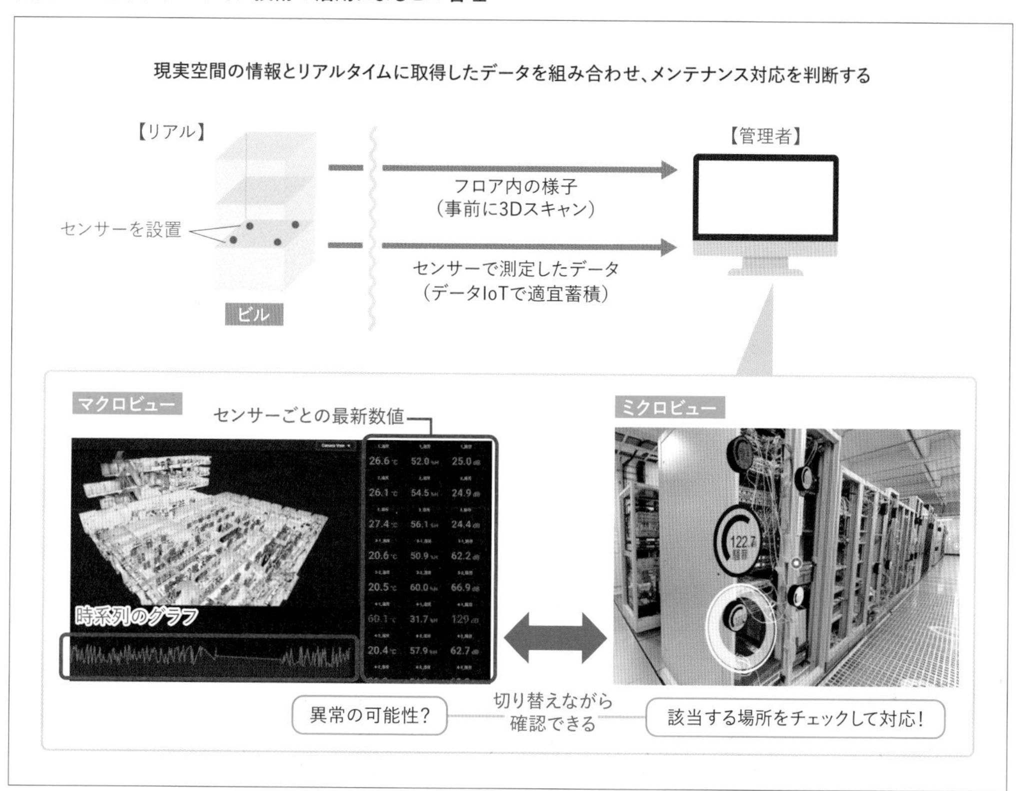

の要因分析や対応策の検討にも役立つ。

熟練社員の高齢化が進みビル管理者・メンテナンス分野における人手不足が懸念されるなか、効率的でスマートなビルメンテナンスの実現、安定的な管理業務の維持・継続への貢献が期待される。

建物内の様子はカメラで撮影し3Dデータに

現実空間を仮想空間に表現するプロセスにおいて、フロア内の状態をデジタルで立体的に表現するために必須となるのが現場の撮影である。

本取り組みでは、カメラで360度の撮影を行い、少しずつ位置をずらしてスキャニングしながらフロアを一周。このデータを統合してビル内部の３Ｄモデルを制作した。

この時、撮影に関して一定の期間・工数を見込んでおく必要があった。また、現実空間は設備機器の更新など変化も生じるので、撮影情報のアップデート作業を業務に組み込んでおくことが望ましい。

将来的には、例えばビル内を自走する清掃ロボットにスキャニングカメラを埋め込んでアップデートするなど、更新作業自体を自動化する方法も見いだしていく予定だ。

空調機の自動制御も視野に

センシングは、先の４つに加え、CO_2濃度、振動、異臭、積雪、さらには河川の増水状況などに対応でき、バリエーションが豊富だ。今後は通信ビルへの普及はもちろんのこと、公共インフラや駅などの設備、各種施設等、故障の検知やメンテナンス対応が必要な様々な場での活

●電力可視化の例

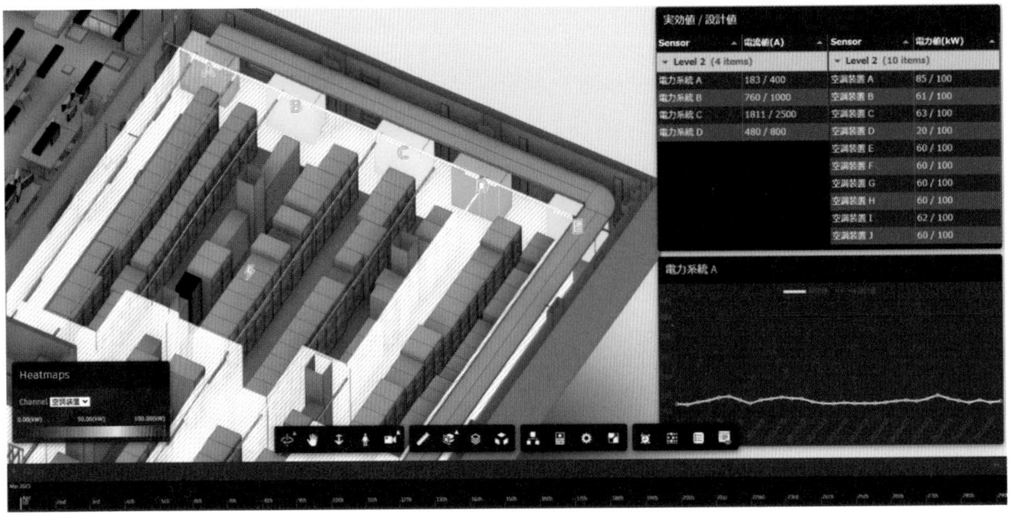

●ヒートマップの作成例

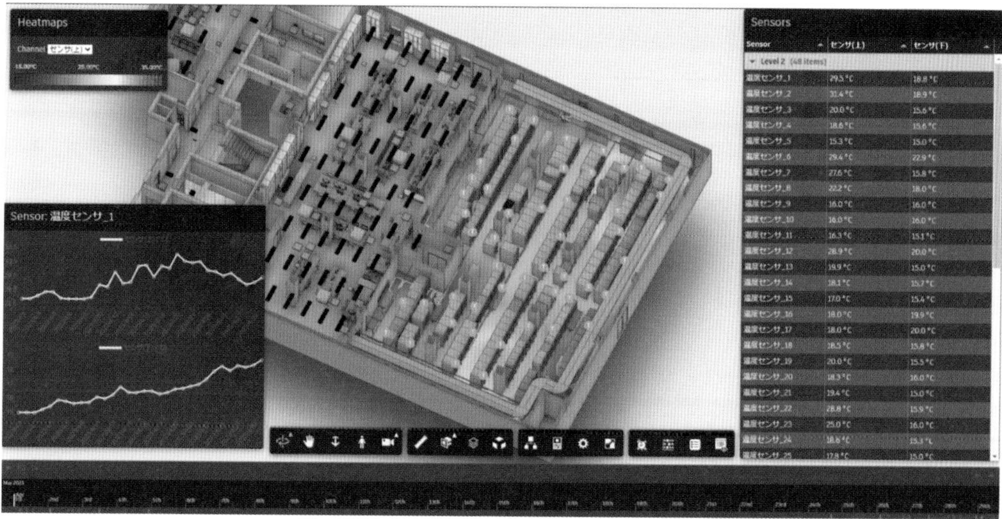

用が期待される。

現在では現場の要望も受け、さらなる機能の高度化を進めている。

そのうちの1つが、電力代の高騰への対策である。空調温度の管理は電気代削減につながるので「ヒートマップ機能」や「電力可視化機能」が開発されている。「ヒートマップ機能」では温度の可視化が行われている。その結果判明した過冷却エリアや熱だまりがあれば、空調装置によって最適化が遠隔管理から図られている。このように温度は「ヒートマップ機能」で確認を行い、同様に電力は「電力可視化機能」で確認される。

今後は、このような機能を活かしてデータの蓄積・分析を行い、空調温度の自動制御や対策に役立てていく。

ポイント解説

- 現実空間をデジタル化し、仮想空間に表現するデジタルツインでメンテナンス・監視に活用
- センサーデータが異常値を示した場合、遠隔モニタリングで現場にフォーカスして環境を確認でき、適切な対応が迅速に可能となる
- 現実空間の現場データを多様化、高度化することで経費節減や対応の高度化が実現できる

3-4-4 ［自治体の申請受付業務］

道路占用許可申請Web 自治体の申請受付業務をオンラインに

道路にケーブルや電柱などの設備を設置し、継続して道路を使用する「道路占用」を申請する企業側と、それを受け付ける自治体側の両方の業務で書類ではなくオンライン化に移行することで、大幅な効率化が実現されるようになる。

市民生活のライフラインを担う通信、電気、ガス、水道などのケーブルや管、電柱は、公道や河川の上空、道路下などに張り巡らされている。工事の際は公共の空間を独占的・継続的に使用する「占用」許可を事前に得なければならない。

例えば道路上に新しくケーブルを設置するなら、その道路を管轄する国または自治体に「道路占用」の申請を行い、交通を妨げず公益に資する利用であることの確認および許可を受ける。

図表2-53●通信、電気、ガス等の工事などで道路占用の許可申請が必要なケース

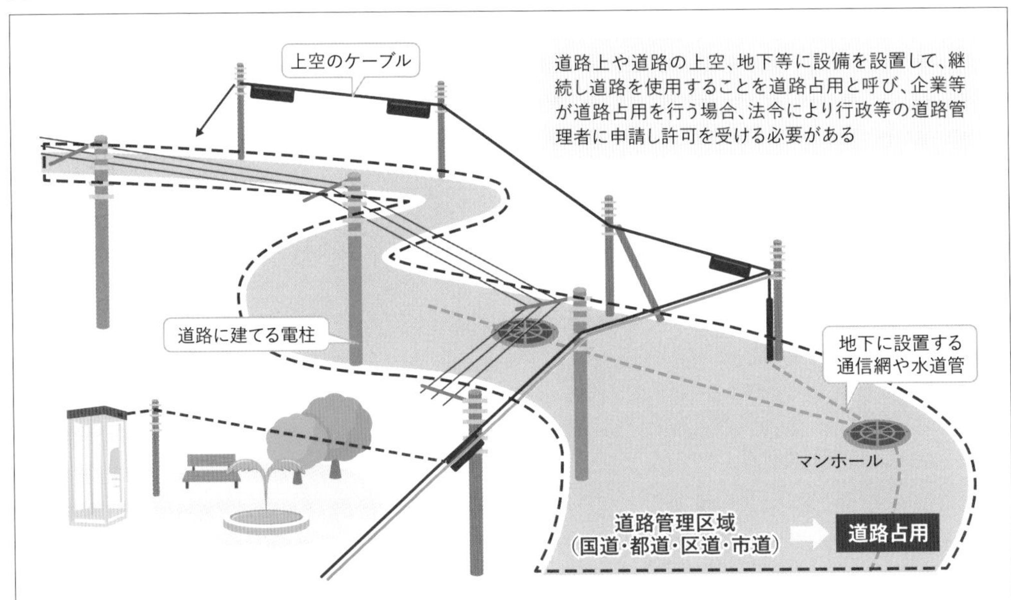

設置後は一定の利用料を支払い続ける決まりになっている。

書類を持参する負担と保管・管理する負担

道路占用にかかわる申請は、まず国や自治体（以下は自治体と記載）ごとの書式に則り、書類を作成する。自治体の窓口に持参して申請を行ってから、許可、工事完了報告まで、書類のやり取りを3、4回重ねるのが通例である。

図表2-54●道路占用業務の課題と解決

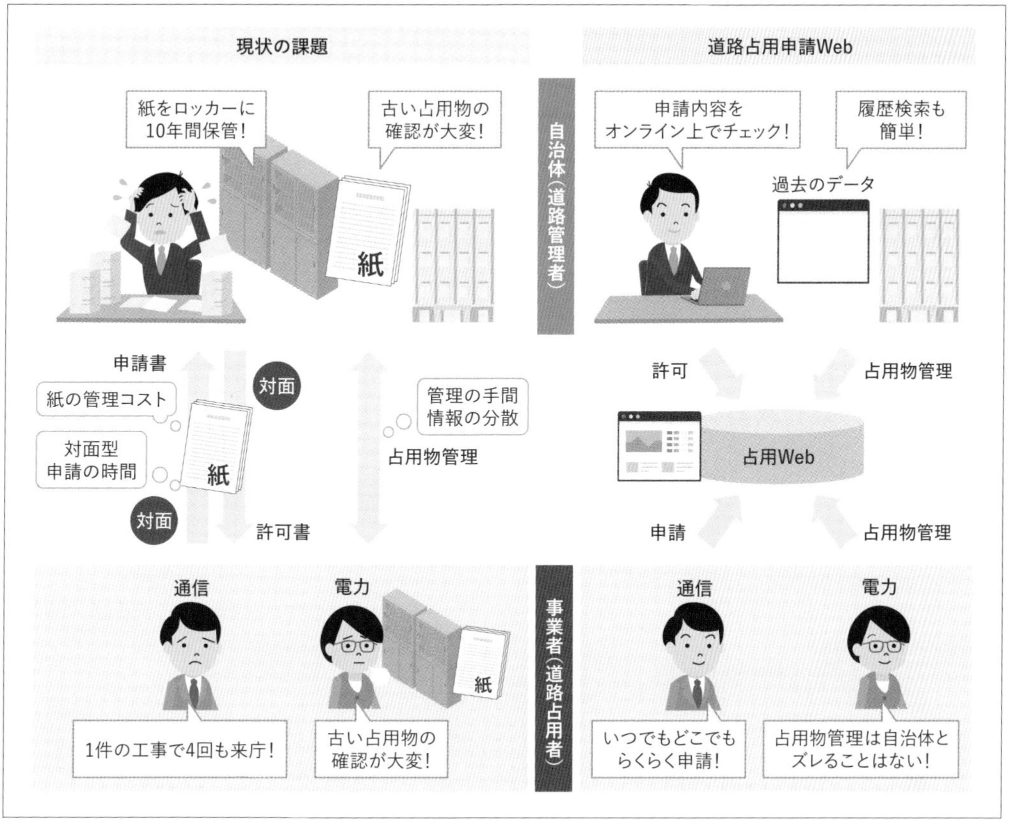

現状の課題
道路占用申請Web
紙をロッカーに
10年間保管！
古い占用物の
確認が大変！
紙
自治体（道路管理者）
申請内容を
オンライン上でチェック！
履歴検索も
簡単！
過去のデータ
申請書
対面
紙の管理コスト
対面型
申請の時間
紙
対面
許可書
管理の手間
情報の分散
占用物管理
許可
占用物管理
占用Web
申請
占用物管理
通信
電力
紙
1件の工事で4回も来庁！
古い占用物の
確認が大変！
事業者（道路占用者）
通信
電力
いつでもどこでも
らくらく申請！
占用物管理は自治体と
ズレることはない！

図表2-55●「道路占用申請Web」サービスで期待される効果

申請窓口への移動が不要に	ペーパレス化の実現	定型フォームによる入力	進捗状況の見える化
移動時間、移動コスト、窓口対応時間の削減	紙管理コストの削減	申請書作成作業の効率化	問い合わせ業務の削減

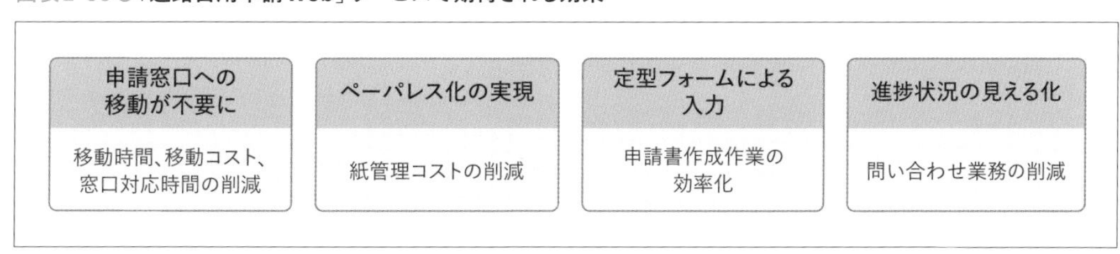

申請側は、往復の時間や交通費がかかるし、移動に自動車を使用すればCO_2の排出にもつながる。自治体側には、担当者による窓口対応や、申請書・報告書など多数の書類を保管する作業・スペースの確保などの業務が発生している。占用物は長期間使用されることが多く、現場に行ってから古い占用物の設置が判明するなど、管理上の苦労もあるという。さらに、従来の管理だと関連した内容について、市民からの問い合わせにも時間がかかってしまう。

そこで、全国に約560万本にのぼる電柱をはじめ、ケーブル・地下設備などを持つNTT東日本は、道路占用の申請を頻繁に行っている立場から「道路占用申請にかかわる業務をデジタル化し、自治体、インフラ事業者、市民の3者にメリットを提供したい」との発想から、2022年11月、「道路占用許可申請Web」のサービスを開始するに至った。

オンライン申請でペーパレス&進捗把握が可能に

「道路占用許可申請Web」は、申請から許可、工事完了後のデータ管理までを一気通貫で行うオンライン（インターネットを通じてデータ入力や閲覧を行う）システムである。

申請側はシステムの画面に表示された項目に沿って入力を行い、自治体側は自身のパソコンからシステムにアクセスして申請内容を確認して認可を出すという流れになる。これまでのような対面による書類の受け渡しが不要になり、ペーパレス化・非対面申請による時間や費用など様々なコスト削減につながる。入力した情報はシステム内に一元管理されており、双方から最新の進捗状況を見ることができるので、スケジュール確認のための電話なども不要になるのだ。

申請する側の効率化はもちろんのこと、自治体側も事務処理の効率化が図れるので、削減できた時間を市民サービスの向上に充てることが期待される。

図表2-56●「道路占用申請Web」の画面イメージ

「道路占用許可申請Web」に対する自治体の関心は高く、サービス開始直後から、早くも複数の自治体でトライアルや実証実験を行っている。自治体にDX（デジタルトランスフォーメーション）の推進が求められている今、まずは現在の業務を効率化し、新しい取り組みに投下する時間を確保することが必要だ。身近でわかりやすいデジタル化によって成果を上げDXへの機運を高める意味でも、当サービスは重要な役割を果たしていきそうだ。

道路行政のデジタル化でさらなる貢献を

「道路占用許可申請Web」は、自治体、さらには道路占用申請を行う他の企業にも提供している。

企業や自治体が申請のオンライン化を実現すればするほど、紙での申請との二重作業が減り、道路占用業務全体でより高い導入効果が得られるからだ。利用者が増えれば、さらに使いやすいシステムに改良されることも期待できる。各自治体のニーズに沿って、「道路占用許可申請Web」と自治体が保有するITシステムとの連携も可能となっている。

「道路占用許可申請Web」は、占有物管理業務におけるデジタル化の「入口」に位置づけられる。その先に構想されているのは、「道路行政にかかわる業務全体のデジタル化推進、データの一元管理による大きな地域貢献」である。

例えば、占用物データを地図にプロットし、簡単に内容を参照できるようにすれば、どこになにが設置されているか一目瞭然である。これまでは現地に行かないとわからなかった他の占用物の情報を事前に把握することで、申請企業側は近隣で行われる工事があれば事前調整を行って住民への影響を最小限にしたり、自治体側は占用物の老朽化を発見し早めに手を打ったり、市民サービスのレベルを高めていくことが可能になる。

道路占用物の見える化を入口に、道路行政に関する各種データの横断的な連携が実現し、地域住民への新たな価値が生み出されることが期待される。

ポイント解説

- 道路占用申請のオンライン化で自治体、インフラ提供企業、市民の３者にメリット
- 業務の効率化、コスト削減に加え、進捗の見える化も
- その先にあるのは、道路行政のデータ化による地域へのさらなる貢献

3 地域の安心・安全の高度化に向けて

3-5 作業現場の安全マネジメント

現場でこそ、AI、ICTは最も効果を発揮するといわれている。特にカメラ映像の解析による効果は著しいものがある。高齢者施設、スポーツイベント、工場、作業現場などの取り組みを紹介する。

3-5-1 ［映像AIによる安全管理］

転倒検知AI
人の転倒を映像で判定し素早く救護

ネットワークカメラがとらえた映像からAIが人の転倒を検知し、迅速な対応を可能にする。スポーツイベントや高齢者施設、工場など幅広い用途での活用が期待される。マラソン大会における実証実験においては、安全管理の高度化に対する評価も得られた。

転倒検知の重要性

「誰かが倒れていたが、気づくまで時間がかかり救護が遅れてしまった」――こうした事態をできるだけ防ぐため、施設やイベントの運営では安全管理への対策が求められる。最近はネットワークカメラを用いて遠隔監視する方法が普及しているが、人が倒れた瞬間を発見するには

●人の動きを骨格でとらえ、転倒状態を検知

常に映像を見ていなければならず現実的とはいえない。映像上で見るべき変化が生じたときに教えてくれる仕組み、これが「転倒検知AI」サービスだ。カメラ映像の中に人が転倒するなどの変化が起きたことをAIが検知。管理者に通知して素早い対応につなげるものである。どのように転倒したか、どのような人がよく転倒しているかのデータを分析すれば、安全性向上への新たな対策も講じられる。

人の骨格をとらえ転倒を検知

AIに関する研究開発には従来から取り組んでおり、屋外工事における高所作業の見守りやカラーコーンで囲んだ作業範囲外へのはみ出し検知などを実用化し、安全管理の向上を推進してきた。この実績を踏まえ、AI技術の新たな活用領域として着目したのが人の転倒検知だった。

では、人が転倒しているか否かをカメラの映像からどのように判定するのだろうか。まず、映像の画面から「人」と判断されるモノを検知し、次に骨格の様子をとらえる。立っている人は背骨が上下にまっすぐだが、倒れた場合は地面に近い位置で横や斜めになることが多い。手や足を含め、転倒した際の骨格の様子をAIが学習し、撮影された映像から転倒を検知できるようにしたのである。

転倒をきちんと捉えられる画角でカメラを設定するなどの留意点はあるものの、転倒を検知するAIは学習を済ませており新たな学習データを必要としないため、導入へのハードルは低いといえる。

プライバシーへの配慮から、撮影した映像は必要な部分だけキャプチャーされ、その他のデータは破棄される。

自治体のマラソン大会で実証実験

2022年秋には、ある自治体が主催するマラソン大会において、実証実験が行われた。

スポーツイベントではケガや急病が発生しやすく、素早い対応・措置が欠かせない。大きなマラソン大会ではランナーが突然倒れ、心肺停止に至るケースもあった。

また、全体を見渡せる競技場タイプのスポーツに比べ、マラソンは先頭から最後尾までランナーが広範囲を走るため、道中の状況をすべて把握することは難しい。「転倒検知AI」を活用することで救護が必要なランナーをより早く発見し、安全管理体制の強化を図ったのだ。

大会では、転倒しやすいといわれる折り返し地点や急カーブの地点に、バッテリーとモバイル通信機能を内蔵した可搬型ネットワークカメラを設置。カメラの電源を入れればネットワークにつながるので、固定回線が必須のカメラに比べ設置場所の自由度が高い。映像は適宜クラウド上に送られ、AIによる転倒検知が続けられた。

各カメラの映像は、Webブラウザーから専用アプリケーションにアクセスすることで閲覧が可能だ。今回は救護所にモニターを設置し、画面を分割して各カメラの映像を同時に映し出した。

AIが転倒を検知した場合はモニター画面の色や音で通知し（レベルに応じた色分けも可能)、気づきやすくしている。救護所では該当映像をすぐに確認し適切な対応に移るなど、効率的にきめ細かい管理体制を構築することができた。

幸い、この大会では大けがなどの事態は発生しなかった。また、救護所の担当者からは「見るべきところだけを見ればよいので管理しやすくなった」「デジタル技術を使った安全管理の行動化を実現できた」との感想が届いているという。また、マラソン終了後のイベントに「転倒検知AI」を紹介するブースを設け、来場者がAIの進化を実体験できる機会も提供した。

広がる応用範囲

2021年からスタートしたシステム開発においては、AI技術を深く研究し、「いかにAIの判定精度を高めるか」に注力してきたという。転倒の検知は、スポーツ大会などでの利用に加え、高齢者施設や介護施設における見守りサービス、さらには工場やデータセンターなど広い屋内で勤務する人の安全管理、建物内の管理など様々な利用シーンが想定される。

図表2-57●転倒検知AIをマラソン大会で活用した際のシステムイメージ

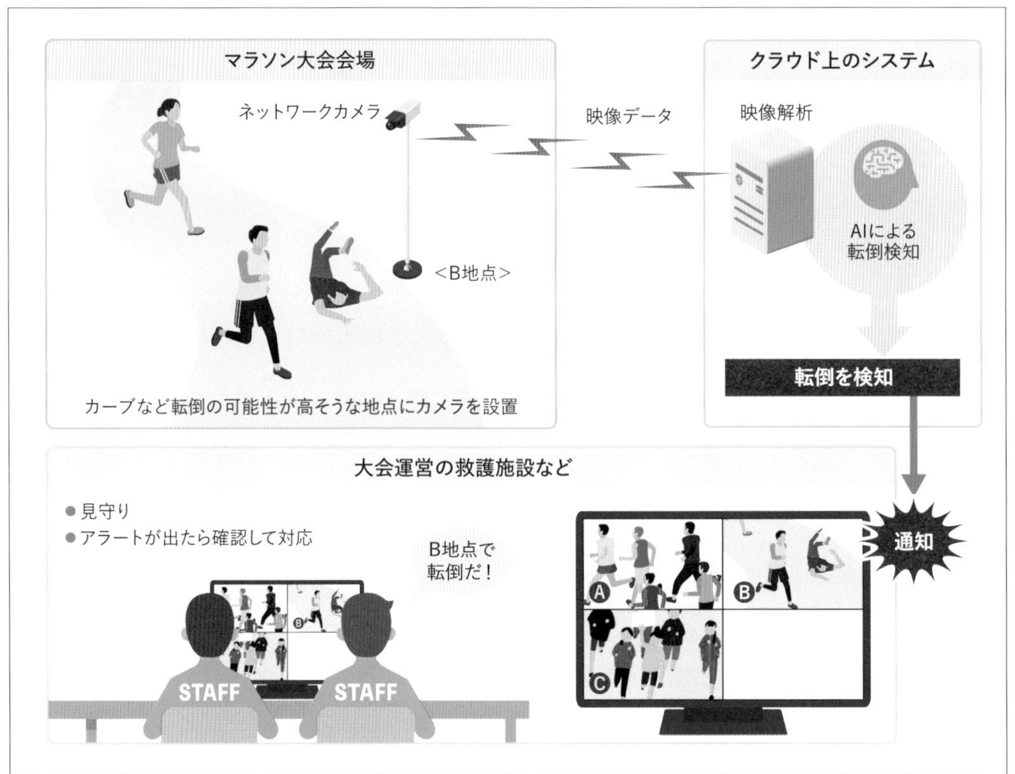

図表2-58●**広がる応用範囲**

転倒検知の適応シーンの例	「骨格の動き」の違いを認識
●各種イベント ●工場やオフィス内 ●高齢者の見守り　など	●各特定動作の検知（例：右手を上げたらSOS）　など ●スポーツ技能向上への応用

骨格による判定を転倒に限定せず「普段とは異なる動作」の検知に用いれば、右手を挙げたらSOSアラートを出すなど動作に意味を持たせたり、スポーツの技能向上に役立てたり、発想次第で応用範囲を広げることができる。

今後は、新たな分野でのAI開発も積極的に行っていく計画で、地域や自治体と連携して課題に向き合い、AIの活用による地域貢献の機会を増やしていく方向で進めていく予定だ。

ポイント解説

・AIを用いた遠隔転倒検知で安全管理を高度化
・人の骨格に着目し、転倒を検知する
・地域や自治体と連携し、AIの活用シーンを広げる

3-5-2 ［従業員の安全管理］

ウェアラブルコネクト 従業員の事故・急病を検知し即座に通知

周囲に人がいない現場や屋外で働く従業員の安全管理を充実させるために、スマートウォッチを活用したシステムが提供されている。端末内のセンサーで従業員の急病や転倒事故等を検知し、管理者に通知することで、安全管理の品質向上が可能だ。

ウェアラブルコネクトとは

工場で作業中の従業員が急に倒れた。しかし、周囲に人はいない…。

このようなときに、装着中のスマートウォッチが測定するデータからシステム側が転倒を検知し、管理者に通知していち早く対応行動をとれるようアシストするサービスが「ウェアラブルコネクト」だ。

ICT を活用して新しい安全管理を実現

厚生労働省が発表した2022年の労働災害のうち、休業４日以上の死傷者数は13万人を超えている。原因の上位は転倒、動作の反動・無理な動作、墜落・転落である（「令和４年　労働災害発生状況（確定）」）。また、屋外や高温となる場所での勤務においては、熱中症の危険もある。近年は職場において熱中症の死傷者が年間800人を超える年も多く、2018年から2022年の累計では、建設業、製造業、運送業、警備業、商業の割合が高い（「令和４年　職場における熱中症による死傷災害の発生状況（確定値）」）。夜間一人で警備業務をしている際に突然心筋梗塞で倒れ、発見されたのが翌朝という悲劇も起きている。

高齢化や人手不足も顕著な昨今は、ICTを活用しながらこれまで以上に安全管理に力を注いで従業員を守り、雇用の確保、事業の維持を図る企業が増加している。こうした企業から注目を浴びているのが「ウェアラブルコネクト」だ。特に屋外（建設・警備など）、広い工場内、研究施設のように他の従業員から見えにくい場所で勤務する業種からは強い関心が寄せられている。

図表2-59●ウェアラブルコネクトの全体構成イメージ

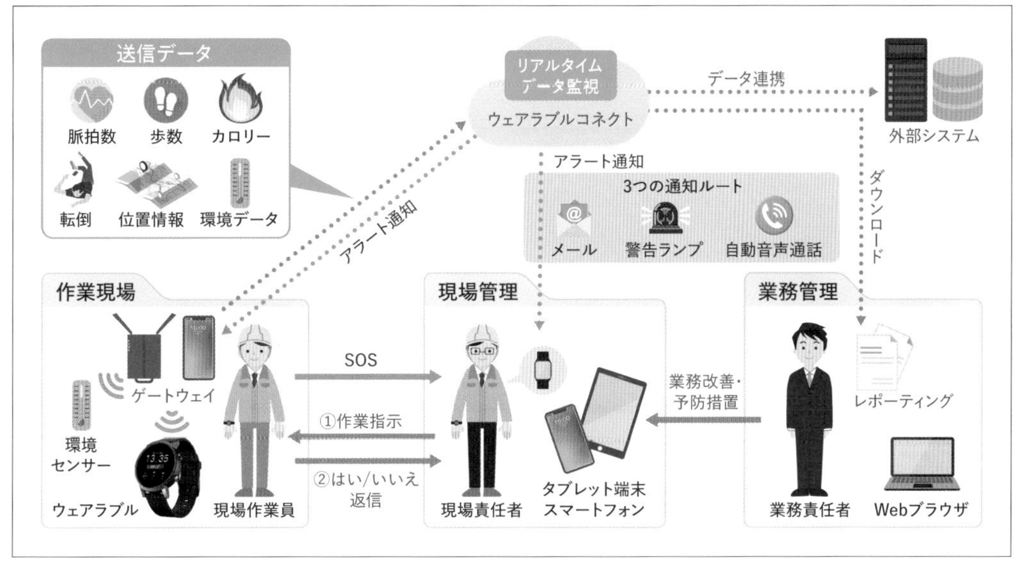

脈拍と加速度で危険な状況を検知

装着するスマートウォッチには、脈拍数を測定する光学脈波センサーと加速度センターが搭載されている。

熱中症や発熱などの体調不良は、脈拍値の変動の様子から検知することができる。脈拍が上昇を続けていれば体温が上がっているサインであり、一定以上の値を超えたまま数分経過していれば熱中症など危険な状況と推測できる。

転倒は、加速度センサーの値の変化で検知が可能となる。急に加速度が増しその後変化しなくなれば、転倒→停滞、つまり転倒して倒れていると推測できるのだ。「ウェアラブルコネクト」のシステム開発においては、センサーのデータをもとに確度の高い検知を行うため、工夫を重ねてきたという。

スマートウォッチのデータは、IoTシステムによってインターネットから自動的にクラウド上のサーバーに送られる。データの変動に基づきシステムが危険の可能性を検知すると、本人に対してはスマートウォッチを振動させて知らせ、さらに管理者に通知するかどうかの選択を促す。本人が「はい」を選ぶか、20秒応答がないと、管理者に通知が行く仕組みとなっている。管理者側への連絡手段はメール、パトランプなど警告ランプの点灯/鳴動、自動音声による電話通知の3種類が用意されている。

従業員が助けを求めたいときの「SOS送信機能」や管理者側から連絡事項を伝えるメッセージ送受信機能も備え、緊急時の連絡にも配慮している。

図表2-60●腕時計が加速度や心拍を検知してアラートを上げる

位置情報は業務改善にも活用が可能

従業員の位置情報は、屋外であればＧＰＳ、屋内であればビーコン（天井などに設置した端末からBluetoothを通じて位置を知る）によって把握する。位置情報は危険を検知したときに従業員の現在地を迅速に把握する目的以外にも活用用途がある。それは作業者が時間ごとにどの位置にいるかをもとにした業務状況の把握である。

例えば広大な工場において、作業者が各エリアで何時間作業をしたかの把握は、工程ごとの作業時間管理につながる。また、動線のデータをもとに工場内の作業動線を改善したり、人員の適正配置を行ったりすれば、業務効率をさらに高めることができる。

今後は、他のシステムとの連携や取得したデータのAI分析にも力を入れていく。

スマートウォッチは、ゲートウェイ、Wi-Fi、スマートフォンを経由してインターネットに接続するが、2023年10月からは、通信機能を内蔵した端末も利用可能となっている。今後、血圧、体温、ストレス度合などでの体調管理もできるように、端末のラインナップを増やしていく計画となっている。

現場の安心感と会社への信頼度が向上

「ウェアラブルコネクト」を導入している企業では、安全管理面での評価が高い。

ここ数年の猛暑で、「アナログ的な熱中症対策が限界に近付いている」と感じた建設会社では、現場で単独作業になる場面も増えており、事故や急病発生時の発見の遅れも懸念事項であった。

作業員50名にスマートウォッチを配布し、システムで一元的に体調を把握できるようになった結果、現場での安全管理業務を軽減しつつ、作業員の安心感・満足感が向上した。最近は安全対策を入札の条件に含む工事案件が増えており、この点でも導入効果があった。

化学プラントを稼働させている製造業では、広い工場内で単独作業が発生し、発見が遅れて

図表2-61●ウェラブルコネクトの豊富な機能

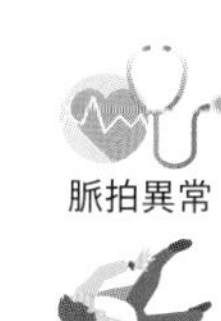

❶ 体調管理・熱中症対策
- 脈拍数がしきい値を超えると検知
- 温湿度センサーと連携

❷ 体温上昇おそれ通知機能
- 長時間、体温上昇の疑いがある作業員を早期に把握可能

❸ 安全管理
- 加速度センサーで、転倒、転落を検知
- 転倒後の停滞の検知で、誤検知を減らす

❹ SOS（HELP）送信機能
- 助けが欲しい時に通知可能
- 作業員の安心感が向上

❺ 位置情報管理
- 作業員の位置をGPSやビーコンを使用して把握
- 時間ごとの位置データを分析して作業の見直し

❻ メッセージ送受信機能
- 管理者より連絡事項などのメッセージ送信可能
- メッセージ内容に対して、「はい/いいえ」で返信

❼ 共用利用機能
- 端末を複数人で共用利用しても、個人ごとのしきい値等バイタル情報が連携

❽ データの見える化・AI 分析・活用
- 他システムとの連携、データの見える化・AI分析・活用にて業務 DX に貢献

死亡事故を発生させた苦い体験を持つ。経営層の安全管理意識は高いものの、工場内は携帯電話を持ち込めないため緊急時の連絡手段がなく、メッセージ送信機能を備える点にもメリットを感じた。30名がスマートウォッチを利用しており、システム導入により安心感と経営層への信頼感が向上したという。

冷凍倉庫を運営する会社での実証実験においては、倉庫内で単独作業中に転倒し骨折した作業員の発見が遅れた経験から、携帯電話の電波が届かない冷凍庫における安全管理配慮義務をどう果たすかが課題だった。作業員９名にスマートウォッチを配布し、転倒の発見や位置の把握に役立てている。現場からは、いざというときにSOSを発信できることへの安心感・満足感が高く見られた。

従業員の事故や急病をできるだけ早く検知できるシステムは、安全管理の高度化と同時に従業員の安心感、会社への信頼度を向上させ、雇用の確保や事業の継続に貢献していく。

ポイント解説

- 安全管理は企業にとって重要な経営課題であり、ICTを活用した取り組みが求められている
- スマートウォッチ内のセンサーが測定する脈拍や加速度情報から、急病や事故を検知し管理者に通知することができる
- ICTを活用した安全管理の充実は、従業員の安心感や会社への信頼度向上にもつながる

3-5-3 ［車両の安全運転指導］

一時不停止検知AI 交通ルール違反車を画像で検知し通知

工場など私有地内における車両の安全運行を保つため、企業は様々な交通安全指導を行っている。画像検知AIの活用により、一時停止線で停止しなかった車を検知し映像とともに管理者に通知することで、効率的・効果的な安全指導が可能となる。

徹底されない一時不停止

2022年に道路交通法違反で検挙された件数のうち、トップの147万件に上るのが「指定場所一時停止等違反」（一時不停止）である。公道で交通ルールを守るのはもちろんだが、工場や運送拠点など広大な敷地を持つ企業においては、取引先の車両も含め私有地内での交通安全ルールの順守に頭を悩ませている。特に私有地から公道に出る際は事故が発生しやすく、一時停止線での停止を徹底して公道での事故を防止しなければならない。

企業側はサンプリング（抜き打ち検査）により違反車を摘発するなど運転手への安全管理指導を行っているものの、不定期のサンプリングの場合は検査時以外の不停止車の多くを見逃していることになる。

この課題への解決策の１つとして「一時不停止検知AI」サービスがある。

一時停止しなかった車をできるだけ多く自動で発見し、効率的・効果的な安全指導の実施をめざすものである。

一時停止線を通行する車の映像からAIが不停止を検知

広大な私有地を持ち、１日に２万台の車が往来する製鉄所をモデルに実証実験を行っている。

第一弾としては、私有地から公道に出る手前にある一時停止線周辺にカメラを配置した。映像をもとにAIが一時不停止と判断した車についてはナンバープレートを読み取り、映像と情報を管理者に通知する。管理者は内容を確認して、該当する運転者に安全指導を行う流れだ。実際の映像があるので、注意喚起もしやすいといえるだろう。

なお、ナンバープレート読み取り機能については、本書執筆時点では、一時不停止検知機能とは別途検証中の段階にはなっている。

図表2-62● 一時不停止検知AIの概要

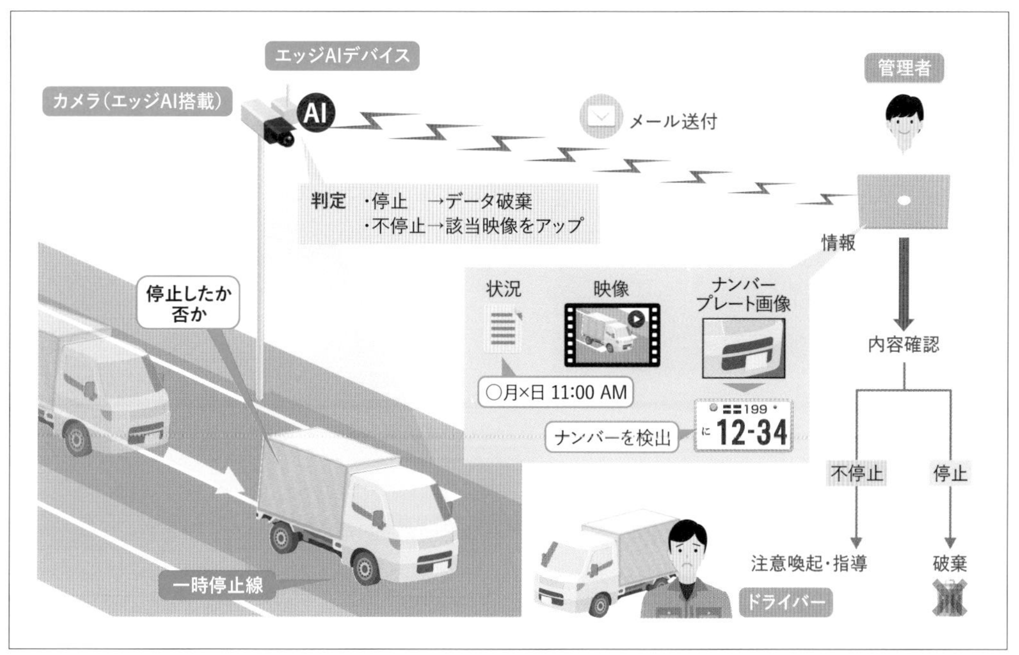

一時停止をしたか否かは1枚の静止画では判断できないので、数秒間の映像（フレーム：映像を構成する静止画）にて車の動きをとらえる必要がある。そのため、検知に用いるAIにおいては、物体としての「車」を認識するだけでなく、続くフレームに存在する車が同じものかどうか（車A、車Bの個体）を識別する「トラッキング技術」を用いている。

さらに、一時停止線の位置を画面上の座標で指定し、車がエリアに入った前後数秒間の座標移動によって、停止したかどうかを判断する。

ネットワークに負荷をかけない仕組み

実証実験においては、AIによる不停止検知はカメラに設置した小型コンピュータ（エッジAIデバイス）内で行われている。不停止と検知されたときだけ該当する映像をシステムに送信し、それ以外の映像は廃棄している。映像はデータ量が多く、常に送信しているとネットワークに負荷がかかり通信料金にも影響しかねない。端末内で検知を行うことで、通信量を抑えられる。

本格的なサービス展開にあたっては、検知をクラウド上で行うのかエッジAIデバイス側で行うのか、あるいは可搬型カメラの選択をするかどうか、SIMの契約形態を月額定額にするかどうかなど多くの選択肢が生じるが、システム導入の目的や現場の状況をしっかりヒヤリングすることで、より良い提案を実施することが重要となる。

図表2-63●「同じ車」の動きを数秒間トラッキングし、停止／不停止を判定

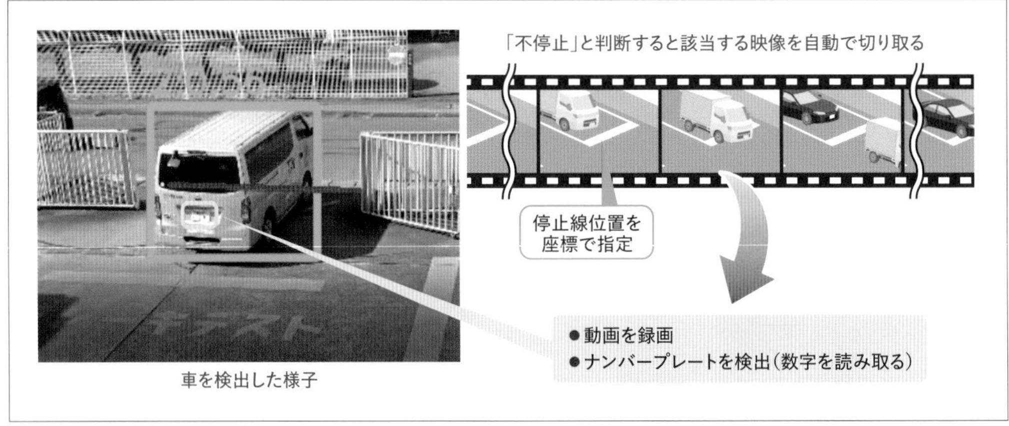

安全指導の方針に沿った検知レベルの設定も

AIをより効果的に活用するには、利用目的や人間が担う業務とのかかわりに基づき、求める精度を明確にすることが大切である。研究開発の進展によりAIの検知精度は向上しているが、それでもなお、現実の課題において100%の精度を実現するのは困難であるからだ（人の目で判断しても100%正解するとは限らない）。

本事例でいえば、製鉄所内で使われる特殊な車両を車として認識できるか否か、煤（すす）や埃等でナンバープレートが汚れてしまい見えにくいときにでも特定できるか、などの課題もある。この辺りは、前後数秒を人の目で見て補足することも必要だ。

いずれにしても、多少見落としても極力NGのみを見つけたいのか、NGをすべて検知するために正しいものが少し紛れてもよいのか、のトレードオフの関係から「どう使うか」の最適レベルを見いだしていくことになる。

一時不停止検知でいえば、見逃しはあっても通知する映像を極力不停止車にしたいか、ルール通り停止した車が多少含まれても不停止車を見逃さずピックアップしたいのかの判断になる。正しく運転している人に疑いをかけたくない場合は前者の方針を選ぶことになるだろう。

AIの精度設定は検知後に行われる安全指導の内容に関連するため、対話を繰り返しながら利用者に最適な運用および目標とする精度を探っていくことになる。

自動車に関するAI活用の可能性

実証実験の結果を踏まえ、製鉄所の私有地内には複数箇所へのカメラおよびエッジAIの設置をめざし、引き続き開発を進めている。また、夜間や悪天候時の検知精度の向上も図っていく。

広大な私有地における車両の安全管理に課題を抱えている企業は多くあり、今後様々な業界

図表2-64●**サービス展開、今後の展望**

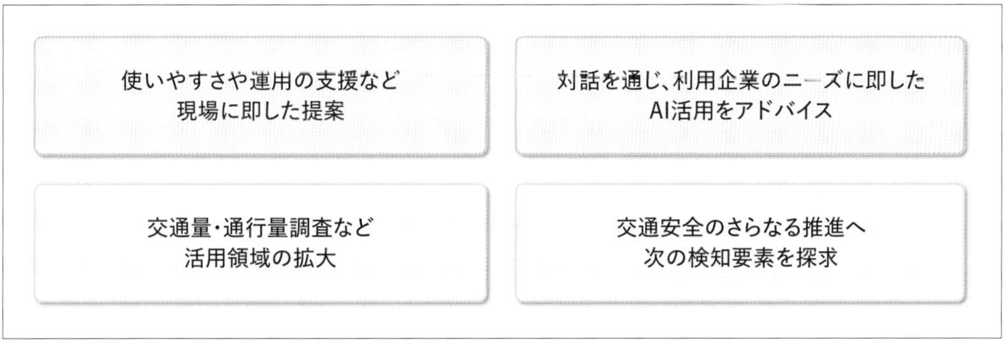

使いやすさや運用の支援など 現場に即した提案	対話を通じ、利用企業のニーズに即した AI活用をアドバイス
交通量・通行量調査など 活用領域の拡大	交通安全のさらなる推進へ 次の検知要素を探求

で当サービスの活用が期待される。

並行して、自動車を検知するAI技術の活用領域の拡大にも注力していく。筆頭に挙げられるのが交通量や通行量の調査用途である。車同士が重ならず個をとらえやすい位置にカメラを設置するなどの工夫は必要であるが、「一時不停止検知AI」で用いた技術を活用しやすい分野といえる。

交通安全の推進において一時不停止検知は重要な要素であるものの、車の危険な運転行為はこれ以外にも発生している。ほかにどのような運転事象をとらえると指導に効果的か、総合的な安全運転の推進にAI等の技術がどう役立つかなどについて、研究は継続されていく。

ポイント解説

・一時不停止車を自動検知して交通安全指導に役立てる
・一時停止を行っているかカメラ映像からＡＩが検知
・不停止車の映像のみ送信し、ネットワークに負荷をかけない

3-5-4 ［作業の安全マネジメント］

AIカメラによる安全マネジメント リアルタイムの画像解析で安全を確保

通信インフラなどの工事現場において、リアルタイムモニタリングと音声通話で、現場の状況を把握しながら安全を確認する取り組みが行われている。人の目に加えて、カメラの画像のAI解析により、事故につながるリスクを的確に察知する。作業の効率化と安全管理の両立を実現する。

ネットワークカメラとAIで作業者の安全を見守る

NTTe-City Laboの「安全マネジメントブース」では、ICT技術を活用した通信インフラ工事の安全性向上の取り組みについて紹介している。その1つが、NTT東日本の高度化推進部と連携して開発した、ネットワークカメラの画像を分析して危険を察知するAIだ。

NTT東日本では、東京・神奈川・千葉・埼玉・東北・北海道の6事業部で通信インフラ工事を行っており、協力会社を合わせて5,000班の作業員が、屋外でケーブル工事などの作業にあたっている。その現場全体が撮影できる場所にネットワークカメラを設置し、そこから得られた映像をクラウド上のAIで分析。バケット車と呼ばれる高所作業用車両や脚立、はしご、作業員などを認識し、作業員が高所で作業しているときは黄色、バケット車のバケット部がカラーコーンで設定した作業範囲からはみ出しているときは赤色で、危険状態としてアラートで知らせるというものだ。映像は本社の「安全センタ」や支店の管理部門、現場事務所などにリアルタイムで送信され、常に見守られているが、「人の目」では見落としがちな映像をAIで確実に捉え、安全管理の精度をさらに高めている。

NTTe-City Laboでは、この「危険検知AI」について紹介するパネルの他、ミニチュアのバケット車やカラーコーンなどを用いて工事現場を再現し、ネットワークカメラの映像からAIが位置関係を認識する様子や、安全エリアからはみ出すと検知して色や音で通知する様子を見ることができる。

インフラ作業の効率化と安全管理の両立が課題に

こうした「AIによる安全検知」が求められる背景には、ライフラインである通信ネットワー

図表2-65●ネットワークカメラとAIで安全を見守る

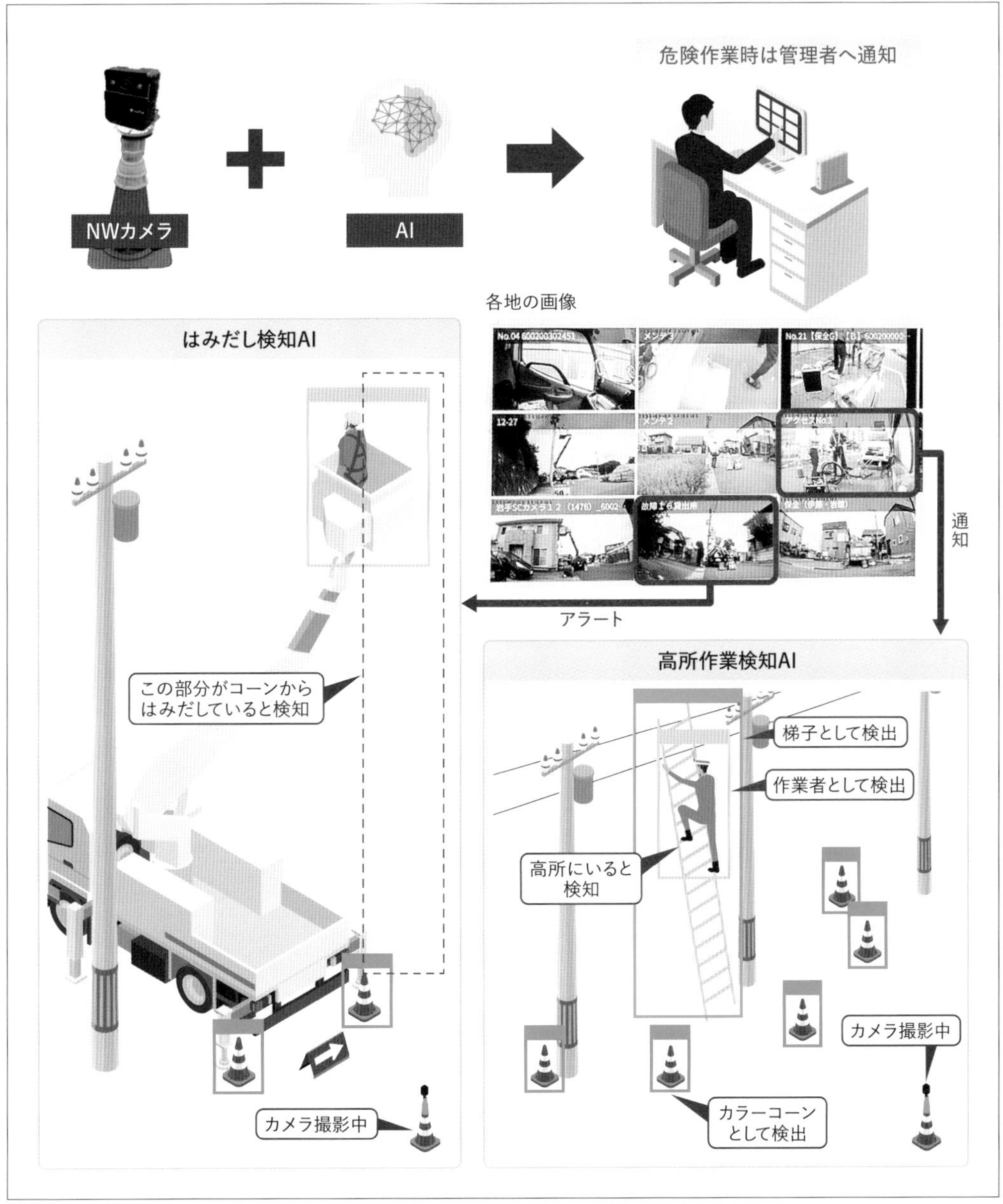

クのインフラ保守において「迅速性・効率性」と「安全性の確保」を両立する必要性が高まっていることがある。管理技術の標準化・効率化を進めてきた結果、従来は数人がかりだった点検や工事を１人でも迅速に行えるようになった。しかしながら、公道に面した場所での通行車両との接触や高所作業での転落事故など、様々な危険が伴う作業であることは変わらず、現場

で安全性を確認する「安全の目利き役」が減ることは大きな問題だった。

また現場作業の若年化が急速に進んだこともあり、ベテラン作業者からの安全管理の知見・ノウハウの伝達も大きな問題となっていた。2019年にはバケット部のはみ出しや補助ロープの未装着が原因となった人身事故も発生しており、現場の安全確認支援について、早急に効果的な仕組みが求められていた。

段階的な安全管理支援の導入で現場の安全意識も向上

NTT東日本では、より強力な安全確認支援を実施するために「安全の視える化」を実現するべく、2019年よりネットワークカメラとAIによるソリューションを構想して実証を開始。2020年８月にはネットワークカメラによる「見守りソリューション」を開始し、20年度内には、作業班と同数の5,000台の導入を実現した。

そして、2021年11月にはネットワークカメラの映像をAIで分析してリスクを検知する「危険作業検知AI」が導入された。また、2022年７月には「安全のプロフェッショナル集団」をめざした「安全センタ」を本社内に設立。

●カラーコーン上に設置されるネットワークカメラ

さらに2023年３月からは、作業前に作業員と現場事務所の管理者がネットワークカメラを通じて作業前の安全点検を実施する「作業前２Way確認」を開始した。作業中も「危険検知AI」で３秒に１回ネットワークカメラの静止画を分析してリスクを検知し、問題があれば現場管理者が作業員に指示するという仕組みとなっている。また撮影された映像は14日間保存され、状況確認の記録や安全管理のための事例教材などにも活用されている。

こうして段階的に2020年より開始された「安全の視える化」の取り組みによって、2023年は人身事故は大きく減少傾向にあり、ソリューションを活用した現場での重大事故は発生していない。また、実施率も８割以上の作業所で100％となり、安全意識の高まりにも大きく寄与しているという。

危険検知AIの精度を高めパッケージで提供

今後、NTT東日本としては、ネットワークカメラおよび「危険検知AI」、「作業前2Way確認」を100%浸透させるために社内の認知・啓蒙活動に取り組み、同時に、落下の恐れのある開口部や段差の検知など、様々な危険性を察知するAIを開発し精度を高めていく予定だ。

また「危険検知AI」の仕組みは、建築や電力など他社においても工事現場での応用が可能と考えられ、業界や工事内容などに合わせたカスタマイズ提供が期待されている。既に問い合わせや依頼も寄せられており、協力して実証を行いながら、新たな検知AIの開発や活用ノウハウ・知見の蓄積を進めている。

このような取り組みを通じて「危険検知AI」のバリエーションが増え、他社へ応用できるパッケージとしての提供が、今後は進むだろう。

●6面モニタによる見守り

ポイント解説

・リアルタイム映像を用いた「危険検知AI」で作業の安全を確保する
・音声と映像でリモートによる安全確認支援を実施
・「安全の視える化」により、作業の効率化と安全意識の向上に寄与

第3部

地域の導入事例

NTTe-City Laboで技術実証されている取り組みは、全国各地で地域に即した形で次々と社会実装され始めている。ここでは、8つの地域導入事例を紹介する。

第3部

事例-1

JA全農

［農業の効率化］

遠隔栽培支援システムで農業の担い手不足解消

栽培ノウハウの活用で生産性向上
ゆめファーム全農プロジェクト

全国農業協同組合連合会（JA全農）が2014年から取り組んでいるのが施設園芸の「ゆめファーム全農プロジェクト」。同プロジェクトで実証された栽培ノウハウを全国の施設園芸分野で広く活用することをめざし、2016年から現地訪問による栽培指導を行ってきた。しかし、コロナ禍により現地訪問が難しくなったことから、NTT東日本と連携してスマートデバイスを用いた遠隔栽培指導センタ（「コックピット」）を整備し、ゆめファーム全農の3圃場（栃木、高知、佐賀）において、コックピットの運用を開始した。検証で得たノウハウをパッケージ化、全国の施設園芸に拡げるべく取り組みを進めている。

栃木県栃木市
高知県安芸市
佐賀県佐賀市

「ゆめファーム全農プロジェクト」の取り組み

JA全農は、JAグループの経済事業を担っている全国組織。農畜産物を販売する販売事業と、農家に必要な資材を供給する購買事業を営むことによって、生産者と消費者を結び、農畜産物を生産するための基幹を支える役割を担っている。

JA全農の耕種総合対策部　施設園芸企画室（当初は高度施設園芸推進室）では、2014年より「ゆめファーム全農プロジェクト」に取り組んできた。ゆめファーム全農プロジェクトの目的は、施設園芸分野における飛躍的な生産性向上である。そして、具体的には、生産者の手取りを上昇させる収益改善を実現する要素技術を確立し普及させることがその目標となる。全農自ら環境制御技術などの最先端技術を導入した高軒高（のきだか）・高機能ハウスを設置し、安定・多収栽培技術の実証に取り組んでいる。

同プロジェクトを開始した背景にあったのは、農業の担い手である生産者人口が大きく減少傾向にあり、しかも平均年齢が上がっていることだ。

耕種総合対策部　施設園芸企画室室長吉田征司氏は、こう述べる。「これらを放置しておくと、国内で作られている様々な食べ物の生産量も減少していく。我々全農のモットーは消費者の皆さんに、安心・安全な農畜産物をお届けすること。そこで私たち施設園芸企画室では、大規模なビニールハウスを活用して、一人あたりの生産量を向上させ、安定的に消費者に届けるための仕組みづくりの構築に取り組むことにしました」

●「ゆめファーム全農こうち」の温室の外観

第3部

一人あたりの生産量を向上することができれば、生産者人口が減少したとしても、生産量を維持できる可能性があるからだ。

一人あたりの生産量を上げるには、「２つのパターンがある」と吉田氏はいう。一つは一人あたりの栽培面積を拡張していくこと。もう一つは単位面積あたりの生産量を上げていくことだ。いずれか一方のパターンを採用するのではなく、「この２つを掛け合わせていくことが重要だと考えた」と指摘する。この２つのパターンを実現する方法として着目したのがオランダの大規模施設園芸である。

吉田氏とオランダの施設園芸の接点は、前職に遡る。大学院を卒業後、ある大手メーカーに就職した吉田氏は、閉鎖された工場の遊休地を農業用地として有効活用するための新規プロジェクトに参画したという。「そこで初めてトマト栽培を学んだ」と振り返る。トマト栽培を学んでいくうちに出会ったのが、オランダの施設園芸である。「オランダの施設園芸のコンサルタントに生産技術を学び、オランダの施設を導入してトマト栽培を始めることにした」と明かす。

トマト栽培には素人だったが、オランダの生産技術を導入してトマトを栽培したところ、10アールあたり40トンのトマトを収穫できたという。このとき、周りの農家の方と話す機会があり、吉田氏が「40トンしかとれなかった」と言うと、「何を嘘ついているんだ。そんなにとれるわけないだろう」と言われたという。これは15年前の話だが、農林水産省の作況統計によると、

●吉田 征司 氏
JA 全農 耕種総合対策部 施設園芸企画室 室長

2021年産の10アールあたりの収量の全国平均は約6.3トン。一般的に15トンも取れれば、合格点と言われている。一方、オランダの10アールあたりのトマトの収量は60〜70トン。大きなギャップがあることがわかった吉田氏は、15年に全農に入会。このオランダの栽培技術を日本で生かすことができるのではと考え、ゆめファーム全農プロジェクトを担当することになった。

ゆめファーム全農は約2〜4倍収量を達成

ゆめファーム全農プロジェクトの圃場は、現在、栃木県、高知県、佐賀県の3カ所に設営されている。オランダから導入した高軒高・高機能ハウスを設置し、ゆめファーム全農とちぎでは14年8月よりトマト、ゆめファーム全農こうちでは17年4月よりナス、ゆめファーム全農SAGAでは19年12月よりキュウリを栽培し、大規模施設園芸における生産効率向上、栽培技術の標準化を進めるべく実証を行ってきた。

ゆめファーム全農の特徴の第一は、単位面積あたりの収量が高いこと。各圃場での収量は、通常の単位面積あたりの2から4倍を目標として掲げており、いずれの圃場、どの品目においても、「目標としていた収量を達成している」という。

第二の特徴は圃場の大規模さ。一般的な農家が設置するビニールハウスの平均面積は25アール。一方、ゆめファーム全農こうちとゆめファーム全農SAGAの面積はその4倍の1ヘクタール（100アール）。ちなみに最も狭いゆめファーム全農とちぎでも平均以上の32アールを有する。「ゆめファーム全農1戸で、通常の生産者の10倍量を収穫できることになる。ゆめファーム全農の数が増えると、生産者人数が10分の1になったとしても、現在の収量を維持できる計算になる。それぐらい生産性の高い施設が完成してきています」（吉田氏）

第三の特徴は、単一品目の栽培だけではなく、多品目の栽培を可能にすることだ。現在、トマト農家はトマトを栽培する農家でキュウリ農家に転身することなく、単一品目を専門的に作ることが一般的だ。しかし、「いまはゆめファーム全農ではとちぎならトマト、こうちならナスというように単一品目を栽培していますが、私たちが運営しているチームの栽培技術者はトマトでもナスでもキュウリでも栽培指導ができる。もちろん、設備も専用ではなく共通仕様になっているので、次の日からトマトを栽培することもできます。これが私たちのミソ」（吉田氏）

もちろんこれはあくまでも技術面での話。産地やブランドという販売面の課題はある。だが今後、生産者人口が減っていくことを考えれば、「いろんな品目を作れるような多角的な生産者が出てくることは考えられる。ゆめファーム全農はそういう時代に向けての1つの解決策にもな

図表3-1●ゆめファーム全農の4つの特徴

1. 単位面積あたりの収量が高い
2. 圃場が大規模
3. 多品目の栽培が可能
4. データ駆動型農業を実現

第3部

る」と吉田氏は語る。品目横断的な栽培が可能になれば、栽培面積の拡大も容易になる。トマト農家が今の栽培面積を10倍に拡大するとなると、10倍の収量の売り先を考えなければならない。だが10倍の面積でも3品目を栽培すれば、トマトの収量は約3倍に収まるので、売り先を探すのも比較的容易となる。つまり品目を増やしながら規模を拡大していくことができれば、経営の安定化も可能になるというわけだ。

新規就農を容易にするデータ駆動型の農業を実現

第四の特徴はデータ駆動型の農業が実現すること。これは施設園芸全体の特徴でもあるが、経験則に基づくのではなく、データという科学的根拠に基づいて栽培管理できるようになる。ゆめファーム全農の各圃場を管理しているメンバーは、トマトやナス、キュウリの栽培経験はない。「栽培経験のないメンバーでも、データから読み取れる様々な情報に基づいて生産管理をすることで、日本一の収量を実現している」と続ける。

JA全農ではこれらの施設で培った栽培技術と園芸施設の仕様をパッケージ化し、全国に普及させたいと考えている。ゆめファーム全農の仕組みを提供しているのは、施設園芸に取り組んでいる農家向けだけではない。「データ駆動型農業が実現するので、新規就農者も参入しやすくなる。そういう未経験の人にも手に届くような形で届けたいと思っている」という。そして、より安全、かつ簡単に施設園芸が運営できる仕組みを構築する必要性が出てきているという。

JA全農では、同プロジェクトで実証された栽培ノウハウを全国に普及させるため、16年から施設園芸生産者向けに、現地訪問による栽培指導を行ってきた。またそれを補完する手段として環境や生育調査データを生産者から電子メールで受け取り、遠隔での助言や支援を実施してきたという。だが、この方法では実際の作物の状態や圃場の様子をリアルタイムで共有することは難しい。また栽培技術者の不足も課題となっていた。そんな状況に拍車を掛けたのが、20年春から始まった新型コロナウイルス感染症の拡大である。「コロナ禍になり、生産現場を往訪することが難しくなりました」(吉田氏)。

当時、生産現場でコロナ罹患者が一人出てしまうと、同じ現場で働いている人たちは濃厚接触者となり、一定期間出勤停止となってしまうからだ。つまり、生産者の事業継続性が危ぶまれる状況に陥ってしまうことになる。「現場を訪れることなく、作物の状況や現場で働いている人の心情など詳細に現場を理解し、栽培指導できる仕組みを早急に整備する必要性を感じた」と語る。

遠隔での栽培指導を可能にするコックピットを整備

遠隔での栽培指導の仕組みを構築するため、吉田氏が協力を依頼したのが、NTT東日本である。NTT東日本を選定した理由はICT分野に強みがあることはもちろん、「担い手不足への対処、新規就農者支援、データ活用した儲かる農業の実現などの農業に対する困りごとを含

●遠隔栽培指導センタ（コックピット）の一例

め、地域の課題解決するため、さまざまな取り組みをしていることを評価しました」と語る。

JA全農が抱える課題を解決するため、NTT東日本が提供したのが、遠隔栽培指導センタ（通称、コックピット）である。コックピットはスマートグラスやタブレットなどのスマートデバイスと圃場に設置されたセンサを活用し、現地の施設園芸生産者と圃場の映像・音声、環境や生育データをリアルタイムで共有、管理するための仕組みである。当初、コックピットという名称を聞いたとき、吉田氏がイメージしたのは飛行機の操縦席。「専門性の高い人しか操作できないシステムなのでは」と心配したという。NTT東日本が提案したコックピットは、そんな心配を吹き飛ばすほど、感覚的に操作できるツールになっている。

21年秋に東京・調布市にあるNTTe-City Labo内にコックピットを開設し、NTT東日本、および農業ICT分野の専門性を持つNTTアグリテクノロジーと連携して実証を進めてきた。

現場作業者はスマートデバイスを装着しての作業となり、栽培の専門技術者は生産現場を訪れることなく、リモートでの指導となる。生産現場作業のデジタル化が一気に進むことで戸惑いはなかったのか。吉田氏は「コロナ禍がプラスに働いた」と話す。リモートが世間に浸透していくことで、往訪しないことをネガティブには捉えない考え方が社会に定着したからだ。

現在、ゆめファーム全農ではコックピットを活用することで現場に赴くことなく、植物の生育状況や病害虫の状況が確認できることに加え、温度や湿度などの環境データを管理している。また遠隔栽培支援システムのプラットホームでは労務管理の機能も有しているので、各作業員が行った作業データも蓄積。各作業員の得手不得手を加味した、最適な作業計画を自動作成することもできるという。「管理者の負担軽減にもつながるはず」と吉田氏は語る。

コックピットが提供するメリットは管理者側だけではない。現場作業者はスマートデバイスを通じて、栽培技術者に相談できるようになるため、新規就農者でも自信を持って栽培できるようになるのだ。

●スマートグラスの一例

次世代農業従事者に効果的に技術伝承するための仕組みづくり

JA全農は、コックピットを用意するだけではなく、コックピットで行った栽培指導の内容をデータ化し、熟練指導者の技術を次世代の農業従事者に効果的に伝承する仕組み作りにも取り組んでいる。

さらに、JA全農では新規就農者がゆめファーム全農と同様の規模で研修出来る施設を設置する構想があるという。「車の運転をイメージして貰うとわかりやすい」（吉田氏）。車の運転は本を読めばうまくなるわけではない。初めて運転するには、まず自動車教習所に通うことから始まり、隣に乗った指導教官に教えてもらいながら、実際に運転することで、ハンドルの切り方やブレーキとアクセルの使い方を感覚的に会得していく。そして免許を取得し、一人で道路を運転する。その経験を積んでいくことで、自ら道路に合わせた判断ができるようになるなど、運転技術が向上する。「栽培技術も同じ」という。

晴れたり、曇ったり、温度が上がったり、下がったり刻々と変化する環境は道路に例えられる。そしてハウスは車。つまりハウスを適正にキープしながら、植物の状態に合わせて作業を行っていかなければならない。新規就農者がうまくハウス運営をするためには、車の運転同様、自動車教習所的な指導教官に教えてもらえる環境や免許センターを整備することがカギを握る。JA全農では現在、そのための仕組みを整備している。

一方で、技術を習得してもすぐに新規就農できるわけではない。施設園芸を運営するには大きなコストがかかるからだ。それも大規模になればなるほど、億単位のお金が必要になるという。「自動車なら中古車を買うという手がありますが、農業はそういうわけにはいかない」と吉田氏。そこでJA全農では初期投資を支援する仕組みを整備してパッケージ化していくことも検討しているという。この取り組みもNTT東日本と共に進めていく予定だという。

とはいえ、農林水産省の調査によると、22年の新規就農者は４万5840人と前年に比べ12.3％

減少しているなど、年々、減少傾向にある。そこでJA全農が期待しているのは、セカンドキャリアを検討している人材である。「そのセカンドキャリアの一つに農業を考えてほしい」と言う。

高齢化が進んでいる農業従事者の平均年齢は67.9歳（農林水産業「農業構造動態調査」)。一般的な企業では定年年齢とされる65歳でも、農業の世界ではまだまだ現役。しかも新規就農といっても、ゆめファーム全農という大規模施設園芸であれば、現場の作業員を管理する仕事に従事することになる。つまり管理職で培ったマネジメントの知識が役に立つというわけだ。「地方へのUターン、Iターンを考えている人材を、ゆめファーム全農に招いていきたい。生産者人口の減少を抑えることに貢献していきたい」と吉田氏は意気込みを語る。

収量予測の導入や現場の状況に合わせた環境管理の自動化も

未来に向けての計画はこれだけではない。収量予測の仕組みの導入もその一つ。ゆめファーム全農とちぎでの実証を予定しているという。

将来には自動運転同様、現場の状況に合わせた管理が自動的に行えるような仕組みも構築していきたいという。そうすれば管理者の負担を大幅に削減できるからだ。

そのほか、ゆめファーム全農のシステムを導入した人が安心・安全に運営できるようマニュアルの整備も進めている。「参考になる資料をクラウドにアップし、いつでも閲覧できるようにしています」（吉田氏）。今はまだ資料だけだが、今後は動画コンテンツの用意も検討している。

一つは施設運営に関するコンテンツ。その整備のために活用するのが、NTT東日本の「ひかりクラウド スマートスタディ」。理解できているかどうか確認できるテスト機能の搭載も検討している。もう一つはこれまで現場作業者向けのコンテンツ。「例

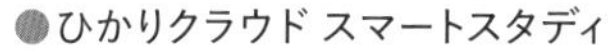
●ひかりクラウド スマートスタディ

えば葉かきの仕方など、テキストではなかなか伝わらない現場作業の動画化です。そのほか、現場で実施するさまざまな作業の標準動画なども作成していきたいですね」（吉田氏）。

この仕組みを活用可能にするには、ネットワークの増強も必要になる。「より大量のデータをアップロード、ダウンロードできるようにするため、今後はローカル5G化を進めていきたい」という。

これだけではない。ゆめファーム全農パッケージは、トマト、ナス、キュウリの3品目を対象としている。JA全農では栽培品目数を増やしていくことも検討している。「露地栽培が主流だが、一部施設園芸化されている品目、かつ高付加価値品の作物がその対象になる」と吉田氏。

少子高齢化により人口減少が進んでいる日本。このまま放置すると食料供給問題だけではなく、農村の維持も難しくなる。ゆめファーム全農は日本の農業、さらには地方が抱える課題を解決する手段の1つ。今後の展開に期待がかかる。

第3部

事例-2

NTT e-Drone Technology

［インフラ保守の効率化］

国産ドローンの普及・活用へ オペレーター、データ分析を セットで提供

手軽に活用
「おまかせｅドローン」パッケージ

農業の圃場や建設現場、広い工場など、様々な分野で活用が始まっているドローン。しかし、自前での所有・運用・管理となるとなかなかハードルが高い。そこでNTT東日本グループのドローン専業会社「NTT e-Drone Technology（以下、NTTイードローン）」では、安心・手軽にドローン利用ができるよう、用途に応じて機体やオペレーター、データ分析・管理などをパッケージにした「おまかせｅドローン」の提供を2021年10月１日から始めている。多様な分野での実際の導入事例と、より手軽に活用するための実証の取り組みについて紹介する。

日本各地の各種施設等

もっと手軽にドローンを活用できる環境をめざして

近年、様々な業界や用途で活用が進むドローンだが、必要なときだけ手軽に使えるようになるまでには、解決すべき課題が多い。まず、機体の導入については、用途に合った機種の選定・導入コスト、バッテリーなどの周辺機器に加えてメンテナンスコストが発生する。また、ドローンに関する航空法等の規制等をおさえ、運用マニュアルを規定し、オペレーターの育成を行うなど、社内体制の整備が必要となる。こうした体制の維持は、特に人事異動が多い自治体・企業等において困難となるケースがある。

そうしたなかで、NTT東日本では、より手軽にドローンを活用できるよう、NTTグループ内のドローン専業会社であるNTTイードローンより「おまかせeドローン」のサービスを2021年10月から提供している。

このパッケージサービスでは、使用する目的や用途に適した機体の選定やオペレーターを手配し、測定後のデータ分析・管理などをパッケージ化し「基本メニュー」として提供している。アウトソーシングによる管理コストの抑制だけはでなく、ドローンに精通したオペレーターが機体を選定、目的に合わせた飛行計画を策定し、現地オペレーションを行うことで高い安全性を担保できるのが大きな特長となっている。

また、東日本地域に29支店の拠点があり、全体で機体約50台以上、ドローンオペレーター約400名を配しているので、交通費などの費用負担も抑えつつ、用途に応じてリーズナブルに必要な時に必要なだけ使用するとができます、と紹介する。

データ加工についても、「分析ツールなどを開発・用意する必要がなく、NTT東日本が持つリソースを有効に活用できるのは、「おまかせeドローン」ならではといえるでしょう。AI分析や３D画像作成など最先端のデータ活用も含めて提供が可能です」と特徴を述べる。

国産ドローンの普及・活用を積極的に推進

「おまかせeドローン」も含め、NTT東日本が提供するソリューションに使用されるドローンについては、2020年９月に公表された日本政府の調達基準「政府機関等における無人航空機の調達等に関する方針」等を考慮し、国産ドローン、または欧米製ドローンを採用している。

これは特に公的なインフラなどの点検・測量に関してのセキュリティの観点からの要件に基づくものだが、そこまでの厳格さ

●AC101 connectの機体

第３部

が求められなかった農業分野でも日本の地形や農業形態等の事情に合わせた製品としてNTTイードローン製の国産ドローン「AC101 connect（以下、AC101）」が注目されており、JAや代理店などでの取り扱いも増えているという。

さらにNTT東日本では、グループ内だけでなく、国産ドローンの活用に関心のある事業者に対して同社の産業用ドローンとオペレーターを無償提供する「国産ドローンを活用したパートナー・プログラム」を開始。産業用ドローン「EC101」などを用いたユースケースの開拓を目的としており、将来的には共同で「おまかせeドローン」のメニュー開発・提供につなげたいとしている。

農業やインフラ点検など24メニューを展開

現在、「おまかせeドローン」において、用途別でのパッケージ「基本メニュー」は、農薬散布などの農業利用、鉄塔、橋梁、港湾施設などのインフラ点検、空撮や動画撮影、レーザー測量などの24種類。機種や期間、価格なども予め決まっているものが多く、予算・予定の目処をつけやすく手軽に利用できる。さらに利用者の要望に応じて、撮影データ加工などのオプションが追加できるほか、期間や機種、活用方法などオーダーメイドでのメニュー作成にも応じている。メニュー別に代表的な事例について紹介する。

【事例】インフラ点検（橋梁・鉄塔・建物壁など）

社会的要請が高まっているインフラ点検については、橋梁や鉄塔、建物など幅広く対応している。ドローンについては、主に全方位障害物回避が可能な米国産の「Skydio 2＋」を用い、

●橋梁の点検

安全にドローン空撮作業を行うことができる。そうして得られたデータについてAI解析や3D画像化などを行い、ひびや傷などの有無、状況などを把握することも可能だ。

中でも特にインフラ点検対象として最も依頼が多いのが「橋梁」だという。2019年に国土交通省が公表した橋梁定期点検要領の改定により、ドローンなどの新技術の活用による作業効率化が求められるようになったことが大きい。実際の点検報告書は、地方整備局や自治体の土木担当部署から依頼を受けた道路公社や建設コンサルタントなどの点検事業者が作成し、そうした事業者に対してNTT東日本がドローンで収集したデータを提供するという形となっている。その際には、安全な作業に加えて点検のコスト削減等が求められるが、そのニーズに応えるため、「おまかせeドローン」では点検メニューも充実させてきた。

橋梁点検においては、そもそも橋の大きさや点検内容や箇所数にもよるが、特殊車両やボートを使ったり、ロープアクセスで人が実際に現場まで行ったりするなど、点検作業は大掛かりなものになるのが従来の点検の形態だった。一方「おまかせeドローン」の場合、点検する箇所の数や内容にもよるが、200メートルの橋梁を2日で点検できた例もあるという。

橋梁は入り組んで影になっている部分も多く、撮影が難しいことがよくあるが、NTT東日本では橋梁に添架された自社インフラ設備の点検を行っており、その際に培ったドローン操縦技術と点検ノウハウを融合し、安心・安全な点検作業を行っているという。

現在は「おまかせeドローン」の提供開始に伴い、営業拠点が多い東日本だけでなく、西日本からも問い合わせが増えている状況だ。

さらに、高所施設の点検についても、NTTグループの鉄塔点検における安全確保のノウハウを活用。高所作業における危険予知訓練を徹底した上で、鉄塔および建物壁などの点検を実施するメニューを提供している。事例としては、自治体施設に付随する通信用鉄塔や、庁舎などの外壁に設置された雨水排水用の配管の実証点検などがあげられる

【事例】インフラ点検メニュー（ダム・砂防・港湾施設など）

インフラ点検の中でも、とりわけ大規模で点検が難しいのがダムに設置された水力発電所だ。山梨県南巨摩郡早川町の水力発電施設で検証が始まっている。水圧鉄管の点検は、傾斜40度を超える階段を月2回程度登りながら、目視で点検している。この作業は、作業者の負担が大きいこと、鉄管の片側にしか階段がないため、反対側を確認することが困難といった課題がある。

水力発電所の水圧鉄管についてANAFI Aiの自動航行で、これまで点検実証を行ってきた。困難な確認作業においてはANAFI Aiの高い運用力が活用されている。

また、当該発電所は、総合制御所から2時間以上かかる場所にあり、有事の際の迅速な初動対応が課題になっていた。点検においても移動時間が長く、時間的コストが多く発生している。

この課題について発電所内の各種機器のメーターや制御盤等のランプ状態などの確認、有事の際の状況確認について、Wi-Fi経由で遠隔操縦が可能なSkydio Dockで巡視する実証を行って

いる。発電所内の各フロアを入念に点検できる飛行ルートを予め作成し、自動で飛行。飛行後は自動でクラウドにデータをアップロードする。そのデータを見ながら定期点検を実施するものだ。この施策は、頻度を増やしても移動コストが発生しないため、保安力の向上にも寄与することになる。

●3Dモデル/オルソ化

全フロアを１回の飛行で見回る自動飛行ルートも作成している。これは、有事の際の状況確認といった初動を迅速に行うことも可能と期待されている。

このようにドローンで見たいところを飛び回れるようにするためには、Wi-Fiの設計、構築が極めて重要となる。いわゆる「漏れのないネットワーク」を構築することが肝となり、ここにNTT東のネットワーク構築の強みが活きている。

さらに港湾についても、岩手県釜石市にて水産庁の点検マニュアルに基づいたドローンによる点検の実証を行い、本格稼働のため2024年度の予算化を予定している。海に面した防波堤や消波ブロックなどが対象となり、現在はボートで波止に渡り、歩きながら目視点検を行うため、場所によっては危険作業となる。そこで危険の回避とともに、作業効率化およびコスト削減につなげるのが狙いだ。

なおインフラ点検については、画像撮影だけでなく、レーザー測量も大きなニーズとなっており、EC101に搭載可能なレーザー測量機器「Yellow Scan VX20」のセットレンタルも、測量事業者向けに提供を実施していく予定だ。既に実証として、世界遺産である富岡製糸工場の煙突についてEC101を用いた上空からの測量を行い、画像に加えてレーザーによる点群データを取得して３Ｄモデルを作成するなど、現状把握に成功している。この実証例の報道を受け、工事計画段階での３Ｄオルゾ化や、文化財などの保護・補修を目的とした３Ｄモデル作成などについて相談・依頼が増えている。

【事例】農業関連メニュー（農薬散布・圃場測量など）

「おまかせｅドローン」の中でも現在最も利用が多いのが、NTT東日本製のドローンAC101を使用した農薬散布メニューだ。全国のJAや農機具代理店など、全国60箇所以上のAC101ユーザーとの協力体制を構築しており、各地域の適期に応じて３ヶ月前に予約を受付け、日程や面積、作物などによって農薬散布スケジュールを作成し実行している。

AC101は軽量コンパクトで取り回しがしやすく、これまでラジコンヘリや海外製の大型ドローンで対応できなかった小規模圃場や中山間地などでも使えるのが強み。米、麦、大豆、芋、れんこんなどの作物に幅広く対応しており、1年を通じて需要が高まっている。また、果樹への散布についても実証価格での提供を行い、農薬散布以外も自動航行のための圃場測量や農地作付点検などの実証も開始している。

農業関連での導入に関しては、農薬散布のオペレート以外にも、その地域ならではの課題に取り組む必要がある。千葉県長柄町は、首都圏近郊ながら豊かな自然と地下水に恵まれた稲作地帯である。近年では、小規模圃場が多く、就農者の高齢化が進んでいることを背景に長柄町主導による農薬の一斉散布を実施してきたが、長柄町職員の業務の負担が課題となっていた。

一斉散布にあたっては、農家への意向調査、調査のとりまとめ、散布地図の作成、地域住民への協力依頼、当日の散布立ち合い、散布結果の集計など多岐にわたる。これらの業務が大きな課題となっていたわけだ。

この課題に対し、NTTイードローンでは、長柄町の実情にあわせた一斉散布用のデータベースと、それに付随するアプリやオペレーションを提供し、長柄町の業務を約40%効率化することを可能としている。

●災害で断線した通信回線の復旧には通線ドローンが用いられる

「ドローン事業全体で約100億円」を目標にサービスを拡充

今後は様々な実証を進めつつ、2027年にはドローン事業全体で年間売上高約100億円をめざしている。またドローンオペレーターについても、400人のうちスキルを高めてエキスパートレベルの割合を増やし、人数としても裾野を広げるために育成事業も充実させていく予定だ。

また一方でドローンの活用については、空撮や動画撮影なども含め、様々な可能性を秘めている。花火大会の撮影などがその一例だ。そのような取り組みの中では、NTT 東日本としては、これまで培ってきた自治体や、農業関係者、インフラ事業者などとの信頼関係、全国のパートナーによる協力体制などをベースにしながら、得意とするテクノロジー、通信ネットワークなどを活用して付加価値を提供できる領域に注力し、ドローンのソリューション開発・提供を進めていく方針だ。

今後については、「おまかせｅドローン」に森林測量や河川・施設の監視、災害時の状況確認などのメニューを順次追加し、オプションなども拡充する予定だ。さらに画像データの解析サービスや３Ｄモデルの作成などメニュー内の充実も図り、NTTグループとして顧客への提供価値も高めていく。

第3部

事例-3

ドルトン東京学園　［店舗運営の効率化］

学校にスマートストア導入し“昼食問題”を解決

スマホ完結型SMARTORE導入
生徒が無人店舗運営に参加

ドルトン東京学園は2022年10月にNTT東日本と連携協定を締結、その第一弾として、校内でスマートフォン完結型の無人店舗「スマートストア」の実証実験を実施し、23年4月から本格運用に入った。導入の狙いは生徒・教職員の昼食環境の改善。店舗運営には生徒が主体的に参加、ICTを活用したビジネスをリアルで体験できる学びの場としての役割も担う。

東京都調布市

狙いは生徒・教職員の昼食環境の改善

東京都調布市の中高一貫校、ドルトン東京学園の本館2階ロビーは、正午を過ぎると一気に賑やかになる。ロビーに設置された購買コーナー「スマスト」に集まる生徒のお目当ては、パンやおむすび、近くのインド料理店から届くカレー弁当などの多彩な昼食メニューだ。

生徒はスマートフォンで商品棚に付けられた値札のバーコードを読み取り、欲しい商品を手に取る。スマートフォンで支払いを済ませれば、そのままレジに並ぶことなく店の外に出ることができる。この新しい買い物体験を支えているのが、NTT東日本グループのテルウェル東日本が提供するスマートストアソリューション「スマートア（SMARTORE)」だ。

近年、小売業界で、ICTを活用して店舗の省力化・省人化を実現するスマートストアの導入が広がり始めている。テルウェル東日本では、職場や大学などへのスマートストアの展開に力を入れているが、中学・高校の「購買」に用いられたのはドルトン東京学園が初。同校が導入を決めた最大の理由は、スマートストアが、開校以来の課題であった“昼食環境の改善”の有力な手立てとなると考えたからだ。

ドルトン東京学園では、2019年の開校当初から生徒・教職員向けの食堂の開設を検討、校内には食堂用のスペースも確保されている。現在、このスペースにはテーブルや椅子が並べられ、生徒が食事や休憩に利用しているが、厨房設備は設けられていない。

●昼休みには多くの生徒で賑わうドルトン東京学園の購買コーナー「スマスト」

食堂が設置されなかった理由をドルトン東京学園の安居長敏校長は、「生徒数が少なく、ランニングコストが合わなかった」と説明する。

学校の食堂は、給食事業者に運用を委託し、赤字が出た場合は学校が補填するといった形で運営されることが多い。ドルトン東京学園の定員生徒数は1学年約100名。食堂を利用するのは、生徒数の約1～2割程度と一般的には言われているので、初年度の利用者は多くても20名程。大きな赤字が見込まれることから、開設は見送られた。

数年後、改めて食堂の開設が検討されたが、6学年全て揃っても利用者は教職員を含め1日70～140名程度にとどまる。営業が昼食時に限られることもあり運営を引き受ける業者が現れず、現段階における開設は厳しいという結論に至ったという。

校内に売店を設けて昼食類を提供することも検討されたが、人手不足から購買の運営を受託する会社が減っており、学校が直接運営するのも難しいことから、昼食問題への対応は、業者による弁当の販売程度にとどまっていた。こうした中で、生徒と教員が自ら昼食環境の改善に動き出す。これがスマートストアの導入につながっていったという。

教育理念を背景に生まれた「スマスト」

●安居 長敏 氏
ドルトン東京学園 中等部・高等部 校長

こうした動きが生まれた背景にあるのが、ドルトン東京学園の教育理念だ。

ドルトン東京学園の校名は、米国で100年前に提唱された教育手法・ドルトンプランに由来している。ドルトンプランは、1人1人の知的な興味や旺盛な探究心を育て、個人の能力を最大限に引き出すことをめざしている。ドルトン東京学園は、その実践の場として教育業界大手の河合塾によって設立された。

「生徒を型にはめるのではなく、生徒自身がやりたいことを見つけて、考え、行動し、失敗したらやり直すような人間に育って欲しいと考えています。そのために、まず生徒に考えさせることを重視している」と安居校長は語る。

この理念は、学校運営の様々な面に反映されている。

授業では、教師が一方的に教科書の内容を教えるのではなく、テーマに沿ってグループや個人が調べ、発表することに多くの時間が割かれる。授業内容に関連した専門家をゲストとして招いて話をしてもらうことも多い。「社会のリアルをそのまま学びの教材にしている」（安居校長）のである。

金曜日の午後、5・6時限目に行われている「ラボ」と呼ばれる授業では、教師がそれぞれテーマを設定し、生徒はその中から興味のあるものを選んで、教科の授業にはない学びの機会を得ることができる。

●交通系ICカードやQRコード決済での支払いも可能なセルフレジ

英語を担当する佐藤貴明教諭は、2021年度のラボのテーマに、この「昼食・購買問題」を設定、生徒とともに解決策の検討に乗り出した。

その後、ラボを母体に有志が参加する委員会活動「ランチ改善プロジェクト」が立ち上がり、隣接するコンビニによる昼食の出張販売のトライアルや、現在も週1回行われているキッチンカーによる昼食販売などを実現させた。生徒が、低農薬にこだわったおむすびやお弁当を販売している店舗と交渉し、出張販売してもらう取り組みもなされている。

2022年、この活動は大きな転換点を迎える。5月にドルトン東京学園に隣接するNTT中央研修センタにNTTe-City Laboがオープンし、これを機にNTT東日本から教育分野でのNTTe-City Laboとドルトン東京学園との連携が提案された。話を進める中で、「懸案であった売店を実現する手段としてスマートストアが活用できないか」というアイディアが浮上する。10月に連携協定が締結され、その第一弾として、スマートストアの実証実験がスタートした。その店舗の運営をランチ改善プロジェクトのメンバーが担うことになったのだ。

セルフレジ導入により学生の支払いニーズに対応

10月に設けられたスマートストアは、ロビーに置かれたテーブルや木箱の上に、おむすびやお弁当などの昼食メニューや文具を並べた簡素なものであったが、23年5月の連休に、図書室で使われなくなった書架を商品棚として活用した本格的な「店舗」が整備される。これを機に生徒の間で使われていた「スマスト」の愛称が、店頭に掲げられた。

「スマスト」の品揃えの中心となる昼食メニューは、地元の店舗から納入されている。前述のおむすびやお弁当に加え、インド料理店のカレー弁当、地元地域のベーカリーから届く焼き立てのパンが棚に並ぶ。いずれも出来立てであり、生徒たちの評判も上々である。これらの品々もランチ改善プロジェクトの生徒のメンバーが、一軒一軒実際の店舗を訪ね、交渉し、新たに納入・販売できるようになったものだ。

もちろんこういった惣菜類は一部のコーナーで、棚の大半のスペースにはテルウェル東日本が仕入れた飲料や冷凍パスタ、カップスープ、その他文具などが置かれている。このような「スマスト」の開店・運用により、生徒・教職員の昼食環境は大きく改善された。５月の店舗拡張により、生徒の希望が強かったスナック菓子なども品揃えとして加わった。

昼食時には昼食メニューを求め、多くの生徒が集まるが、店内はさほど混雑していない。スマートフォン完結型の購入・決済システムの導入により、効率的な買い物が可能になっているからだ。

「スマスト」で買い物をするには、事前にテルウェル東日本の「ピックスルー」アプリをスマートフォンにインストールし、個人情報などを登録しておく必要がある。

店舗に入ると利用者は、まず商品棚などに付けられている「入店用QRコード」をスマートフォンで読み取り、アプリを起動させる。そして、欲しい商品のバーコードをスマートフォンで読み取り、商品を手に取る。最後に、商品、数量、金額などを確認して「支払い」ボタンをタップする。事前にクレジットカード情報を登録しておけば、続けて「クレジットカードで支払う」のボタンをタップして、買い物を終えることができる（アプリ払い）。

中高生のほとんどが持っているスマートフォンの機能を活用して、効率的に買い物ができるシステムを低コストで実現しているのだ。

「スマスト」では、これに加えて２台のタブレットタイプのセルフレジを設置して、交通系ICカード、QRコード決済、未登録のクレジットカードでも支払いができるようにしている。

セルフレジで支払う場合も、アプリをインストールしたスマートフォンが必要だ。品物を選択するまでの手順は前述の「アプリ払い」と同じだが、「支払い」をタップした後で、「レジで支払う」を選択すると決済情報がQRコードでディスプレイに表示される。これをセルフレジ

図表3-2●「スマスト」での買い物手順

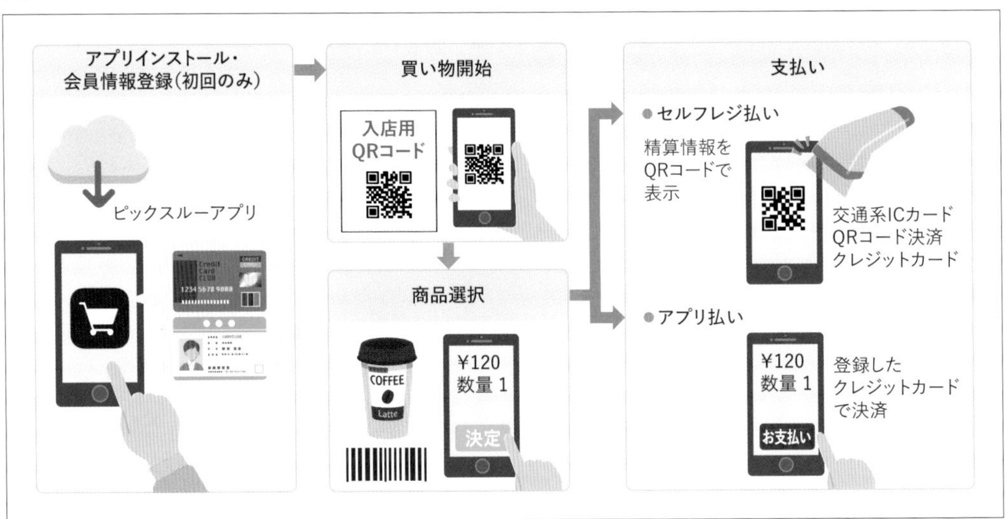

のスキャナーで読み取り、レジの画面の指示に従って操作を行い、支払いを済ませる（図表3-2参照）。

中学・高校生の場合、登録できるクレジットカードが保護者名義の家族カードなどに限られるため、アプリ払いだけでは、利用者が限定されてしまう。そこでセルフレジを用いて多様な決済手段に対応しているのである。「現状では交通系ICカードを使う生徒が最も多い」（佐藤教諭）という。

●佐藤 貴明 氏
ドルトン東京学園 中等部・高等部 国際部長・英語科

スマートフォンが手元にない場合でも買い物ができるように、店舗には貸し出し用のスマートフォンも用意されている。

生徒が店舗運営を主導

この店舗の最大の特徴は、生徒が店舗の運営に主体的に関わっていることだ。

ランチ改善プロジェクトのメンバーが週に1回、昼休みにミーティングを行い、シフトを決めて品出しや店舗の清掃などの日常業務を行っている。仕入れや発注、在庫管理、月に1度の棚卸しも生徒の手で行われている。

販促活動も生徒主導で実施されており、9月にはノベルティとして提供されたお菓子を、購入者のうち先着50名に配布するキャンペーンが実施された。

利用者を拡大するために、アプリをインストールすると、抽選で「スマスト」の商品が当たるというキャンペーンも行われた。

実証実験の開始時点では10名ほどだったメンバーは、新年度を迎え30名を超えたが、現在は20名程度で落ち着いているという。活動への参加はあくまで生徒の自由意思なのだ。

店舗の運用を生徒主導で行っているのは、ドルトン東京学園がスマートストアを、単に店舗運用の効率化手段として考えるのではなく、生徒の『学びの場』として活用しようとしているためだ。佐藤教諭はスマートストアの教育効果について「ICTの最新技術が世の中に実装されていくのを学校の中で感じられる。しかも単に受け手ではなく運営側で体験できることが重要だ」とした上で、「生徒達に店舗経営、小売ビジネスの楽しさを感じ取って欲しい。通常はアルバイトをしなければできないことを、中学生の段階から学校の中で課外活動の一環として体験できる貴重な場所となっている」と強調する。

生徒主導の店舗運営には、次のフェーズである「自走運用」――ドルトン東京学園自身によるスマートストアの運営に向けた準備としての側面もある。

「スマスト」は現在、テルウェル東日本への業務委託という形で運用されている。この枠組の下で、採算性や店舗のオペレーションが生徒と教師だけで可能なのかなどを検証して、自走運用の可能性を見極めようというのである。

●生徒主導で販促キャンペーンも実施されている

業務委託への切り替えに伴い、地元の商店に出張販売してもらっていた弁当類なども、会計上、テルウェル東日本が仕入れ、代金を店舗に支払う形に整理された。2023年７月時点での売上は、１日４～６万円ほど、採算面では目標ラインが見えてきているという。

スマートストアの導入により、売店設置のネックの１つとなっていた収益性の問題がクリアされようとしているのである。

この生徒主導の店舗運営で重要なポイントとなるのが、教職員によるサポート体制だ。佐藤教諭を含め４名の教員が顧問となり、理事会やテルウェル東日本など、外部との調整やトラブル対応などを担っている。活動についての助言、相談も行う。

日常業務でも、校務を担当している職員がバックアップに入ることで、生徒の負荷が過大にならないよう配慮されている。

取り組みを進める中で、予想外の動きも出てきた。「スマスト」の活動を知った保護者から、地元にある大手ファストファッションの大型店舗の「職場体験」への誘いがあったのだ。この会社がCSR（社会貢献）活動の一環として実施しているもので、希望者３名が３日間のプログラムに参加、その体験を踏まえて、スマストの運営の改善に取り組んでいるという。

学校売店向けスマートストアのショーケースに

「スマスト」の運用で、今、課題となっているのが購買データの活用である。

スマートストアに蓄積される膨大な購買データを分析することで、ロスの低減や欠品の防止などが図れる。しかし、佐藤教諭は「現状ではまだ勘に頼っている部分が大きく、おそらくかなりの機会損失が発生している」と見る。

こうした状況を大きく変えることが期待されているのが、2023年10月から行っている「データサイエンスラボ」だ。このラボではテルウェル東日本から「スマスト」の購買データの提供を受け、リアルなデータの分析の実習を行うことが計画されている。

さらに、「テルウェル東日本から講師に来ていただき、ツールの使い方などの授業も行われる」という。

佐藤教諭は「現在の委託運用のフレームではデータの利用に制約があるが、自走運用が実現すれば、店舗運営の強力な武器になる」と見る。

NTT東日本は連携協定に基づいて、ドルトン東京学園で様々な取り組みを実施している。

例えば、23年6月から中学1年生を対象に実施している環境学習の授業では、実際にバイオガス事業を行っているNTT東日本グループのビオストックの担当者や京都大学の教師が教壇に立っている。NTTe-City Labo内のバイオガスプラントの見学も行われた。

高校2年生を対象に「地域課題の解決」をテーマとして、山形県飯豊町でのフィールドワークを含むカリキュラムも実施されている。

IOWNを活用した遠隔演奏実証実験の拠点の1つにもドルトン東京学園の校舎が使われた。

最近ではNTTe-City Laboのスマートストアの展示を見学した後で、その実装事例となる「スマスト」を見るためにドルトン東京学園に足を運ぶ行政・学校関係者が増えてきているという。

ドルトン東京学園の「スマスト」がショーケースとなり、中学・高校の売店・購買部としてのスマートストアの導入の可能性は今後広がっていくだろう。

第3部

事例-4

成田国際空港

［自動運転の実証実験］

ローカル5G等を活用し空港制限区域内ターミナル間連絡バスの自動運転化をめざす

ローカル5Gによる遠隔監視型自動運転バス

労働人口の減少によるドライバー不足に対応するため成田国際空港では、国際線の乗り継ぎ旅客を対象に、空港制限区域内で運行しているターミナル間連絡バスの自動運転化に向けた実証に取り組んでいる。この自動運転バスの円滑な運用を支えているのが、ローカル５Ｇを活用した遠隔監視・制御技術だ。

千葉県成田市

DXで労働人口の減少に対応

年間十数万回も航空機が発着し2000万人以上が利用する日本の空の玄関口、成田国際空港。コロナ禍の収束と新滑走路の整備に伴う発着枠拡大などで、発着回数・利用者数は、今後大きく伸びると見られている。こうした中で懸念されているのが、労働人口の減少でグランドハンドリングスタッフの確保が難しくなり、利用者に十分なサービスを提供できなくなる可能性があることだ。必要な労働者を確保できなくて、事業の運用が難しくなっている業種のニュースは最近、数多く伝えられており、航空・空港業界もその1つだ。

この問題を解決する有力な手立てとして成田国際空港が力を入れているのが、DXによる業務の省人化・自動化である。

成田国際空港 DX推進部マネージャーの秋庭順一氏は、「人手不足が深刻化する中で、発着回数を伸ばしていくには業務の省人化・自動化が不可欠です」と語る。さらに、DXを推進するもう1つの狙いを「国内外の空港との競争が激しくなる中で、世界の航空会社に選んでいただけるよう、『成田空港ならではの次世代型の旅客体験の創出』をテーマに、DXを活用して、お客様に快適に過ごしてただける環境・サービスを提供できるようにしている」と説明する。

成田国際空港では、警備・清掃業務へのロボットの導入や、利用者がチェックインを行った際に顔写真を登録することで、手荷物預け、保安検査、搭乗時に搭乗券・パスポートを提示しなくても“顔パス”で通過できる「Face Express」の導入など、DXにより省人化・自動化、サービス向上を実現する様々な取り組みが行われている。その一環として、成田国際空港が意欲的に取り組んでいるのが、国際線の乗り継ぎ旅客向けに運行されているターミナル間連絡バスの自動運転化だ。

●秋庭 順一 氏
成田国際空港株式会社 経営企画部門 DX 推進部
DX 推進グループ マネージャー

●堀 聖 氏
成田国際空港株式会社 経営企画部門 DX 推進部
DX 推進グループ アシスタントマネージャー

成田国際空港には、第1、第2、第3の3つの旅客ターミナルが設けられている。国際線で到着した乗客は、別のターミナルから出発する国際線に乗り継ぐ場合、空港制限区域内を走る連絡バスを使って、ターミナル間を移動できる。この「ターミナル間連絡バス」に自動運転を導入しようというのだ。

成田国際空港DX推進部の堀聖氏は「将来ドライバーが確保できない状況が生じても、ターミナル間の連絡機能は維持しなければいけません。自動運転バスは、その有力な手立てとして期待しています」と強調する。

成田国際空港は、NTT東日本、KDDI、自動運転技術開発のティアフォーとコンソーシアムを組み、国土交通省と総務省の枠組み・予算を活用して2021年度から、制限区域内での自動運転バスの導入に向けた実証実験を進めている。

自動運転バスを支える2つの技術

成田国際空港がターミナル間連絡バスへの導入を想定しているのは、走行ルートを限定するなど、特定の条件の下でドライバーなしでの運行が認められる「レベル4相当」の自動運転だ。これは大きく2つの技術によって実現される。

1つが「自律走行技術」。2022年2月に実施された1回目、そして22年12月から23年2月に行われた2回目の実証実験に用いられた自動運転車両（乗車定員10名）には、ティアフォーが主導するオープンソースの自動運転ソフト「Autoware」を用いた自動運転システムが搭載されている。このシステムでは、事前に走行ルート付近の3次元地図を作成しておき、走行時には

図表3-3●成田国際空港が導入を進めている自動運転バスを支える2つの技術

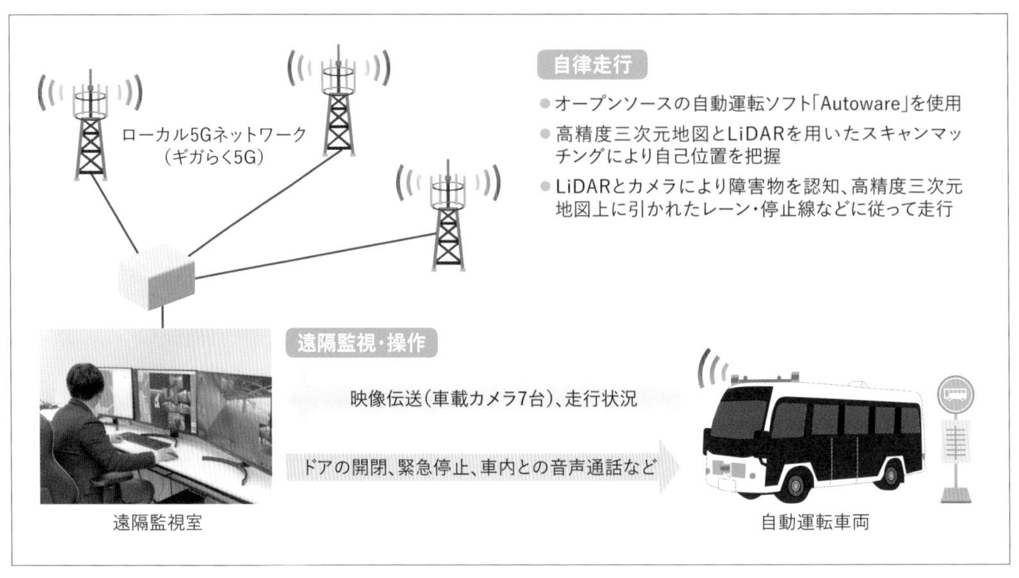

●自動運転バスの遠隔監視・制御を行う遠隔制御室

LiDARで得られるデータとこの3次元地図を照合して現在位置を把握、設定された走行ルートに沿って車両を運行させる。さらに、LiDARや物体検知・信号認識用の車載カメラで、他の車両や障害物、標識・表示などを検知、これに基づいて停止やレーン変更などを適切に行い、安全な運行を可能にする。

レベル4の自動運転バスを支えるもう1つの技術が、自動運転の安全性を高め、円滑な運行を可能にする「遠隔監視・操作技術」だ。

実証実験で用いられた自動運転車両には、車体の前後左右と車内に計7個の遠隔監視用カメラが搭載されている。これらの映像は無線ネットワークを介して成田国際空港内に設けられた遠隔監視室に送られる。運行担当者は、この映像により自動運転バスの状況を把握し、ドアの開閉や発車の指示、緊急停止などの操作を、無線ネットワークを通じて行う。

ドアの開閉を遠隔操作で行う理由を成田国際空港では「制限区域内にお客様がみだりに降車してしまうことを防ぐため、こうしたリスク含めきちんと周囲を確認した上で開け閉めする必要性を見極めるため」（堀氏）と説明する。

トラブルが発生した際などに、無線ネットワークを介して乗客と運行管理者が会話することもできる。

マネージドサービスでローカル5G網を整備

実証実験で、遠隔監視室と試験車両間を結ぶ無線ネットワークの主力として利用されているのがローカル５Ｇ――超高速・大容量・低遅延などの特徴を持つ５Ｇを、企業や自治体が専用で利用できる自営無線システムだ。

実証試験に用いられているのは、ローカル５Ｇに割り当てられている4.7GHz帯（100MHz幅）を用いたSA（スタンドアロン）構成のネットワークだ。車両からの映像伝送を円滑に行うために、移動通信事業者が提供する公衆５Ｇサービスよりも「上り」（端末から基地局方向）の伝送比率を高めた「準同期TDD１」（上下比１：１、公衆５Ｇサービスの上下比は１：３）が採用されている。

このネットワークは、NTT東日本が提供しているマネージド・ローカル５Ｇサービス「ギガらく５Ｇ」のサービスを利用して整備されたものだ。

2022年２月の最初の実証実験は、制限区域内の３カ所にローカル５Ｇ基地局を設置し、第３ターミナルと第２ターミナル間の1.4kmのルートで実施された。22年12月から23年２月に行われた２回目では、ローカル５Ｇ基地局４つを追加、第１ターミナルを含む4.7kmのルートで実証実験が行われている。

●成田国際空港の制限区域内に設置されたローカル5G基地局

NTT東日本が「ギガらく５Ｇ」を商用展開したのは2022年３月。22年２月の１回目の実証実験時において、空港制限区域内のローカル５Ｇ環境構築を行う先進的な取り組みであった。

空港特有の課題もあった。NTT東日本では「エプロン（駐機場）では飛行機の機体が遮蔽物になるため、高い場所にアンテナを設置して広い範囲をカバーしようとしても、安定した通信は望めません。そこでアンテナを地上２～３ｍのところに設置して、飛行機の下を電波が通過するようにするようにして、機体の影響を回避しています」と明かす。

成田国際空港が、自動運転バスの遠隔監視・制御に用いる無線ネットワークにローカル5Gを採用したのは、（1）映像伝送に対応できる高速・大容量のネットワークを広いエリアで展開できることと、（2）専用のネットワークであるため安定した通信品質が確保できることの2つの理由からだ。

加えて利用を決めたもう1つの理由としては「ローカル5G単体ではなく、ティアフォーの技術などと組み合わせた自動運転のソリューションとしてNTT東日本から提案をいただいた」（堀氏）ことがあるという。NTT東日本はコンソーシアムの代表として、実証実験のフレーム作りも担っている。

実証実験では、ローカル5Gだけでなくキャリア通信を使った遠隔監視・制御の検証も行われている。これはローカル5Gの機器の故障や、本来の走行ルートが通れなくなり、ローカル5Gのエリア外になる代替ルートを走行する状況に備えたもので、KDDIが車載機器とネットワークを提供している。

最大3台の自動運転バスの同時運用を想定した実証を実施

2022年12月から実施された2回目の実証実験では、複数台の自動運転バスを使った走行実証も行われた。

●2回目の実証実験では複数台の自動運転バスを用いた検証も行われた

現在運用されている制限区域内のターミナル間連絡バスは、航空機が発着する7時から23時までの間に概ね30分間隔で運行されている。車両は50名程度が乗車可能な大型バスで、繁忙期には最大2台で運用される。実証実験では、乗客数の増大に備えて3台の車両が同時に運用されることを想定、これらが同じローカル5G基地局に接続された状況で遠隔監視・制御が問題なく行えるかが検証された。

試験車両には、前方監視用としてのカメラが1台、車両の左右・後方と車内にカメラが6台搭載されている。3台の車両を運用した場合、トータルで21台のカメラからのデータが送られることになり、基地局の負荷は大きい場合には約100Mbpsに達する。実証実験では、この厳しい伝送環境でも映像の乱れやコマ落ちなどの問題が生じないことが確認されたという。

ドライバーレス化による影響

実装に向けた運用面での検証も進められている。

自動運転バスの導入メリットとして期待されているものの1つに、現行のターミナル間連絡バスの運行では、自動運転バスがルートに沿って運行している場合において、運転技能を有するドライバーを車中に配置する必要がなくなることが挙げられる。ターミナル間連絡バスの運用に必要となる複数名のドライバー確保のハードルは大きく下がることになる。

さらに堀氏は「省人化の観点からは、1人の遠隔監視者で2台から3台のバスを運用できるようにしたいと考えています」と語る。

逆に、無人化により新たな課題も出てくる。その1つがドライバーレス化した際の乗客へのサービス対応だ。例として、遺失物への対応がある。実証実験では、車内に忘れ物があった場合、財布やスマートフォン程度の大きさのものであれば、車内のカメラで発見できることが確認されている。これを、どの段階で誰がピックアップし、持ち主に返却できる状態にするかが問題になる。

●25名が乗車できる中型車両

2回目の実証試験では、車両でトラブルが発生した際に遠隔監視室からどのように人を派遣して対処するかが、検証された。

●2023年度（3回目）の実証実験での自動運転バスの走行ルート例

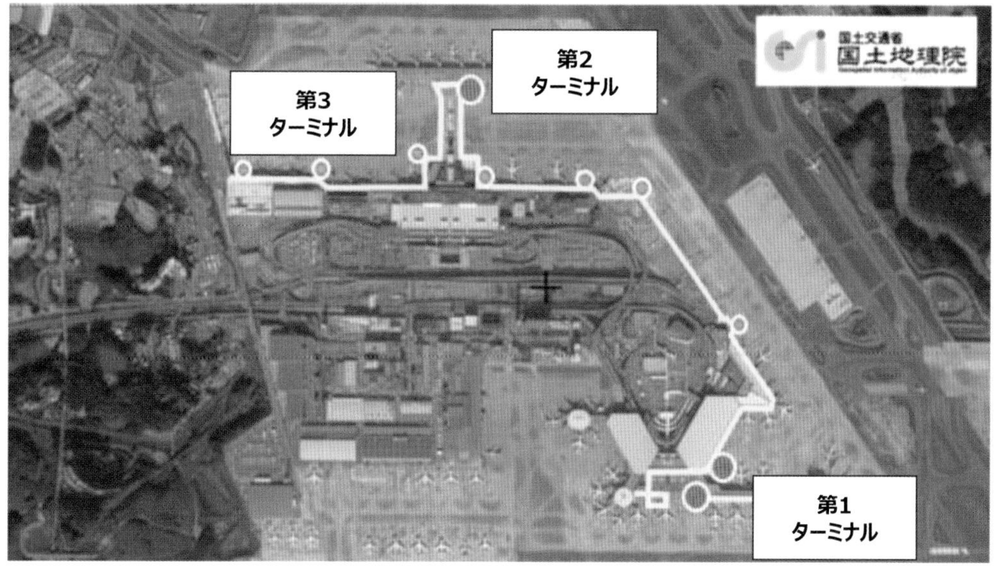

国土交通省　空港制限区域内における自動走行の実現に向けた検討委員会（令和5年10月5日）4社コンソーシアム提出資料より抜粋（一部修正）

2025年にドライバーレスでの運行開始をめざす

これまで実施された2回の実証実験は、運転席にセーフティドライバーが乗車し、自動運転で、トラブルが発生した場合には手動運転に切り替えられる形で実施されている。

2024年1月から2月にかけて実施される2023年度（3回目）の実証実験からは、自動運転車両を25名が乗車できる中型車両（BYD社「J6」を改造）に更新し、その後、順次ドライバーレス（レベル4相当）での運用・検証を進めていく計画だ。

3回目の実証試験では、ローカル5Gの基地局を3局増設し、走行ルートを広げる計画だ。運行ルート上でアンダーパスとなっている箇所で問題なく走行できるかといった検証も行われる。

これまでの実証実験は、基本的にはセーフティドライバーと実証担当者のみ乗車して行われ、乗客を乗せる場合は中央官庁やエアライン・空港関係者などの試乗に限定していたが、2025年以降に、ターミナル間連絡バスのルートにおいて、実際に乗り継ぎ旅客を乗せて運行することを検討しているという。

成田国際空港ではこうした実証を2024年度まで行い、2025年のレベル4による遠隔監視型自動運転バスの実装につなげていく。空港内の車両の自動運転化の計画は、今後着々と進んでいく。

第3部

事例-5

京都高度技術研究所、ヴァイオス

［新たな循環システムへの実証］

超小型バイオガスプラントで脱炭素型地域循環モデルを実現

京北地域生ごみバイオガス化実証事業

京都市の北部に広がる京北地域の山国地区では、家庭系生ごみ等を生分解性生ごみ袋で回収し、超小型バイオガスプラントでメタン発酵処理をし、生成された消化液を農業用肥料などに活用するという、新たな循環システムの社会実装に向けた実証事業に取り組んでいる。京北バイオガス化施設は着実に成果をあげつつ、AIによる自動化なども視野に実用化をめざして取り組みを進めている。

京都府京都市

京都市が抱える生ごみの課題

京都駅から北西に車で走ること約40分、桂川の源流域に広がる広大な緑溢れる森林地帯が京北地域である。この地域は平安京遷都以来、1869年（明治２年）まで山国地区を中心とした桂川流域が禁裏御料地とされ、御所造営に関わる木材の供給地だった。つまり、1,300年の京の都の歴史とともに歩んできた地とも言えるのだ。昨今、林業低迷等もあり、少子高齢化、人口減少が進むが、廃校を利用して、テレワークと様々なアクティビティができる「京都里山SDGsラボ（ことす）」ができるなど、新たな都市と里山との関係性構築に向けた取組も活発だ。

図表3-4●京北地域の６つの地区

京北地域は周山、弓削、山国、黒田、宇津、細野という６つの地区で構成されている。京北地域の中心部は周山地区にあるが、京都中心部と京北を結ぶ玄関口のトンネルがあるのは細野地区。同地域の主な産業である林業や農業などの中心地として発展してきたのは弓削地区。黒田地区は桂川の現流域で森林に恵まれ、宇津地区は京北でも温暖な気候で知られバーベキューやキャンプなどで家族連れなどが訪れるスポットとなっている。そして禁裏御料地として皇室と縁の深いのが山国地区だ。

京都市では21年３月に「京（みやこ）・資源めぐるプラン」という京都市循環型社会推進基本計画を策定し、持続可能な脱炭素社会・循環型社会の実現に向けた取り組みを行っている。同プラン策定の背景にはSDGs（持続可能な開発目標）、パリ協定（第21回気候変動枠組条約締約国会議で採択された2020年以降の温室効果ガス排出削減等のための新たな国際枠組み）の合意など、世界全体が持続可能な社会、脱炭素社会の実現に向けて動いていることがある。このような動きを受け、日本では18年に「第４次循環型社会推進基本計画」、19年に「プラスチック資源循環戦略」を策定するとともに、「食品ロスの削減の推進に関する法律」を施行。21年には国として「2050年温室効果ガス排出量実質ゼロ」をめざすことを表明した。

この大きな流れのなかで、多くの自治体同様、京都市でもごみ処理が課題となっていた。同市のごみ処理量は00年度に82万トンのピークを迎えたが、市民や事業者の協力などにより20年には約39万トンと半減を達成した。だが、同市唯一の最終処分場（埋め立て処分地）をできるだけ長く活用していくためには、更なるごみの削減が必要だった。

京・資源めぐるプランでは、燃やすごみの約４割を占める生ごみの減量に向け、生ごみの発生抑制だけではなく、「食品廃棄物や木質ごみ等のバイオマスのリサイクルの促進」「バイオガス化を核とした分散型地域循環のモデルの検討」「大学等と連携した事業者のイノベーションの促進」といった取り組みを掲げている。そして、資源循環を進めるとともに、市街地と里山の連携により、地域資源を最大限活用しながら地域間でつながる「地域循環共生圏」の構築につなげていくことをめざしている。

これを具現化するため、22年度より民間事業者・関係団体が京都市の京北地域をフィールドに生ごみバイオガス化実証事業（以下、京北バイオガス化実証事業）に取り組んでいる。

2つの委託業務が連携、役割を分担し実証事業に挑む

この実証事業について、京都高度技術研究所（ASTEM）未来プロジェクト推進室資源循環研究企画担当部長の長田守弘氏は、環境省からの2つの委託業務を連携・活用して実施していると語る。

その1つはASTEMが22年度に受託した「脱炭素型循環経済システム構築促進事業」で、その中のプラスチック等資源循環システム構築実証事業だ。具体的にはPHA（ポリヒドロキシアルカノエート：植物油などを原料とし、発酵プロセスによって生成される素材）系バイオプラスチックのライフサイクル実証と用途展開システム解析事業を実施する。

もう1つが、「びっくりエコ研究所」が21年度に受託した「脱炭素化・先導的廃棄物処理システム実証事業（生ごみバイオガス化施設のオンサイト利用による脱炭素型農業を核とした里山・都市循環）」だ。ASTEMは次世代の京都経済を担う企業の成長・発展を支援する公的な産業支援機関であり、びっくりエコ研究所はSDGsの達成をめざし、環境問題全般の解決に資する事業を行うとともに、持続可能な社会の実現へ寄与することを目的とした組織である。

●長田守弘氏
ASTEM 未来プロジェクト推進室資源循環研究企画担当部長

ASTEMの委託業務「脱炭素型循環経済システム構築促進事業」は、19年から進めてきた事業であり、今回の京北バイオガス化実証事業は「その延長事業という位置づけ」と長田氏は語る。最初の3年間で同事業がカネカ社と共に取り組んだのが、生分解性プラスチック（PHBH）を製造すること。「当初カネカではパーム油でPHBHを製造していましたが、それを廃食用油で製造するというプロジェクトでした」（長

田氏）

３年にわたる実証事業（第１期）では、最終的に山国地区でPHBHのごみ袋を使って生ごみを回収し、200リットルぐらいの小規模なバイオガス化施設で分解するまでの試験を行った。「第１期の実証事業では生ごみと生ごみ袋を一括したまま処理できるところまでを確認しました」（長田氏）

だが生ごみと生ごみ袋を一括してバイオガス化施設で処理し、副産物として生まれた消化液を農業利用し、さらにそれによって生産された農作物をブランド野菜として市街地で販売するという循環型社会を実現するためには、同じ場所にバイオガス化施設を設置する必要がある。「これを実現するために、22年度からこの事業が始まりました」（長田氏）

こうして始まった京北バイオガス化実証事業の実施主体は、大きく３つの組織が関わっている。１つはASTEM。ASTEMが担当するのはバイオガス化設備の導入と運転管理、生ごみの回収・運搬、消化液の提供など、「ハード関係の開発と実証」。

次のびっくりエコ研究所は消化液の農業利用とブランド農業化による地域と市街地を結ぶ地域活性化、住民参加による資源循環の機運醸成というように主に組織や人とのネットワークを結ぶことを担当する。例えばホテルやコンビニエンスストア（以下、コンビニ）に同事業に関心をもってもらえるよう、話を持ちかけることも行っている。

そしてこの実証事業を背後からサポートし、家庭から分別回収した生ごみの収集運搬を担当するなど、総合的に推進するのが京都市である。

京北地域にバイオガス化施設を設置した理由

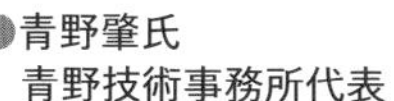
●青野肇氏
青野技術事務所代表

この実証事業をなぜ京北地域で実施することになったのか。実は京都市は市内に大規模なバイオガス化施設を持っている。京都市伏見区にある京都南部クリーンセンターである。このバイオガス化施設は、１日60トン（30トン×２系統）の処理が可能。ここには、250トンの焼却炉が２基あり、「京都で一番大きなごみ処理の複合施設」という。だがこれはあくまでも大都市型の施設であるため、今回の実証では「分散型の小型の施設をどこかに作りたいと考えていた」と長田氏は話す。その候補地として浮かんできたのが、京北地域だった。

第１期の実証事業の３年目に、山国地区の20～30世帯の住民が生ごみ回収に協力してくれたことも大きな理由だ。実は山国地区には、2010年度より京都市が実施していたコミュニティ単位での生ごみの堆肥化事業に参画していた経緯がある。「生ごみの堆肥化事業を市がやめてしまったので、山国地区の人たちは少し不満に思われていたという背景もありました」と、第１期事業から関わってきた青野技術事務所代表の青野肇氏は語る。バイオガス化するには、ごみの分類が重要になる。「山国地区の人たちは分別に慣れていることが大きかった」と長田氏も続ける。

京北地域を選んだ理由になったのが、京都市から車で40分の山間地域であること。びっくりエコ研究所がめざす、脱炭素型農業を核とした里山・都市循環にもマッチした場所だからだ。

京北地域の中でどこにバイオガス化施設を設置するか。提案されたのが京北運動公園北側（テニスコートのさらに奥）の、かつてキャンプ場として活用されていた場所である。敷地の総面積は約3000平方メートル（1000坪弱）。そのうちの約344平方メートル（テニスコート約1.3面分）を使用し、バイオガス化施設を設置している。

超小型・コンテナ収納型バイオガスプラントの特徴

バイオガス化施設として採用されたのが、ビオストックとヴァイオスが共同開発した超小型・コンテナ収納型メタン発酵処理施設（以下、超小型バイオガスプラント）である。ビオストックは2020年にNTT東日本が資源循環事業を展開するために設立したベンチャー。一方の、ヴァイオス（和歌山県和歌山市）は自社でバイオガスプラントを保有するだけではなく、大手プラントメーカーの下請けとしてバイオガスプラントの設計・保守事業のほか、メーカーとして超小型バイオガスプラントを自社開発し、設計・供給・施工・保守までを一気通貫で提供する事業者である。

●おまかせバイオガスプラント

同プラントの最大の特徴は、圧倒的なコンパクトさ。海上輸送などに使われる汎用的な20フィートコンテナにメタン発酵バイオガスシステムに必要な要素がすべて納められているのだ。「可搬性にすぐれ、簡単に設置ができる」とビオストック取締役事業開発部長の井上翔吾氏（肩書きは取材当時）は話す。クレーンなどを用いた納品・据付後、電気接続・コンテナ間の配管接続、試運転・ポンプ・タイマーなどの制御設定が２日間で可能だという。

またもう1つの特徴は、無人運転を可能とする自動制御・遠隔監視の仕組みが搭載されていることだ。それがNTTグループのノウハウを活用したIoTによる遠隔監視サービス「おまかせバイオガスプラント」というクラウドサービスである。おまかせバイオガスプラントでは、槽内の温度やpH（水素イオン指数）などを測定し、バイオガスプラントが正常に運転しているかどうか、リアルタイムでPCやタブレット、スマホなどから閲覧できる。現地には専用の通信機器を設置するだけで導入が可能である。

●村岡英樹氏
ヴァイオス常務取締役

ヴァイオスの常務取締役村岡英樹氏は、こういう。「これまでバイオガスプラントの設置や運転は、機器が複雑なので高いスキルが必要でした。私たちが提供する超小型バイオガスプラントはモジュール型なので、洗濯機や電子レンジ、冷蔵庫のような工業製品として現地に送り出すことができ、現地の設置も容易です。またおまかせバイオガスプラントにより、作業責任者の工数削減はもちろん、働き方改革も実現できます」

バイオガスプラントは食品残さ（渣）などの有機廃棄物処理方法として、さらなる拡大が期待されているが、普及拡大に当たっては、イニシャルコストが高い、1日数十トンの原料が必要など、課題があった。だが、ビオストックとヴァイオスが連携して開発した超小型バイオガスプラントは、これまでのバイオガスプラントが抱えていた課題を解決することができるのだ。

NTTe-City Labo内にも22年2月に超小型バイオガスプラントを導入し、社員食堂の食品残さ、近くの小学校の給食の残さがバイオガスプラントで処理されている。バイオガスを活用して発電した電力は非常用蓄電池への充電に活用している。また、消化液はセンター内の樹木や近隣圃場での作物の生育に活用するほか、近隣住民への配布も行っている。「RE100（「Renewable Energy 100%」：事業活動で消費するエネルギーを100％再生可能エネルギーで調達することを目標とする国際的イニシアチブ）に参加している企業を中心に導入が進んでいる」（村岡氏）という。

超小型バイオガスプラントの仕組み

超小型バイオガスプラントの具体的な仕組みは次のようになる。まず収集された生分解性袋に入った生ごみの中に異物がないかをチェックし、破砕機でごみ袋ごと破砕する。それを調整

図表3-5●バイオガス化試験設備の処理フロー

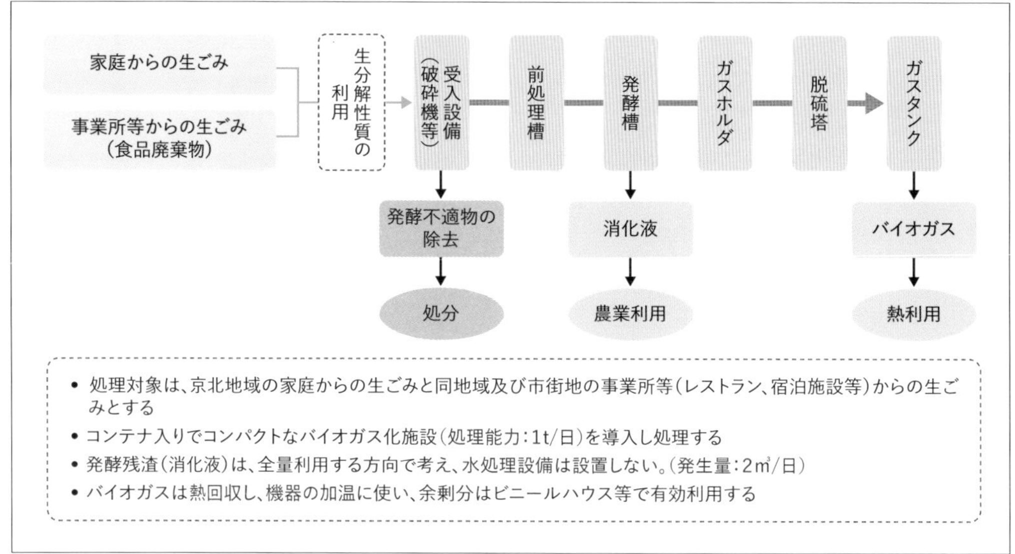

槽にいれ、溜まったら発酵槽に送り込む。発酵槽では嫌気性発酵を行い、生成されたバイオガスはガスホルダに蓄積する。また発酵の副産物である消化液は消化液貯留槽に蓄積し、液肥として農業利用や家庭菜園などへの利用を予定している。

京北バイオガス化施設では、生成されたバイオガスは発電ではなく、圧力調整して給湯器に利用している。そしてその温水は発酵槽を加温するために活用。発電への利用を考えなかったのは、京北バイオガス化施設の処理能力（0.5トン×２機）が大きく影響している。「１トンではプラントの電力を自給するには少なすぎるため」と村岡氏は説明する。２トンになると電力自給は可能になるが、それだけの生ごみを収集するのが難しい。そこで今回の実証施設では、発電機の導入は検討されなかったという。

一方の液肥はある程度溜まった段階で液肥タンクに詰め替え、無料配布している。現在、１トンの生ごみから1.8立方メートルの液肥が生成され、「今はまだ利用者が少なく、溜めている方が多い」と村岡氏は話す。

京北バイオガス化施設にはさらにユニークな特徴がある。それは水もリサイクルされており、無排水なこと。「洗浄水も排水することなく、浄化槽にて浄化処理のうえで循環利用し、また雨水も利用するなどして、水道代を抑えています」（村岡氏）

事業化への課題にも取り組む

京北バイオガス化施設が稼働して５カ月を経過したが、「投入する生ごみ量に変動があるにも関わらず、特にトラブルらしいトラブルもなく、非常に安定した運転が継続しています。１ト

図表3-6●設備の配置と環境対策

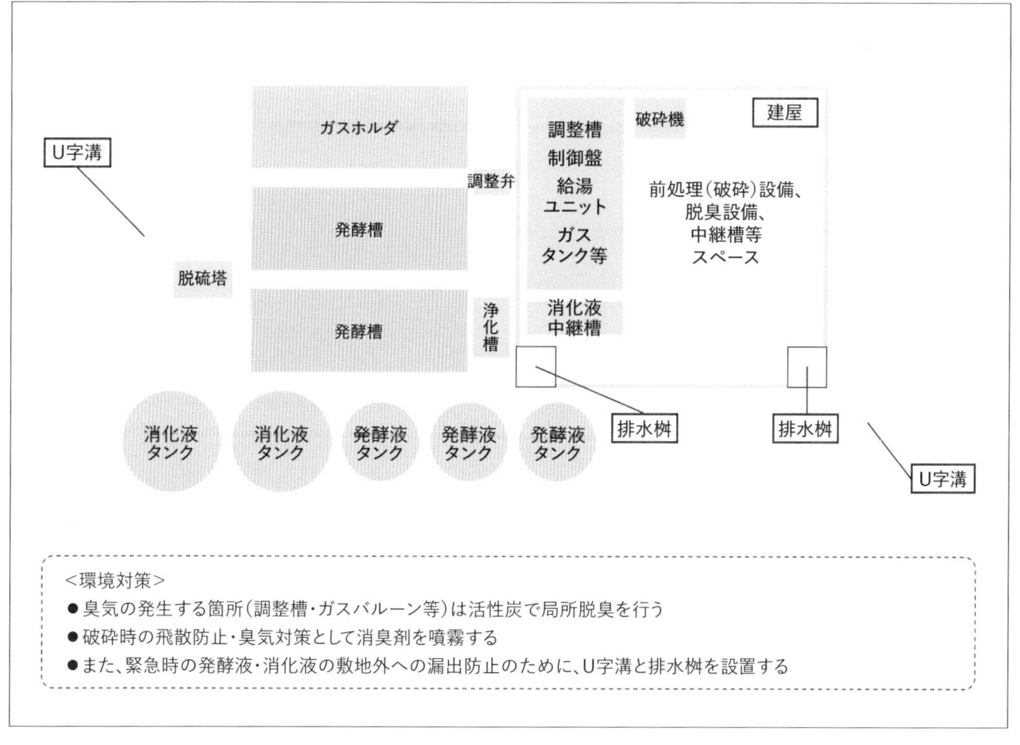

ンのバイオガス化施設が成立したことが一番の成果」と青野氏は誇らしげに語る。青野氏の経験上、初期の段階から連続運転が問題なく行われる事例はこれまでなかったからだ。

課題はある。その１つが住民の理解を得て、協力をどう広げていけるかである。「生ごみの分別に協力してくれる住民が少ないこと」（長田氏）もその１つだ。現在、協力してくれるのは約50世帯。それを100世帯、200世帯と増やしていくのはかなりの努力が必要になる。地元にはバイオガス化施設を設置する時から、何度も説明会を開催しており、「多くの方には理解していただいている」（長田氏）という。また現地見学にも来てもらったりすることで、「生ごみの分別がいかに大事か」が浸透しつつあるが、一人でも反対する人がいると、進めるのは難しくなるという。

また回収場所にも課題があるという。回収場所は京北地域で７箇所ほど用意。そこに生分解性の生ごみ袋に生ごみを分別し、排出してもらう。だがその拠点から自宅まで遠い人は、生ごみを分別しても、自宅の庭などで処理してしまうケースが多いという。「もう少し、きめ細かく回収できるようにしないと、協力世帯を増やすのは難しい」と青野氏は話す。

処理費の収入確保には事業系生ごみの回収先を増やすことが欠かせない。これについては、びっくりエコ研究所がホテルやコンビニに話をもちかけるなど、回収先を増やすよう営業活動に積極的に取り組んでいる。まだ回収先が少ないため、実証事業中の現在は長岡京市でエコの森京都という食品廃棄物を飼料にリサイクルするシステムを持つ安田産業社に協力してもらい、事業系の生ごみを一部、搬入してもらっているという。

さらなる安全・効率的運転をめざしビッグデータ・AI活用も検討

システム面においても課題がある。現在の遠隔監視の仕組みでは、発酵槽の中の状態を測定し、設定した閾値に収まっているかどうかなどを見える化している。今後はさらに人手がかからないよう、さらなる改良を考えているという。その１つがAIやビッグデータの活用である。現在、京北バイオガス化施設とNTTe-City Labo内に設置したバイオガス化施設では、おまかせバイオガスプラントが導入されており、取得したデータはクラウド側で管理している。それらのクラウドに蓄積されたデータを機械学習させ、さらにはAIで制御していくようなこともビオストックとヴァイオスでは検討しているのだという。

「まだクラウドにデータ提供している施設は２カ所なので、ビッグデータとして活用するのは難しいですが、今後、おまかせバイオガスプラントを採用したプラントが増えていけば、AIを用いたビッグデータ解析が可能になります。そうするとブラックボックスだったメタン発酵のメカニズムの解明ができるかもしれません。長年の知見に頼ることなく、より効率的なプラント運転が可能になる可能性があります」（村岡氏）

●生ごみの回収場所

メタン発酵は昔からある技術だが、数式通りにはいかない技術だという。例えば一口に「メタン菌」と言われているが、メタン菌という単独の菌がいるわけではなく、数種類のメタン菌群の集まりの菌叢（きんそう）を総称してメタン菌と呼んでいる。この菌叢は施設によって異なり、ヴァイオスではその菌叢までを解析し、施設運営にフィードバックしながらメンテナンスの中で最適の菌叢群の状態を探求している。京北バイオガス化施設では、PHBHの袋を用いてるため、油を食べるメタン菌が見られるなど、他の生ごみ処理施設とは異なるという。「こういう新たな発見ができるのも、今回の実証事業の成果ですね」（村岡氏）

京北バイオガス化実証事業は2024年２月で終了となる。確かに今回の事業では、前回の実証事業で作成したPHBHの袋で回収した生ごみを、バイ

●京北バイオガス化実証事業チーム
左から長田 守弘氏（ASTEM）、青野 肇 氏（青野技術事務所）、村岡 英樹 氏（ヴァイオス）、井上 翔吾 氏（ビオストック）

オガス化施設で処理するところまでは完了した。だが、本来の目的はバイオガス化施設で作成された液肥を農家に利用してもらい、さらには液肥を使って栽培された農作物が市街地で消費され、その食品廃棄物がまたバイオガス施設に戻ってくるというループを完成させていくこと。そして最終ゴールは、そのループを京都モデルとして全国に発信し、普及させていくことだ。

この後半のループを残された期間でどう完成させていくか。京北バイオガス化実証事業チームの挑戦はこれからも続く。

第3部

事例-6

北海道湧別町

［eスポーツによる地域活性化］

eスポーツで若者育成と魅力あるまちづくりに取り組む

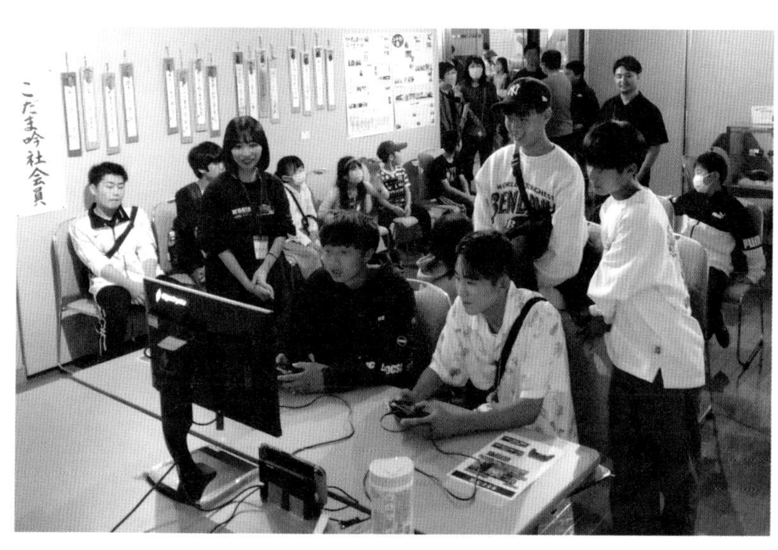

eスポーツで世代・障がい・性別を問わず交流できる町民コミュニティを強化

「オホーツク海とサロマ湖を望むチューリップのまち」北海道湧別町。タマネギの有名な産地で、酪農、ホタテや牡蠣などの漁業でも知られる町である。200品種70万本ものチューリップが咲き誇る、かみゆうべつチューリップ公園にはシーズンになると多くの観光客が訪れる。安定した産業もあり美しい町だが、ここでも人口減少の波を抑えることが課題となっている。湧別町では、年齢・障がい・性別にかかわらず誰もがともに交流できるeスポーツを活用した『町民コミュニティ強化』による、若年層の地元定着およびさらなる町の魅力を向上させていく取り組みが始まっている。

北海道湧別町

オホーツク海に面した自然溢れる豊かな町

北海道の北東部、オホーツク海沿岸部のほぼ中央に位置する湧別町。町東部には日本最大の汽水湖、網走国定公園サロマ湖が広がる。

湧別川の川沿いに肥沃な大地が広がる湧別町では、畑作や酪農などが盛んに行われている。畑ではタマネギをはじめ、かぼちゃ、じゃがいも、小麦などを栽培。また酪農では２万頭もの乳牛が飼育されており、良質な牛乳を産出している。

漁業も盛んで、ホタテについてはオホーツク海での地撒き式やサロマ湖では垂下式による養殖が行われ、年間３万トンのホタテを生産している。湧別町は農業において約270億円、漁業において約100億円の生産額があり、第一次産業を基幹とする経済的に安定した町だ。

また湧別町はチューリップの町としても有名で、「かみゆうべつチューリップ公園」には200品種70万本のチューリップが植えられており、５月前半から６月前半の約１カ月間、色とりどりのチューリップが楽しめるため、多くの来園者を集めている。かつては輸出していたチューリップの栽培技術を残す町民の取り組みがその始まりで、1988年公園として整備され、大きな観光資源になっている。

eスポーツを活用した魅力あるまちづくり

安定した基幹産業があり、自然の魅力に溢れる美しい町だが、１つ大きな課題がある。日本

かみゆうべつチューリップ公園

全体の課題ともいえるが、少子高齢化による人口減少である。現在の湧別町の人口は約8000人、平成の自治体合併で現在の町制になった14年前は人口は約1万600人だったので、14年間で約2000人減少している。

●刈田 智之 氏
湧別町長

湧別町の刈田智之町長は、「町としても数々の対策を行ってきました。それでも増えない、地元から若年層、特に女性が流出してしまうためです」と述べる。「湧別町の産業、例えばホタテ操業船の乗組員になると、18歳でも500万円程度の年収になります。そのため男性は地元で就職する率が高いのですが、女性が出てしまうのでどうしても生まれる子どもの数が減ってしまいます」という。

若年層の道央圏や他の地域への流出をどう防ぐのか。湧別町として、改めて取り組み始めたのが、中学・高校など学校教育の充実と魅力あるまちづくりだ。そして、その１つに若者に人気のあるeスポーツの積極的な活用を位置づけたのだ。

eスポーツは年齢、性別に関係なく、また身体的な制約があっても楽しめ、時間、場所も問われない。日本では、近年、プロリーグはもちろん、全国高校eスポーツ選手権などの学生大会や地方自治体が主催する全国大会も増えており、2024年には日本のeスポーツファン人口は約1400万人以上になるといわれている。ダイバーシティ＆インクルージョンのニューノーマルスポーツとして期待されている。

eスポーツ活用へ３つのステップ

eスポーツ推進の大きな転機となったのが、2022年秋、NTTe-City Loboを見学し、eスポーツ専業のNTTe-Sportsを訪れたこと。ここで、eスポーツの活用とその可能性について掴むことができたという。

これにはあるきっかけがあった。湧別町は、町内で発生する家畜ふん尿を原料として国内最大規模の発電プラントを運営する「オホーツク湧別バイオガス」に出資し、循環型経済の確立に取り組んでいる。その共同出資会社であるビオストック（NTT東日本の連結子会社）の社長である熊谷智孝氏に話したところ、「NTT東日本はeスポーツにも取り組んでおり、NTTe-Sportsという子会社もある」と紹介されたのだ。

湧別町はもともと『人と自然が輝くオホーツクのまち ～ともに考え、ともに行動し、みんなでつくる協働のまちづくり』のビジョンを掲げており、刈田町長は「その実現に向けて町民の皆様がeスポーツを活用してまちづくりに参画し、ともに町の魅力向上に関わる活動につなげ

図表3-7●中長期的なロードマップ

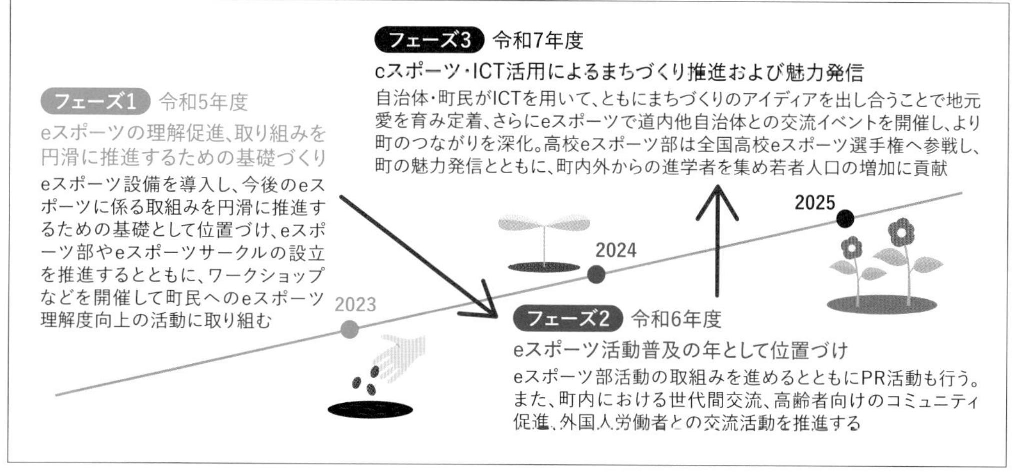

ていくことをめざす」ことにしたという。

湧別町ではeスポーツの教育や高齢者福祉、町民交流への活用を計画し、それを実現するために3つのフェーズに分けたロードマップを作成した。

まずフェーズ1（令和5年度）では、eスポーツの理解促進、取り組みを円滑に推進するための基礎作りを行う。フェーズ2（令和6年度）はeスポーツ活動普及の年として位置づけ、eスポーツをトリガーに町内における世代間交流、高齢者向けのコミュニティの促進、外国人労働者との交流活動を推進する。そしてフェーズ3（令和7年度）はeスポーツによる交流イベントを開催するなど、eスポーツ・ICT活用によるまちづくり推進および魅力発信に取り組む。自治体、町民がICTを用いてともにまちづくりのアイデアを出し合うことで地元愛を育み、eスポーツを通じて町の魅力を発信するとともに、町内外からの進学者を集め若者人口の増加を狙うというものだ。

eスポーツ部を設置し、湧別高校の魅力向上につなげる

フェーズ1での取り組みの1つが湧別町唯一の高校、湧別高等学校（以下、湧別高校）へのeスポーツ部の創設である。湧別高校の創立は1953年。現在は道立だが、「地域の子どもたちは地域で教育するという理念のもとに、当時の上湧別村と下湧別村の双方が組合を作り、組合立の高校として設置した」という。当初は1学年4クラスで始まった湧別高校だが、平成に入ると少子化が進み、3クラス、2クラスとクラス数は徐々に減少。そこで減少が始まった十数年前から町は、湧別高校の魅力を高める取り組みを行ってきた。

2005年度より湧別中学校、上湧別中学校など北海道で初めての複数の自治体における「連携型中高一貫教育」を導入。2018年度から3カ年計画で、OECD（経済協力開発機構）イノベー

ション教育ネットワークにおける実践校、2019年度には文部科学省の「地域との協働による高等学校教育改革推進事業（地域魅力化型）」へ参加し地域協働推進校（アソシエイト）に認定されるなど、魅力を高める取り組みを行ってきた。

だが、2018年より2クラスを確保できない年度が増えた。2023年4月の入学者も2クラスの最低人数である41人に満たず、2023年度は全学年が1クラスとなってしまった。このまま生徒数の減少が続くと、学校の維持が難しくなる。そこで町は生徒たちとも話し合いを続けてきた。刈田町長は町長に就任以前の副町長、教育長の時代から、生徒の話し合いに参加してきた。生徒たちからは「魅力的な部活動があることも高校選択の要因になる」という声が聞かれたという。とはいえ、人数の少ない湧別高校にそれなりの部員数が必要となる野球部などを新たに作るのは難しい。2022年、生徒会の話し合いの中で、生徒たちから「e スポーツはどうか」という提案があった。

eスポーツは10代にとってゲームは身近なものであることに加え、部員数が少なくても活動がしやすいこと。eスポーツのタイトル（ゲーム）は一人でできるものもあるが、チーム戦で行うものも多い。チーム戦といっても、人数は最も少ないものだと2人、多いものでも5人が一般的。つまり2人以上部員を集めれば、大会に参加できる。生徒たちからは「部活として、ぜひ、やってみたい」という反応が返ってきた。

NTTe-Sports が e スポーツの環境整備や部活動を支援

eスポーツ部として活動をするには、高性能なPCや周辺機器など環境整備が必要になる。だが、そのような環境を学校内に設置してしまうと、生徒以外、触れる機会がないため、eスポーツを町全体に普及していくことが難しくなる。そこで、中湧別駅の跡地に建つ「文化センターTOM」内に部室を設置することにした。文化センターTOMは音楽や演劇など多目的に使用できる大ホール（752席）のほか、漫画美術館や図書館も設置されており、町民のふれ合いの場ともいえる場所だからだ。

●オンラインでプロのコーチから指導を受けている

高性能PCはサードウェーブから「企業版ふるさと

納税として寄付していただいた」という。実際の環境整備については、NTTe-Sportsがサポート。「せっかく部活動をするなら、日本のトップレベルの人たちに教えてもらうのが良いのでは」という希望により、NTTe-Sportsがコーチを用意。１カ月に１回オンラインで指導を行った。

その成果を試すため、湧別高校eスポーツ部は、11月２日～４日に開催された「U19eスポーツ選手権2023」リーグ・オブ・レジェンド（LOL）部門のオンライン予選大会に参加。部員４人と助っ人一人の５人で編成した湧別高校eスポーツ部は、惜しくも２回戦で敗退。ちなみに、部発足に掲げた目標は１回戦突破。確実にプレイの腕を磨き、部としての存在感を高めている。

屯田七夕まつりでｅスポーツのブースを設置、町民に普及

またフェーズ１でのもう１つの取り組みとしては、2023年８月６日に開催された「屯田七夕まつり」でeスポーツの体験会を実施したことだ。体験会の場所は湧別高校eスポーツ部が部室として活用している文化センターTOM。子どもからお年寄りまで楽しめるSEGAの「ぷよぷよeスポーツ」を用意したところ、体験会会場への来場者数は637人、そのうち192人がプレイした。中には高校生に勝ってしまう小学生がいたという。

●eスポーツ体験会のポスター

体験会について町民にアンケートをとったところ、「楽しかった」「もっといろいろなゲームやイベントに参加したい」「eスポーツを知るきっかけになってよかった」「社会人のeスポーツ活動も紹介してくれると嬉しい」など、好評な意見が聞かれるなど満足度も高く、今後のイベント方向性についても初心者でも気軽に参加できるイベントや家族で楽しめるイベントを希望している人が多かった。

また屯田七夕まつりには、eスポーツ部も参加し、部活動の紹介とeスポーツの魅力を発信した。来場者の中には、「湧別高校のeスポーツ部に入りたい」という中学生もいたという。

eスポーツの町民への普及は、これだけでは終わらない。小中学生向けのプログラミング講座を実施したり、町民の方向けにeスポーツのワークショップの開催も計画している。

さらなる魅力あるまちづくりに向けた取り組み

こうしたeスポーツ活用に加えて、さらなる施策を考えている。

第一の施策は湧別高校の魅力をさらに高めること。新たな部活動の設置もその１つである。

また、湧別高校eスポーツ部を契機に国際交流の発展にも力を入れている。湧別町はカナダのホワイトコート町やニュージーランドのセルウィン町と提携し、町内の中高生を中心とした友好都市間の相互交流事業を通じて国際交流を育んできており、2023年も中高生９人が11月に10日間ニュージーランドを訪問している。この交流のさらなる活性化の１つとして「eスポーツ交流イベント」の開催が検討され、セルウィン町のダーフィールドハイスクールとイベントの企画を始めることとなった。湧別高校eスポーツ部の取り組みと連携しながら、言語や文化の壁を超えた新たな姉妹都市交流の創出に向けて取り組みを進めていく計画だ。

また湧別高校では全国募集の実施も開始した。島根県立隠岐島前高等学校（以下、隠岐島前高校）では魅力ある高校にするため、生徒を日本全国から募集する島留学を実施し、成果を上げている。湧別町でも隠岐島前高校の全国募集を立ち上げた有識者にアドバイスをもらい、全国募集に踏み切ることにした。とはいえ、町および湧別高校に魅力がなければ、全国募集をしても生徒は集まらない。だからこそ、eスポーツによる魅力向上が欠かせないのだ。

全国から生徒を募集することに加え、町の子どもたちが湧別町で学び続けられる環境の整備も行っている。それが「義務教育学校」の推進による、魅力的な教育環境の整備である。義務教育学校とは、一人の校長の下、小・中学校を通して１つの組織になっている９年制の学校である。小中一貫校との違いは、組織が１つなので、中学校の先生が小学生を教えることができるようになる。湧別町のような複式学級のある小規模校の地域では、義務教育学校として整備していくことはメリットが大きい。しかも湧別町では中高連携を推進している。義務教育学校が整備されることで、小中高まで一貫して湧別で学ぶことが当たり前になれば、若者の流出を防ぐことにもつながる。

大学との連携も「進めている」と刈田町長。例えば北海道大学大学院教育学研究院との連携事業の企画もその１つ。小樽商科大学とは、町内にサテライトキャンパスの開校に向けた連携ができないか検討を行っているという。

第二の施策は、ICT活用による主要産業のDX化の推進である。ホタテ貝の殻むき作業へのロボットの導入はその代表例だ。ホタテ貝からの貝柱取り外し作業はこれまで熟練作業員によって行われてきた。単純ながら重労働であるため、高齢化が進む湧別町では労働力の確保が困難になりつつあった。この問題を解決するため、湧別町はホタテ貝の選別・供給システムとホタテ貝自動生剥き機「オートシェラー」を導入。当初は経済産業省のロボット実証事業として実施した事業だという。性能も向上しており、「当初より殻に残る貝柱の量が減り、歩留まりが良くなってきた」と刈田町長は語る。

第三の施策は、再生可能エネルギーを利用した発電施設の普及推進である。湧別町では酪農家数は減少傾向ではあるものの、平成23年から新規就農者が７件入っている。また経営の大規模化が進んでおり、酪農家一軒あたりの飼育頭数も増えている。そのため、糞尿処理の負担の増加、さらに堆肥として使う際の臭気などが大きな課題となってきた。この課題を解決するた

●eスポーツ体験会の様子

めに、先ほど述べたように湧別町はバイオガスプラントの設置を推進。2020年には湧別町農協、えんゆう農協、湧別漁協、ビオストック、バイオマスリサーチとバイオガス推進事業に関する協定を締結し、オホーツク湧別バイオガスを設立。年間約８万トンの家畜糞尿を原料とする最大規模の発電プラントを建設し、2025年の稼働を予定している。

第四の施策は廃校予定の小学校を活用し、複合施設を構築していくことだ。「eスポーツをさらに町民に普及させていくためにも、eスポーツスタジオの整備はもちろん、ワーケーションセンターとしても活用できるようにしていきたい」と刈田町長は意気込みを語る。廃校になるとはいえ、GIGAスクール構想により小学校には非常に高速なLANとWi-Fiも敷設されているからだ。

湧別高校eスポーツ部の設置をトリガーに、魅力あるまちづくりに取り組む湧別町。全国から集まった湧別高校の生徒たち、ワーケーションで湧別を訪れ、その魅力に触れた人たちがどんな知恵を出し、どうまちづくりに貢献していくのか。「人と自然が輝くオホーツクのまち」の実現をめざした活動はさらに進んでいく。

第3部

事例-7

岩松院、北斎館、長野電鉄、アルステクネ NTT東日本、NTT ArtTechnology

［文化財のデジタル化による地域活性化］

北斎の「鳳凰図」をデジタル化 小布施町の新たな羽ばたき

写真提供：岩松院

写真提供：岩松院

「鳳凰図」デジタル化によるまちおこし

江戸時代、北信濃の交通の要衝として栄えた長野県小布施町。絵師、葛飾北斎（以下、北斎）が晩年訪れ、創作活動を行っていた町である。その作品の一つが岩松院の本堂天井に描かれた肉筆画の「鳳凰図」（通称：八方睨み鳳凰図）である。近年この絵は株式会社NTT ArtTechnology（以下、NTT ArtTechnology）と株式会社アルステクネ（以下、アルステクネ）により高精細にデジタル化され、それらを活用して地域活性化につなげる様々な取り組みが行われている。古くからの町並みが保存・整備され、栗の産地としても有名な「栗と北斎と花のまち」小布施町には多くの人々が訪れており、さらに「文化のまち」としても広がろうとしている。

長野県小布施町

「栗と北斎と花のまち」小布施

図表3-8●小布施町

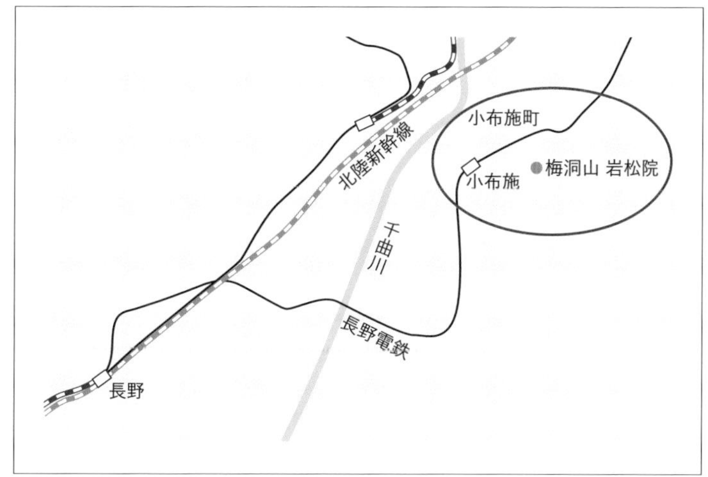

長野県上高井郡小布施町は長野県東北部（北信エリア）にある人口約1.1万人の、長野県で最も面積が小さな町である（19.12平方キロメートル）。町役場を中心に半径2キロメートルの円内に、ほとんどの集落が入る、まさに「スニーカーサイズ」の町と言えよう。

小布施というと、有名なのが「栗」。小布施が栗の町と言われる由縁の一つとなったのが、江戸時代、松代藩が毎年秋に将軍に献上していたという記録が残されていることである。小布施の栗は大粒で質も良かったからだ。

小布施と北斎の関係については、北斎ファンには知られているが、北斎は晩年に小布施を訪れ、当時の豪農商、高井鴻山（以下、鴻山）の支援を受け様々な傑作を残したという歴史がある。それらの傑作を後世に伝えるため、1976年に鴻山の子孫であり当時の町長であった市村郁夫氏が「北斎館」を開館させた。2019年には来館者数900万人を超えるなど、人気のスポットとなっている。この北斎館を中心に落ち着いた町並みが広がる。

そして「花」。小布施町では1980年代から「町並修景事業」を積極的に行ってきた。この事業を牽引してきたのが、市村郁夫氏の息子である北斎館理事長・小布施堂代表取締役の市村次夫氏と、甥の前町長、故・市村良三氏である。町並修景事業が進むにつれ、住民たちは景観を意識し、自主的に花による町づくりを展開した。その一つが「おぶせオープンガーデン」という個人の庭などを一般の人に公開する活動だ。小布施にはかねてから「外はみんなのもの」という意識が根付いており、手入れした庭を観光客にも見てもらう文化が広まった。現在、多くの家庭がオープンガーデンに参加し、観光客の目

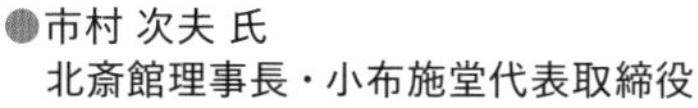
●市村 次夫 氏
北斎館理事長・小布施堂代表取締役

第3部

を楽しませている（現在100軒以上登録されている）。

小布施と北斎の関係

●渡辺 正己 氏
岩松院 住職

北斎が鴻山の招きで小布施を初めて訪れたのは83歳の頃。北斎は計４回小布施を訪れたと言われている。北斎の画才に惚れ込んだ鴻山は、北斎のためにアトリエを建て、厚遇したという。そして絵画をたしなんでいた鴻山自身も北斎に入門した。鴻山の支援を得て、最晩年の北斎は小布施で創作活動を精力的に行った。

北斎といえば「冨嶽三十六景」などの浮世絵版画を思い浮かべる人が多いだろう。だが小布施に残された北斎の絵は、岩松院の天井に描かれた「鳳凰図」（通称：八方睨み鳳凰図）をはじめ、東町祭屋台天井絵「龍」「鳳凰」、上町祭屋台天井絵「男浪」「女浪」というように、肉筆画が中心となっている。北斎館には東町祭屋台天井絵、上町祭屋台天井絵をはじめとする北斎晩年の肉筆画の傑作が多く展示されている。

北斎館の設立のきっかけは、1966年にソ連（当時）のモスクワ市他で開催された「葛飾北斎展」に小布施の上町祭屋台天井絵「男浪」「女浪」をはじめとする多くの肉筆画を出展し、海外から注目を集めたことだ。「美術館兼収蔵庫を作って、きちんと保管をしていかなければならないと考え、北斎館を開設することとなった」と市村次夫氏は振り返る。

「景観について残すものは残し、新しく作るべきものは作る。この両者の関係にうまく折り合いを付け、調和を図り、全体で質の高い空間を作ることをコンセプトにまちづくりをしてきたのが小布施。新しい文化として、多くの観光客から支持されるのだと思います」（市村氏）。

岩松院に残された北斎最大の肉筆画「鳳凰図」

北斎が残した最大の肉筆画、岩松院本堂の「鳳凰図」は、北斎88歳から89歳にかけての作品と言われている。大きさは間口6.3メートル、奥行5.5メートル（畳21枚分）になる。現地を訪れるとわかるが、その大きさと色の鮮やかさには驚かされる。その大きさ故に、立ったまま天井を見上げるだけでは全体像がよく見えない。岩松院の渡辺正己住職は「子どもの頃は地元の人たちが本堂に寝転がって見ていた」と話す。

今でこそ北斎の絵として名高い「鳳凰図」だが、1974年に歴史哲学者であり美術史家でもある由良哲次博士が岩松院の調査を行い、「鳳凰図は北斎の作品である」と断定するまでは未知な部分が多く、「鴻山と北斎との合作ではという声もあった」と市村氏は話す。この点については現在でも諸説あるものの、最終的に全てを北斎一人で仕上げたのではないにしても、北斎が主要部分を描き、その他の部分も北斎の詳細な指示によって描かれたもの、というのが概ね一致した見解となっている。

「鳳凰図」をデジタル化するメリット

NTT ArtTechnologyがアルステクネと連携して行った、「鳳凰図」の高精細デジタル化の取り組みは、新しい文化を創造するチャレンジの一つと言える。地域の文化財をデジタル化し、様々な活用を行っている取り組みはまだそれほど多くはない。

デジタル化に至った理由の一つが、「鳳凰図」を現時点の状態で細密にデータとして記録・保存できること。岩松院の本堂は1812年に火災で焼失し、1831年に再建された際、鴻山が世話人を務め、天井絵の制作を北斎に依頼したと考えられる。そのため岩松院関係者の災害リスクに関する意識は高い。さらに絵画は経年により退色が進んでしまう。「万一本物が失われても、限りなく本物に近い状態のものをデータから復元できます」(アルステクネ代表取締役社長の久保田巖氏)。

デジタル化する二つ目の理由が、「鳳凰図」の研究が進んでこなかったこと。これは「鳳凰

●足場を組んでスキャニングをしている様子

写真提供：NTT ArtTechnology / アルステクネ

第3部

図」に限った話ではなく、文化財全般に言えることだ。「例えば美術館や博物館に展示されている文化財は、ガラス越しで、かつ、照明も満足に当てられない暗い中で、距離を置いて見ることしかできません。デジタルはそんな制限を取り払ってくれます」と久保田氏は語る。「鳳凰図」はガラス越しではないものの、調べるには絵に近づくことが必要になる。それには足場を組むしかないが、その度に本堂に足場を組むのも難しい。しかしデジタルなら、「描いた本人の本来の意図に近い状況を再現できます。どんな意図で、どんな手法を用いてその絵を描いたのか、その答えは100％オリジナルの中にあります。オリジナルの情報をきちんと分析することが、北斎をはじめ文化財の研究を進めることにもなると考えました」（久保田氏）。

●久保田 巖 氏
アルステクネ代表取締役 社長

三つ目の理由は無尽蔵に時空を超えて公開できることだ。「デジタルなら、一つ一つの絵の中に、こんなすごい世界が隠されているんだという深い情報まで公開できます」（久保田氏）。

久保田氏が最初に現地を調査したのは2019年５月。20年５月に株式会社Goolight（以下、Goolight）※の協力を得て詳細な調査を行い、21年３月には岩松院の本堂を閉じて足場を組み、

●「Digital×北斎」特別展「大鳳凰図転生物語」の様子

撮影：Goolight

※株式会社Goolight：須坂市、小布施町、高山村をサービスエリアとするCATV会社。「鳳凰図」デジタル化の記録撮影や244頁～245頁に記載されている施策の制作を行った。

天井絵を高解像度で3日間かけてスキャニングした。アルステクネが持つ特許技術「三次元質感画像処理技術（DTIP）」により再現された「鳳凰図」のマスターレプリカは、拡大鏡を使用して鑑賞してもプリンターで出力されたものとはわからないほどの高い再現性を実現している。

デジタル化する過程では新たな発見があった。例えば「鳳凰図」には反射する墨（油煙墨）を用いた技法が使われており、光があたると反射して銀色に輝く。さらに旧暦の降誕会（ごうたんえ）の日に本堂正面から夕日が入ると、光が床面に反射して天井の鳳凰を照らすように描かれていることが判明したという。これは調査に訪れた久保田氏自身の体験からわかったことだ。「19年5月に私が調査に訪れたのは偶然にも旧暦の降誕会の日だったのです。御本尊にお参りして、帰ろうと振り返ると床に反射した夕日の光で鳳凰が輝くように光っていることに気づいたのです。そこまで計算して北斎はこの鳳凰図を描いたんだと心底驚きました」（久保田氏）。

「Digital×北斎」特別展による小布施活性化への貢献

●国枝 学 氏
NTT ArtTechnology 代表取締役 社長

長期間にわたる作業の積み重ねを経て、2021年秋に「鳳凰図」の高精細デジタルデータ（1200dpi）が完成した。その後「鳳凰図」の素晴らしさやデジタル化の過程で発見したことをどのようにして多くの人に伝えるかについて、NTT ArtTechnology社長の国枝学氏と久保田社長を中心に関係者で議論を重ねた。その成果が22年6月2日から約1カ月間、東京・初台にあるNTTインターコミュニケーション・センター（ICC）で開催された「Digital×北斎」特別展「大鳳凰図転生物語」（NTT東日本主催）である。

「自分たちが岩松院で体験した発見や感動を、いかにして来場者の方々にお伝えするかが企画の根幹となりました」（国枝氏）。展覧会は「鳳凰図」の原寸大高精細複製画の壁面展示、パネルや映像での詳細な解説、そして岩松院の本堂を模した同じ大きさの空間で体験する没入型の作品で構成された。展覧会に先立って「鳳凰図」のデジタル化をとり上げたNTT東日本グループのTVCMを放映するとともに、マスコミでも多く報道され大きな反響を呼び、北斎のファンには強いメッセージとなった。コロナ禍の最中でもあったため、時間あたりの来場者数の上限が設けられていたが、連日チケットが売り切れ、「鳳凰図」は体感した来場者に強い印象を残した。「展覧会にいらっしゃった多くのお客様から『本物を見てみたい』『夏休みに岩松院に行ってきます』とおっしゃっていただきました」（国枝氏）。

実際、岩松院にまで足を伸ばす人々の数は着実に増えたという。渡辺住職は、「現在では平日は平均300人、土日は平均500人以上が拝観に来てくれます」と話す。小布施の観光シーズンにあたる９～11月の１日あたりの拝観者数を見てみると、21年は200人弱であったのに対し、22年は360人、23年（10月末時点）は400人と倍以上に増えている。またコロナ禍以前の19年と比べても22年の時点ですでに上回っている。「鳳凰図は岩松院にあるだけで、皆さんのもの。それを後世に確実に伝えていくためにも、デジタル化はとても有効だと思っています」（渡辺住職）。

拝観収入が増えることは、岩松院の持続可能性にも大きなプラスだ。また「鳳凰図」をデジタル化したことで、ポスターやポストカードなどのグッズ展開や高精細複製画の販売（縮小版）も可能になった。売上の３％が岩松院にフィードバックされ、これも岩松院の基盤を高めることにつながる。

デジタル化された文化財を地域活性に活かすために

●茂谷 浩子 氏
NTT 東日本 長野支店 支店長

NTT東日本長野支店長の茂谷浩子氏は、2022年10月、外国人旅行者の入国が一部解禁されるなどコロナへの水際対策が少し緩和された頃合いを見て、小布施町の桜井昌季町長を訪ねた。「まず興味関心を持ってもらうことから始め、現地に足を運んでもらう。そして足を運ぶうちにファンを増やしていくという、持続的な取り組みを行ってはどうか」と提案した。

茂谷氏が提案した取り組みは４ステップで構成される。ステップ１で興味関心、擬似体験をしてもらう。ステップ２で現地を訪れ、体験してもらう。ステップ３で定着・ファン化を図り、ステップ４で未来の担い手を育成する。知る、行く、味わう、体験することを通して、心安らぐ町並みと芸術に触れ、県内外のファンを増やし、ヒト・モノ・カネが循環する仕組みを形成していくという取り組みを、ICTの活用を含め支援していくというものだ。

ステップ１の小布施に興味関心を持ってもらうきっかけとして活用したのが、「鳳凰図」のデジタル化した作品やレプリカである。「鳳凰図のレプリカを作って、様々な場所に掲示しました」（茂谷氏）。例えば長野電鉄の長野駅の改札前コンコースには縦２m×横2.4mの「鳳凰図」のレプリカを掲示した。その横にはサイネージを設置し、小布施町の紹介や北斎作品の映像を流した。また小布施駅にも「鳳凰図」のレプリカとサイネージを設置。さらにはJR東日本の長野駅（在来線改札口付近）にもサイネージを設置し、映像を流した。

マイカー派に向けては、道の駅「オアシスおぶせ」のレストラン内に、縦2.6m×横3.5mの大きな「鳳凰図」のレプリカとサイネージを設置した。そのほか、小布施町の三大栗菓子メーカーの店舗内（小布施堂本店、桜井甘精堂本店、竹風堂善光寺大門店）にもサイネージを設置し、小布施町の紹介や北斎作品の映像を流してもらったという。

またNTT東日本の初台本社ビル１階ロビーでは、NTT東日本グループの地域活性化への取り組みを紹介することを目的として、面積比で１/２となる「鳳凰図」のレプリカや小布施の特産品の展示、小布施町や北斎作品、NTT東日本グループの取り組みを紹介する映像の上映を行っている（平日10時～17時）。

●井原 本雄 氏
長野電鉄 取締役鉄道事業部長

駅をはじめ、さまざまな場所で実施したデジタル化活用キャンペーンにより、どのような効果が得られたのだろうか。長野電鉄取締役鉄道事業部長の井原本雄氏は、「長野駅の一番目立つところに展示した巨大レプリカは、足を止めるお客さまも多く、写真を撮る方もいました。『素晴らしいね』という感想をおっしゃっていた人もたくさんいたと聞いていますし、実際、小布施の観光パンフレットが欲しいと言われたことも何度もありました」と語る。観光客だけではなく、通勤通学の利用者も興味関心を惹いていたという。

「このキャンペーンだけの影響とは言えませんが」と井原氏は前置きしながらも、小布施駅の22年10月から23年３月までの平均乗降人員は前年の同期間と比べると130％増加したという。「長野電鉄全駅の平均が121％増なので、小布施はかなり増えたと言えます」（井原氏）。

ただコロナ前の18年度の乗降人員と比べると77％で、今年度はさらに増えているが、「それでも100％までは戻っていない」（井原氏）という。キャンペーンに使った掲出物の主要部分はNTT東日本グループが長野電鉄に寄贈、井原氏はそれを活用して今後も小布施の魅力を発信し、長野電鉄沿線地域の活性化につなげていきたいと意気込みを語る。

●長野電鉄 長野駅 改札前コンコースに設置された「鳳凰図」のレプリカとサイネージ

写真提供：NTT ArtTechnology / アルステクネ

北斎のまちから文化のまちへ

今後、小布施町はどう発展していくのか。市村氏は「北斎を文化遺産にしたくない。北斎のまちから文化のまちへと進化していくことを期待している」と力説する。古いものと新しいものを組み合わせて、そこから既存の境界を越え新しい文化を生み出していく。市村氏は1987年に北斎館周辺に現代彫刻を展示し、それを歩き回って鑑賞する展覧会「小布施系」を開催している。振り返ってみれば、江戸時代に鴻山が小布施に北斎を招いたことも新しい文化を生み出すための先駆的な試みであり、今回の「鳳凰図」のデジタル化も同じ文脈に位置づけられる。

NTT ArtTechnologyとアルステクネは「鳳凰図」の後、北斎館所蔵の肉筆画や上町祭屋台、東町祭屋台の天井絵と祭屋台本体のデジタル化も行っている。市村氏は「2024年はイギリス・ノリッジで開催される北斎展、25年にはフランス・ナント市のブルターニュ公爵城博物館で開催される展覧会に『鳳凰図』や祭屋台天井絵の高精細複製画を出展してほしいという依頼がきています」と語る。久保田氏も「日本文化の底知れなさを発信する絶好の機会」と期待を寄せている。海外で高精細複製画を見た人たちも、本物に触れたいという気持ちに駆られるであろう。このように小布施はかつての文化遺産を守るだけではなく、新しい文化創造にチャレンジしていく町でもあるのだ。

文化のまちとして発展していくためには、人材育成も欠かせない。「北斎館もそれに一役かっている」と市村氏。現在、北斎館の安村敏信館長の下で、優秀な人材が育っているという。「北斎館を美術館という狭い定義に閉じ込めるのではなく、小布施町のシンクタンク的な存在として、貢献してほしい」と市村氏は期待を寄せる。

デジタル化により、日本はもちろん、世界中の誰もが「鳳凰図」に触れることができるようになった。「そこから小布施に興味・関心を抱き、小布施に来て実際の鳳凰図に触れ、ファンとなり、小布施の文化の担い手になる。そんな未来も描ける」と市村氏。文化財のデジタル化は、地域活性化はもちろん、日本の文化の担い手を育てていくことにも貢献していく。

第3部

事例-8

長野県、長野県警察
信州大学社会基盤研究所、NTT東日本

［地域の特殊詐欺対策］

音声をAIで分析し特殊詐欺と検知して家族と警察に通知

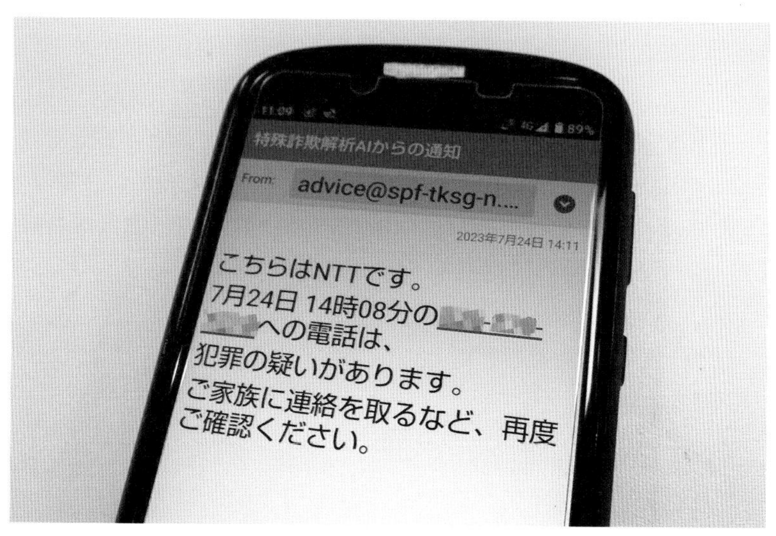

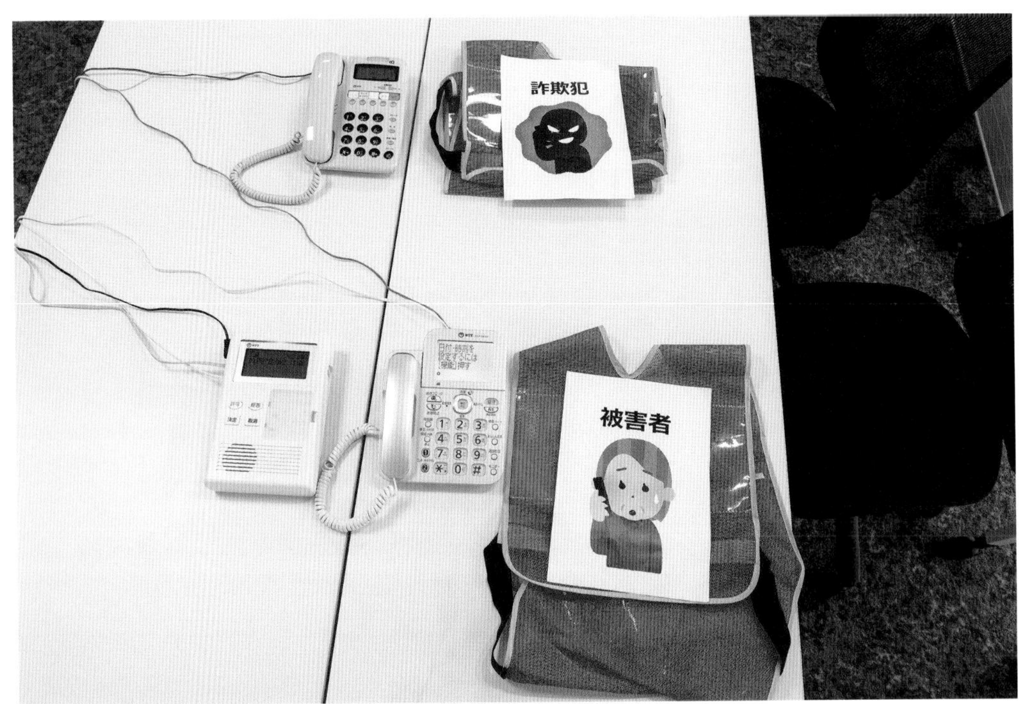

AIによる特殊詐欺対策サービス

日本全国で深刻な問題となっている「特殊詐欺」。そのほとんどが電話を使用して金銭を要求する手口であることから、長野県では啓発効果を高めるために「電話でお金詐欺」と名称を改め、未然に防ぐための取り組みを進めている。NTT東日本長野支店でも、NTT東日本が提供する「特殊詐欺対策サービス」を活用し、実効的な効果を高めるために長野県、長野県警察、信州大学社会基盤研究所との産官学連携を2022年10月より開始している。

長野県

警察署員が被害者宅に直接駆け付ける

「こちら警察ですが、振込詐欺の犯人を捕まえたところ、名簿の中に◯◯さんのお名前があります。銀行カードを確認したいのですが、お手元にありますでしょうか・・・」感じの良い女性の声で掛かってきた警察官からとおぼしき電話、その違和感の無さに驚く。NTT東日本長野支店（以下、NTT長野）が、自治体や長野県警察からの要請で実施している「特殊詐欺」の啓発講座でのシミュレーションでの一コマだ。実際に高齢者宅にかかってきた詐欺の電話を模しており、ロールプレイングだとわかっていても、信じてしまう人も多いのではないかと感じさせる。実際は「自分はそんな詐欺に引っかかるはずはない」と思っていた人ほど、被害に遭う傾向があるという。

しかし、そんな誠実そうな声、言葉巧みな話し方でも、詐欺の電話の声は、そこに何らかのアルゴリズムを見出すことができるという。その法則をAIに学習させ、通話の内容を解析することで詐欺のリスクを判別する技術が開発され、実用化されている。その1つが、NTT東日本が提供している「特殊詐欺対策サービス」に活用されている「特殊詐欺解析AI」だ。

「特殊詐欺対策サービス」では、利用者に特殊詐欺対策アダプタ（通話録音機能付き端末）を設置し、通話中に録音した通話内容を1分毎に、アダプタに内蔵されているSIMを使って携帯電話回線経由でクラウド上の「特殊詐欺解析サーバ」に送信する。そして、特殊詐欺解析AIによって言語解析が行われ、あるアルゴリズムに合致するなど特殊詐欺の疑いがあると判断されると、事前に登録しておいた当人や親族などにメールや電話で通知し、注意を喚起するという仕組みになっている。電話に出る前にかけてきた相手の電話番号がわかる「ナンバー・ディス

第3部

図表3-9●AIを活用した特殊詐欺対策

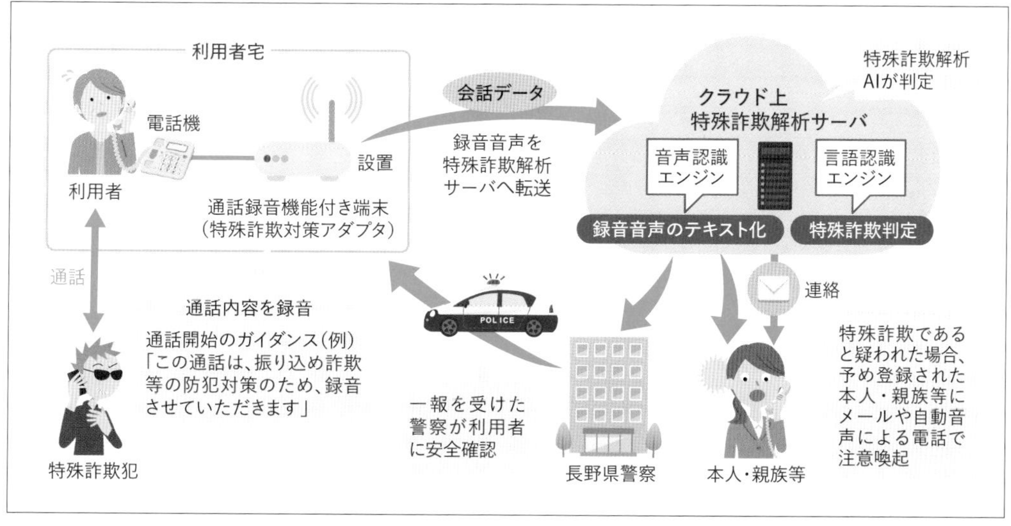

プレイ」、番号非通知者にアラートを出す「ナンバー・リクエスト」とともに、詐欺対策サービスとして2020年から提供を開始しており、いずれもNTT東日本の加入電話（ひかり電話など）の付加サービスとして利用が可能だ。

「特殊詐欺対策サービス」は、当人が気づかないような詐欺リスクをAIが察知して通知するという画期的なサービスではあるものの、当人が通知を受けても対応しようがないとか、家族も遠方で対応できないということも懸念される。そこでNTT長野では、長野県警察からの申し出を受け、警察を「特殊詐欺対策サービス」の通知先として登録しておくことで、いざAIから通知があった時は、安全確認や被害防止のため、警察署員らが電話を受けたその家に直接駆けつけられるようにした。

「もともと2021年より県警との二者協定は結んでおり、共同で啓発活動を行なっていました。その関係性の中で、より実効的な仕組みとするにはどうしたらいいのかを議論し、NTT東日本が提供していた『特殊詐欺対策サービス』を活用して、詐欺の疑いの通知があった時に警察官が駆けつけるという提案をいただきました。県警が動くことによって『特殊詐欺対策サービス』の効果を高めると同時に、抑止力につながるものと期待しています。テクノロジーと人の連携によって、私たちがめざす安全な社会づくりに一歩近づけると考えています」と、NTT東日本長野支店　長野エリア統括部サービスセンタ 若林 陽介 氏は話す。

長野県で急増する特殊詐欺被害に対し、より高い防止策を模索

こうした取り組みの背景には、長野県でも他の地域と同様に「特殊詐欺」の被害が拡大していることがある。長野県の特殊詐欺被害の件数は2023年８月末時点で124件、被害額は４億円以上に達し、件数、金額ともに前年を上回っている。被害者の７割以上が65歳以上の高齢者で、その多くが電話を連絡手段とした詐欺で被害に遭っており、早急な対策が求められてきた。

「長野県では新幹線の沿線において詐欺の被害が多発したことがあるようです。また、一人暮らしの方を含む高齢者が被害に遭うことが多いと聞いています」と、NTT東日本長野支店ビジネスイノベーション部 橋詰 将慎 氏は述べる。

NTT長野では、長野県下の８つのサービスセンタと約85人の作業者が、故障修理業務にて日々地域住民と接する機会を生かすことで、特殊詐欺被害の認知度を高め、啓発活動を強化することができると考え、2021年に長野県警察とNTT長野との間で２社協定を締結し、詐欺被害の拡大を抑制しようとしてきた。

若林氏は、さらにこう述べる。「信州大学や長野県警察は、高齢者の認知能力には限界があり、地域の協力や技術提供が無ければ防止が難しいという結論に至り、そこで「特殊詐欺対策サービス」の技術が有効であろうことに着目しました。」

そして、さらに実効的なソリューションとするためには、「特殊詐欺対策サービス」を活用して詐欺被害を受ける可能性があると察知された場合は、積極的にサポートする仕組みができな

いかという発想に至った。そこに長野県警察、NTT長野だけではなく、長野県、信州大学社会基盤研究所が加わることで、四者の「産学官連携によるAIを活用した電話でお金詐欺（特殊詐欺）被害防止に関する協定」を2022年10月に締結させた。それぞれの専門性を生かして、地域ぐるみで被害対象者を防御する仕組みづくりへと発展させようというのが大きな狙いだ。

●NTT東日本長野支店の若林氏（左）と橋詰氏（右）

2023年４月より順次行われている警察官向けの研修会では、NTT長野の社員が冒頭で紹介したような実際のシステムを使ったロールプレイングを実施している。第１回の研修会では約30人の警察官が参加し、実際に電話を受けて疑似被害者が話しているうちに、通話内容がクラウドに送られAIで解析され詐欺の疑いがあることを、長野県警察がメールや電話で受けるという一連の流れを体験した。

参加者は「具体的にイメージができた」「迅速に要請対応できるよう備えたい」と答えるなど反応がよく、継続して開催していく予定となっている。なお現在のところは、「特殊詐欺対策サービス」の注意喚起メール・電話による出動実績はないものの、警察官がこれまで以上に普段のパトロール時から意識して特殊詐欺の注意喚起を行うようになり、「特殊詐欺対策サービス」の仕組みや効果も正確に説明できるようになってきたという。

信州大学社会基盤研究所が研究と提言、長野県が自治体の後方支援

さらに四者協定では、「特殊詐欺対策サービス」の中核を担う「特殊詐欺解析AI」についても、地域特性を活かした専門機関の協力を得ることになっている。長野県にキャンパスを置く信州大学社会基盤研究所では、AIの活用および特殊詐欺対策などの研究成果をもとに「特殊詐欺対策サービス」への提言を担う。特殊詐欺のリスクを言語から解析・検知する、クラウド上の「特殊詐欺解析サーバ」には、NTT東日本の開発による音声認識エンジンと言語解析エンジンが「特殊詐欺解析AI」として活用されている。その精度を高めることを目的として、長野県警察から信州大学社会基盤研究所に詐欺の手口や内容、状況などの共有を行い、分析結果や考察をフィードバックする。さらに、特殊詐欺対策サービスの機能改善やサービスの普及に関する研究や、特殊詐欺の被害を受けやすい環境などの要因分析を行い、被害防止に有効な環境構

染や予防の仕組みなどについても提言として公表していくという。この点について、橋詰氏は、次のように述べる。「今回の四者協定も、信州大学と長野県警察との検討から始まり、その後NTT長野に相談され、実現したものです。今後は、長野県内で起きた事案についての研究が進めば、地域特性などもわかってくるかもしれません。また言語解析の研究成果などについては、NTT長野からNTT東日本に共有し、特殊詐欺解析AIのアルゴリズム改善につながることを期待しています。」

●通知メールはAIに解析される都度送付される

そして長野県では、特殊詐欺をわかりやすいように「電話でお金詐欺」と名称を改め、啓発活動を行ってきたが、四者協定によってさらに広報・周知活動を強化していく。特に市町村での啓発活動の支援に力を入れるとし、ニーズが高まっている高齢者向け防犯対策セミナーの開催に向け、各自治体と長野県警察、NTT長野との橋渡し役になることが期待されている。まだ回数は少ないものの、防犯対策セミナーでは「特殊詐欺対策サービス」を用いたロールプレイングが実施されており、参加者が擬似的に詐欺犯人からの電話を受けたり、詐欺の疑いがあるというメールや電話を受けたり、実践的な内容となっている。

セミナー終了後は「“オレオレ詐欺”だけではなく、ここまで手練手管が進化しているとは驚いた」「感情的になって冷静な判断ができなくても、AIがサポートしてくれると安心」「親族が近くにいないので、警察が来てくれるのはありがたい」などの感想があがっているという。

こうした四者協定締結後の、「特殊詐欺対策サービス」を活用した活動は2023年4月から開始されており、半年の間に着実に導入・活用が進んでいる。今後はさらに長野県、長野県警察、NTT長野がそれぞれの業務を通じて広報・周知活動を行い、利用者を増やしていくことが課題だ。今後2年間（2023年4月3日～2025年3月31日）を四者協定の活動期間と設定しており、その中で発生した事例などをデータとして蓄積しながら、それぞれの活動について振り返りを行い、より効果的な仕組みづくりへと役立てていく。

高齢者世帯を地域ぐるみで見守る

なお「特殊詐欺対策サービス」および「ナンバー・ディスプレイ」「ナンバー・リクエスト」については、NTT東日本では一部の費用の負担を軽減できるサービスを、利用者の年齢に応じて、あるいは期間を限定して行っている。(詳細はhttps://www.ntt-east.co.jp/release/detail/20230322_01.html参照。)

若林氏は、これからの取り組みについて、決意を述べる。

「せっかくのシステムも活用されなければ成果を得ることはできません。これまで有料であることで躊躇されていた方もいましたが、費用の負担軽減もあって導入ハードルは大きく下がったと思います。今後もNTT長野はもちろん、長野県や長野県警察、信州大学社会基盤研究所の四者協定に加え、様々な協力を仰ぎながら、より多くの方に利用いただけるよう周知し、地域ぐるみで特殊詐欺の撲滅をめざしたいと思います。」

●特殊詐欺対策アダプタ

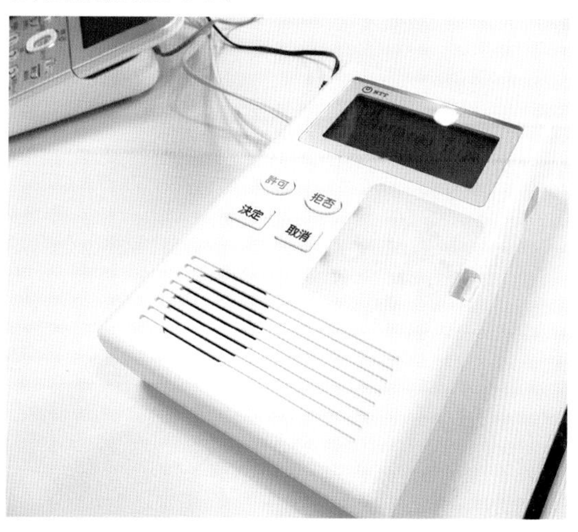

第 4 部

オープンな実証・検証を推進

NTTe-City Laboでは多くの技術実証に取り組んでいるが、ローカル5G、IOWN、プライベートワイヤレスの3つの最先端のシステムを技術的に解説し、今後の多様な活用の可能性を明らかにする。

4-1

ローカル5Gオープンラボ 活用効果の創出へ共同実証

ローカル５Ｇは地域や産業の個別ニーズに応じて、高度な無線環境を局所的に構築することができ、地域の課題解決やイノベーションに大いに貢献するものと期待されている。一方で、活用に際しては、多様なプレーヤーと共同で検証を行う必要がある。こうした背景を踏まえNTT東日本では、東京大学と共に産学共同としては国内初となる「ローカル５Ｇオープンラボ」をNTTe-City Labo内に設立し、クローズドな環境ではなくオープンに参加企業を募り、実装に向けた取り組みを進めている。

●ローカル5Gオープンラボ

1-1　ローカル5Gシステムの特徴と活用のメリット

■ローカル5Gとは

ローカル５Gとは「高速大容量（10Gbps）」「超低遅延（１ミリ秒程度の遅延）」「多数同時接続（100万台/km²の接続機器数）」といった特徴をもつ「第５世代移動通信システム」を、企業や自治体が携帯通信キャリアに依存せずに、自社の敷地に自ら構築・運用できる、独自の５Gネットワークを指す。パブリック５G（携帯通信キャリアが提供している第５世代移動通信システム。以下パブリック５G）のエリア展開が進まない地域でも、独自に５Gシステムを構築・利用することが可能である。

■ローカル5Gとパブリック5Gとの違い

パブリック５Gは、同一の基地局エリア内の利用者と通信帯域を共用するため、そのエリア内で利用している利用者が多い際には通信品質が安定しない場合がある。また、パブリック５GはSNSの閲覧、映画や投稿動画を視聴するなど、ダウンロード中心のコンシューマ向けの提供が主となるため、下り速度優先の仕様となっている。なお、キャリア仕様に準拠しているため、ローカル５Gのように利用者ニーズに合わせて上り・下り速度の比率をカスタマイズすることはできず、現地の高精細カメラ映像をリアルタイムでアップロードし、リアルタイムで解析するといった産業用途でのニーズへの対応は、ローカル５Gと比べてマッチしにくい傾向にある。

■ローカル5GとWi-Fiとの違い

Wi-Fiは、IEEE 802.11規格を使用した無線ネットワーク技術を指す。免許を必要としないアンライセンスバンドであり、手頃かつ安価で、対応した端末が多く利用しやすいため現在では多くの場所でWi-Fiが設置されているが、そのためにWi-Fi同士の電波干渉の影響により通信品質低下のリスクも生じている。

また、Wi-Fiのカバレッジ範囲が数十ｍのため一般家庭や飲食店など比較的狭い範囲では利用しやすいが、企業や自治体などが広い範囲で利用する場合には多くのWi-Fiアクセスポイントを設置する必要がある。その分設置費用や運用保守にコストがかかる。ローカル５Gは数百ｍをカバーすることが可能であるため、製造、物流、空港、港湾、スタジアム等の広大な敷地を保有している利用者においては、機器、配線、電源等を必要最小限に抑えた形で広域な無線通信環境を実現することが可能となる。

図表4-1●ローカル5G活用のメリット

1	自社専用のライセンスバンドであるため、他の利用者による影響や干渉がなく、「高速大容量通信を安定的」に利用可能
2	上り・下りの速度比率をカスタマイズ可能で、様々な産業用途に対応できる柔軟性がある
3	出力が高く、より広範囲のエリアのカバーが可能となる
4	SIM認証により強固なセキュリティの下でネットワークを利用できる

■ローカル5G活用のメリット

ローカル5Gは電波干渉や他のユーザーのトラフィックにとらわれることなく高速大容量通信を安定して利用できることに加え、上り速度の比率を大きくしたり、広範囲のエリアカバー、SIM認証による高いセキュリティを実現して無線ネットワークを利用することができる。

これらの特長を活かし、さまざまな分野でのローカル5G活用が進められている。

現状ユースケースとしては、電波の行き届かない広域エリアにおいて、ベーシックな通信環境としてローカル5Gを活用する広域無線LANソリューションとしての活用や、高精細映像による遠隔作業支援や現場の映像監視といった現場状況把握の高度化（リモートモニタリング）としての活用が進んでいる。更には、人手不足を背景に「自動運転」や「ロボットの制御」といった自動制御の支援（オートメーションアシスト）領域や、ロボット、建機の遠隔制御（リモートコントロール）での活用が期待されており、実証ケースも全国で増加傾向にある。

1-2　ラボ施設の特徴及び実証の狙いと取り組み状況

■設立の背景

昨今、5Gを活用した新たなビジネスやサービスを創出するための共創活動が盛んに行われている。その中でも企業や自治体などが周波数を取得できるローカル5Gは、地域や産業個別ニーズに応じて、高度な無線環境を局所的に構築することができることから、地域の課題解決やイノベーションの創出に大いに貢献するものと期待されている。

一方で、ローカル5Gを活用して新たなビジネスやサービスを創出するためには、多様なプレーヤーと共同で検証を行う必要がある。こうした背景を踏まえ、NTT東日本では、東京大学とともに産学共同としては国内初となる「ローカル5Gオープンラボ」を設立し、クローズドな環境ではなく、オープンに参加企業を募り、多様な産業プレーヤーとローカル5Gを活用したユースケースの共創や、これらの社会実装に向けた先端技術の育成の取り組みを進めている。

■ローカル5Gオープンラボの特徴

ローカル5Gオープンラボの特徴は大きく3つあげられる。

まず第1には「マルチベンダで検証できること」だ。複数メーカーの製品や、ミリ波やSub 6といった各周波数を活用した検証が可能で、サービスや機器の開発を幅広く検討できる。もしメーカーごとに検討するならば、何度も同様のプロセスを踏まなければならず、リードタイムが長くなる。その点、ラボでは、同じタイミングで複数の検証ができるため、スピーディーに進めることが可能だ。

第2の特徴は、「バリエーション豊富な検証環境の提供」だ。ローカル5Gオープンラボが位置するNTT中央研修センタは建物内のみならず、屋外にも広範囲にローカル5Gエリアをカバーしている。広大な敷地を活かして圃場やビニールハウスを用意しており、実フィールドに近い環境で検証が可能だ。また、ドローンや自動運転も試験できる環境が構築されている。これらの環境を使い既出のソリューションを検証することはもちろんのこと、ソリューションを検討している事業者との検討環境としても活用がされている。

そして第3の特徴は、「ローカル5Gを業務に活用したいとお考えのユーザー向けのプログラム」だ。ローカル5G基地局やアンテナの実機、ローカル5G対応端末の展示をはじめ、ユースケースやラボでの実証・構築事例の紹介を通し、ローカル5Gの「技術」だけを紹介するのではなく、ローカル5GをどうApp利用者のDXに繋げていくのかも、実際に目に見て触れて、体感して頂くことが可能だ。

図表4-2●NTT中央研修センタにおける主な提供内容(参考)

検証ルーム

機器の持ち込みの可能な約100平方メートルのクローズな検証スペースを提供

<提供内容>

- ローカル5Gシステム(ミリ波・Sub6)*
- ローカル5G対応端末(CPE)*
- シールドボックス(電波暗箱)

*国内外複数メーカーの機器を整備、今後も順次拡大予定

屋外

- 敷地内ローカル5Gエリア化
- 圃場やビニールハウス
- ヘリポートでのドローン飛行

図表4-3●オープンラボ施設の様子

■実証例①「自動運転レベル４相当の導入に向けた実証実験」

現在の日本の交通インフラにおける社会的課題として、少子高齢化の急速な進行による労働人口の減少がある。労働人口減少に伴い、様々な移動・物流サービスの担い手が不足することが危惧されており、その解決策の１つとして自動運転技術が注目されている。

NTT東日本では国土交通省主催の「空港制限区域内における自動走行の実現に向けた検討委員会」における自動運転レベル４相当の導入に向けた実証実験の枠組みと、総務省が推進する「令和４年度課題解決型ローカル５G等の実現に向けた開発実証」に参画し、成田国際空港において自動運転レベル４相当の導入に向けた実証実験を行っている。これらの活動により人手不足への対応や、ヒューマンエラーに起因する車両事故リスクの軽減を目的とした自動運転技術の導入をめざしている。

ローカル５Gオープンラボでは成田国際空港での実証実験に先だち、NTT中央研修センタ内をカバーするローカル５G環境を利用し自動運転車両を試走させ、技術検証を重ねてきた。また、現在は国内で唯一「ローカル５G＋自動運転」の常設展示をNTT東日本の社員が自ら行っており、日々見学に来られる自治体関係者様等との対話を通じ、公共分野での自動運転技術活用に向けた検討も進めている。

ローカル５Gオープンラボを起点として、ローカル５G等を活用した遠隔監視型自動運転の活用による業務の省力化および効率化を行う上での課題を抽出し、自動運転技術の実用化に向けてさらなる検証・評価を実施していく。

図表4-4●ローカル5Gによる遠隔型自動運転の開発・実験

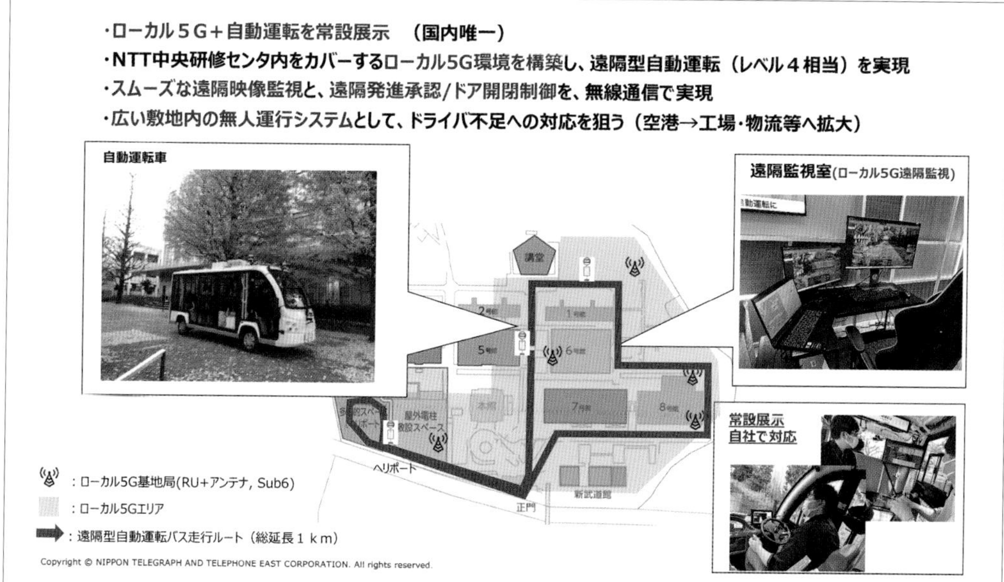

■実証例②「ローカル5G活用によるフレキシブルな製造・物流工程の実現に向けた実証実験」

現代の製造・物流業種においては、様々な情勢・状況変化に対応すべく、工程変更が頻繁に行われている。その際に現場の大きな負担となっているのが、各工程を構成する機器類を繋ぐ膨大な有線ケーブルの配線・配策や、それに伴う配管の新設・撤去、システム全体の正常性確認等がある。

本実証ではNTT東日本が提供するマネージド・ローカル5Gサービス「ギガらく5G」を活用し、ケーブルの配線・配索負担を抱える現場を想定し、工程変更にかかわる工数・稼働の低減を狙う。これにより、製造・物流業界における生産性の向上や人手不足の解決に寄与することをめざす。そして、将来的にはギガらく5Gを活用した製造・物流業界向けの新たなDXソリューションの可能性を追求し実証を行っている。

製造物流ライン上の各種機器類の連動においては、機器ごとに仕様が異なり、機器に応じた調整を実施することが一般的だが、ギガらく5Gで全ての機器類を無線収容した際には、全ての機器を一元的にソフトウェア上で管理・調整可能とされることが期待される。そこで、本実証では製造実行ソフトウェア（MES※1）上に、ギガらく5G上で動作する全機器の制御・状態監視信号を入出力するAPI機能や、これら機器制御・状態監視信号を最新状態で保持するデータベース機能、ローコードソフトウェア（Node-RED®※2）によるシステム動作を可視化しソ

※1：製造工程の可視化・管理、作業者への指示・支援において活用されるソフトウェア。
※2：フローベースのビジュアルプログラミングツール

図表4-5●ギガらく5を活用した製造・物流工程の無線化イメージ

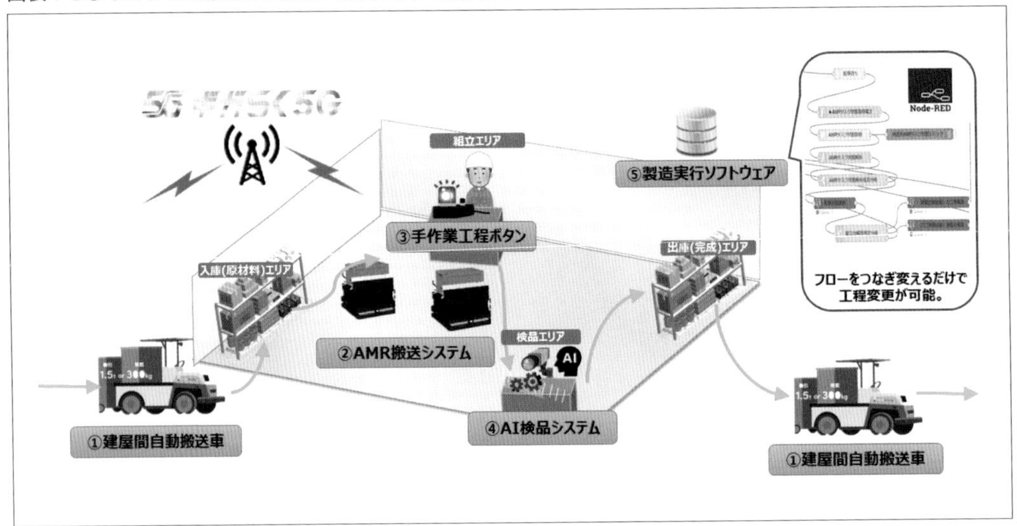

フト改変しやすい保守開発環境を設け、可用性を検証する。

この取り組みにより、製造物流現場において、生産管理や品質向上のため製造工程変更が求められる時に柔軟性・即時性の高い現場改善を可能とすることを狙う。

1-3 ローカル5Gシステム導入のポイント

■ローカル5Gの導入プロセス

(1) 要件定義、無線エリア設計

ローカル5Gの導入にあたり、課題解決のために何を目的とするかを決め、どのようにローカル5Gを使い、どのような効果を期待するか、それらを具体的な数値にした「要件定義」を行い、必要な通信要件（カバーしたいエリア、スループット等）を洗い出す必要がある。洗い出した要件を踏まえて、基地局の設置位置や空中線電力を決定し無線エリア設計を行うと同時に、ネットワーク設計や利用する機器の選定を行う。

(2) 干渉調整、免許取得

以上の手順を実施した上、総合通信局との打ち合わせを行い、近隣の他事業者との「干渉調整」の必要性について知らされた場合、必要に応じてアンテナ位置や出力などの調整を実施する必要がある。干渉調整後には「免許申請」に必要な書類を準備し、管轄の総合通信局へ提出し審査基準に合致しているかどうかを審査され、申請内容について問題がなければ免許が交付される。(標準的な審査期間は約1ヶ月半)

(3) SIMカード準備、構築、運用開始

ローカル5Gの免許を取得した後も、運用を開始するまでにIMSI申請やSIM発注、必要な通

信要件を満たす形での機器の設置工事や配線工事を行う必要がある。

これらの工程を踏まえ、ローカル5Gネットワークを構築後には免許取得時の申請内容と合致しているか確認の上で運用を開始する。開始後も安定したローカル5Gを使い続けるためには、日々の保守・メンテナンスが重要であり、電波状況の監視、電波障害対策などを日常的に行う必要がある。さらに、運用開始後は以下の届出が必要となる。

・無線従事者選任届
・運用開始等の届出書
・開設無線局数届出書

■ローカル5Gの導入のポイント

導入にあたり重要なことは「課題の明確化」と「その課題に最適な形でローカル5Gを運用すること」だ。当然の事のように思えるが、ローカル5Gは導入する企業によって利用方法、利用エリアは大きく異なり、活用シーンも日々アップデートされており、無線エリア設計を課題解決に資するように実施しなければならない。また上述のように運用までのプロセスも複雑かつ長期にわたるために、本来ローカル5Gによって実現したい効果をプラン通りにそのまま達成することは難しい場合が多い。設計や導入に際する手続きの複雑さによって、当初期待していたローカル5Gの活用用途からずれてしまうことや、課題解決に直結するソリューションの検討の優先度が下げられてしまうということは避けなければならない。ローカル5Gは課題解決のための一手段に過ぎず、構築・運用がゴールではない。課題への対応に集中することが、ローカル5Gを導入活用するポイントといえる。

■NTT東日本が提供するローカル5Gサービス

NTT東日本では、高品質かつ低廉なサービスの提供や多様なローカル5Gシステムの構築経験からお客さまのニーズやユースケースをしっかりヒアリングした上で、要望を反映したサービス、多様なシステムをご提案、提供することが可能だ。ローカル5Gの免許申請から設計・構築・運用まで一貫してサポートしており、お客さまだけでは困難な免許申請やネットワーク構築・運用を支援し、利用方法の提案や活用のアドバイスなども行っている。

NTT東日本では、キャリアグレードの本格的な5Gスタンドアローン機能を、事前手続きから運用までトータルITOをワンパッケージにし、従来価格の1/5（月額30万円～）でご利用できるマネージド・ローカル5Gサービス「ギガらく5G」を提供している。

1-4　今後の課題・計画について

ローカル５Gにおける現状の課題としては、主に次のようなものがあげられる。

①ソリューションの不足

前述した「ローカル５G活用のメリット」(258頁) で紹介したユースケースでの利用ニーズは加速度的に高まっている一方、これらのユースケースを実現させるソリューションは未だ開発段階であるものも多い。

②対応端末のラインナップ不足

先述したとおり、ローカル５Gで利用する端末はローカル５Gの周波数帯に対応した専用の端末が必要となる。そしてローカル５G自体、制度化されてからまだあまり時間も経っていないため、ローカル５Gに対応した端末のバリエーションが少ないことも課題の１つとしてあげられる。

現在は、ローカル５Gの電波を受け、有線ＬＡＮやWi-Fiに切り替えるコンバータやモバイルルーター等が少ないバリエーションの中でも大半を占めている状況だ。今後、黎明期から導入期、普及期に入っていくにしたがって、ローカル５G端末のバリエーションは拡充していくものと予想される。それによりユーザーの利用シーンを確実に拡大していくだろう。

今後ローカル５Gの普及と共に、より多くの選択肢が増え、課題の解決につながっていくだろう。

4-2

IOWN Labo 共創を通じ価値体験の場に

IOWN構想とは、光を中心とした革新的技術を活用し、これまでのインフラの限界を超えた高速大容量通信ならびに膨大な計算リソース等を提供可能な、端末を含むネットワーク・情報処理基盤の構想だ。この構想の実現に向けて、検証環境を整備し、新たなユースケースを創出するためには、多様なパートナーと共創することが重要である。パートナーとの共創を通じてIOWNが提供する価値を体験できる場、それがIOWN Laboだ。

●IOWN Labo

2-1 IOWNの特徴と活用のメリット

■ IOWN構想とは

IOWN（アイオン：Innovative Optical and Wireless Network）構想とは、最先端の光関連技術、および情報処理技術を活用した未来のコミュニケーション基盤の構想であり、これまでのインフラの限界を超え、多様性を受容できる豊かな社会の実現をめざすものである。この構想はNTTグループだけで提唱しているものではなく、様々な業界から広範な知識・見識を有する参加パートナーを募り、IOWN GF（IOWN Global Forum）を設立して実現・普及をめざしている。

■ IOWNによって解決をめざす課題

前述の豊かな社会の実現に向け、IOWN構想の実現・普及により、主に3つの課題の解決をめざしている。

まず第1に「多様性への対応」である。多様性に満ちた新たな世界を実現するためには、他者の理解が必要であり、理解を深めるためには、自分とは違う他者の立場に立った情報や感覚、他者の目線を通した情報を得ることが大きな助けとなる。この世界を実現するためには、より高精細で高感度なセンサで、より大量の情報を得ることに加え、他者の感覚、さらには主観にまでも踏み込んだ高度な情報処理が要求される。

第2の課題は「インターネットの限界の超越」だ。日本国内のインターネット内の1秒当りの通信量が2006年から約20年間で190倍（637Gbit/sから121Tbit/sへ）になるという推計（経済産業省「グリーンITイニシアティブ」(2007.12）より）や、世界全体のデータ量が2010年から15年間で90倍（2ZB（ゼタバイト）から175ZBへ）に増加するという推計（IDC「November 2018 The Digitization of the World From Edge to Core」より）がある。今後これら通信量、データ量はさらに飛躍的な増加が見込まれている。既存の情報通信システムのみで解決しようとすれば、ネットワークのさらなる複雑化、輻輳などによる遅延の増加などの重大な課題に直面し、伝送能力と処理能力の双方に限界が訪れると考えられている。

第3の課題は「消費電力の増加の克服」である。IoTの進展によるネットワーク接続デバイスの爆発的増加は、ネットワークの負荷を高めるだけでなく、エネルギー消費の面でも大きな懸念になっている。また、クラウドサービスなどの提供に欠かせないデータセンタの電力消費量の増加も世界的な問題となっている。

■ IOWNを構成する3つの要素

これらの課題に対しIOWNでは、「オールフォトニクス・ネットワーク（APN：All-Photonics

Network)」、「デジタルツインコンピューティング（DTC：Digital Twin Computing）」、「コグニティブ・ファウンデーション（CF：Cognitive Foundation）」の３つの要素技術によって解決をめざす。

・APN：All-Photonics Network

APNとは、フォトニクス技術（光通信技術）をエンドエンドに適用し、従来技術の限界を超えた超低消費電力、大容量、低遅延なネットワークを実現する技術である。ネットワークにつながるヒトやモノの増加に伴う大量の情報処理やAI等の高度かつ複雑な情報処理に必要な、高速・大容量の通信環境を低消費電力で実現する。そしてまた、遅延にシビアなミッションクリティカルなサービス要件の達成を可能とするものでもある。

具体的には、波長を制御する伝送装置や光電融合素子の開発などにより、約100倍の電力効率をめざすとともに、光ファイバにおける更なる多重化およびマルチコアファイバの導入により約125倍の伝送容量の拡張をめざす。また、その大容量性を活かすことで、伝送するデータの圧縮、変換を不要とすることができるため、エンドエンド遅延も１/200ミリ秒程度にまで削減することができる（図表４-６）。

・DTC：Digital Twin Computing

DTCとは、サイバー空間内で対象物に関する現状分析、将来予測、可能性のシミュレーションなどを行うことを可能とする技術である。例えば工場における生産機械、航空機のエンジン、自動車などの実世界の対象について、形状、状態、機能などをサイバー空間上へ写像し、正確に表現したものがデジタルツインであり、デジタルツインに対して交換・融合・複製・合成等の演算を行うことにより、モノ・ヒトのインタラクションをサイバー空間上で自由自在に再現・

図表4-6●APNの性能目標

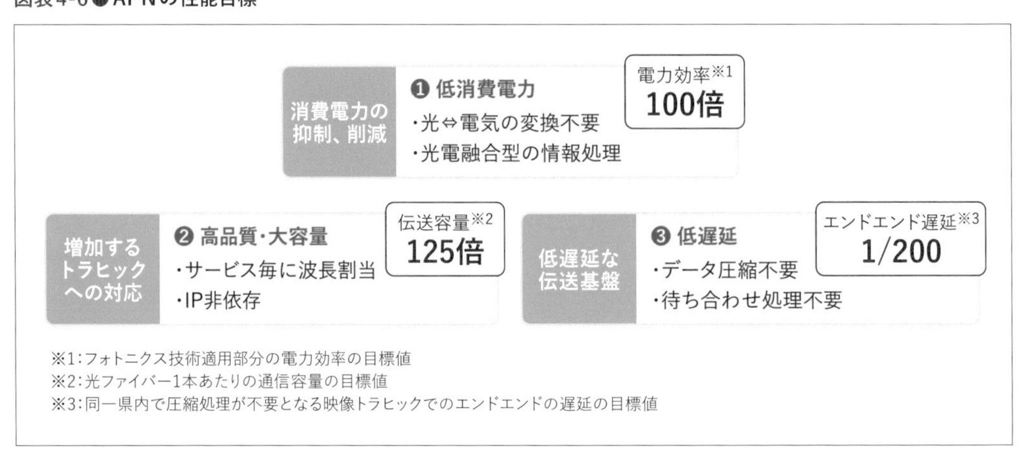

試行可能とする新たな計算パラダイムである。

• CF：Cognitive Foundation

CFとは、さまざまなリソースを適切に選択・利用するために必要な機能群を提供する基盤的技術である。APN、DTCに代表される低消費電力・大容量・高品質のコミュニケーションや、大規模なモノ・ヒトのインタラクションを実現するため、さまざまな拠点に散在するデータを収集、処理、記憶、通信する手段を連携させ、最適なソリューションを提供する。

■ IOWNのユースケース

次に、IOWNを活用したMaaS（Mobility as a Service）のユースケースを紹介しよう。

ネットワークとつながる自律型制御システムを搭載した自動運転車の普及と、ICTを基盤とする交通の統合的支援システムの整備が大規模に進んでいる。そしてその中でも、特に注目されているのが「MaaS」という概念である。これは、あらゆる交通サービスがシームレスにつながり、一人一人の利用者がその時々のニーズに合わせて最適かつ安全な移動サービスを得られる、という超スマートな交通システムである。

このような取り組みによって将来は、個々人が特定の移動手段を意識せずに、日々の通勤・通学といった定型的な移動だけでなく、生活のなかで突発的に発生するあらゆる移動においても、その瞬間に最も適した移動手段をダイナミックに提案され、選択することができるようになる。このことにより渋滞や満員電車を避け、エネルギー消費を最適化し、個々人が受ける移動でのストレスも最小にできる、そんな世界の実現が可能となる。

しかし、このような交通サービスにおいては、刻々と変化する人々の多様なニーズに即応する機能が必要になるだろう。あるいは、都市や交通網全体の状況をリアルタイムにセンシングし、情報を統合して、全体の調和を安定的に保つ最適化な仕組みも求められる。すなわち、膨大な情報を高速に収集し、リアルタイムに分析して、高度な協調システムと制御システムの安定的な稼働を支える通信システムが不可欠である。これらシステムの構築はデータ容量、信頼性、消費エネルギー量など多くの点で現状の通信技術の延長では負荷が大きく、IOWNの実現が求められる分野である。

具体的には、私たちはIOWNによる通信ネットワークを最大限に活用したフェールセーフの次世代サービスを思い描いている。「フェールセーフ（fail-safe）」とは、交通の場面での不測の事態から利用者の身を守り、危険な状態を安全な状態へと転換させる技術やサービスをいう。

この一例としては、「公共協調運転」の実現が挙げられる。これは、オールフォトニクスが可能とする高速光ネットワークと統合的なICTリソースアロケーション、高速低遅延な情報処理によって、車輌間の関係性や地域全体の交通状況をより精緻に把握し、公共の福祉と安全に適した判断を勘案して、運転者個人の安全とともに交通全体の安全を最大限に確保しようとするサービスである。

また、IOWNのDTCの技術を活用すれば、1人ひとりの生体情報や行動履歴などを利用者の負荷なくセンシングして蓄積する技術と連動し、個人の日常生活に寄り添い、移動に関するアドバイスを未来視点で与えてくれるシステムへと進化させることができる。

このような、リアルタイムかつ高精度なシミュレーションを通じてモビリティをより安全・快適なものにし、人々を無駄な情報の判断から解放することで、よりナチュラルで価値ある生活の実現に貢献することができる。

2-2 IOWN Laboの設立・実証の狙いと取り組み状況

■ IOWN Labo設立の目的

IOWN構想を実現するためには、数多くの革新的な技術を創造し、組み合わせることが必要であり、それを広く普及させるための活動も必要となる。これは情報処理、コミュニケーション、ネットワーク基盤の大きな転換が求められることであり、広範にわたる知識・見識が要求されることから、NTTグループのみでの実現は困難である。

事業会社であるNTT東日本としても、IOWN構想の実現に向けて、IOWN技術を使用できる検証環境を整備し、新たなユースケースを創出するためには、多様なパートナーと共創することが重要であると考えている。IOWNを研究開発で終わらせず、市場で受け入れられる形で事業化、社会実装していくためには、地域の課題解決やイノベーションの創出にIOWNが大いに貢献することを実感していただく必要がある。パートナーとの共創を通じて、IOWNが提供する価値を体験可能とする場、それがIOWN Laboである。

図表4-7●リアルタイム遠隔コミュニケーションの検証構成

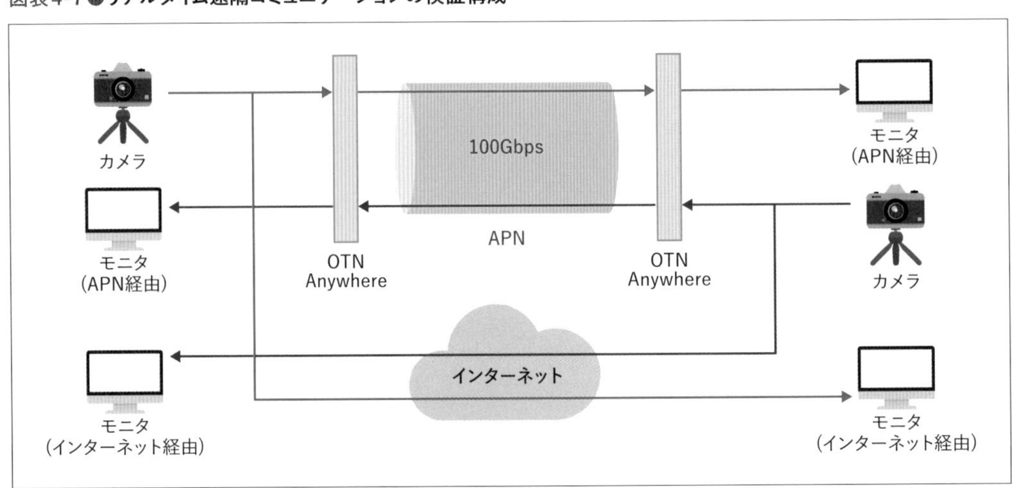

■取り組み状況

APNの特徴である「高速・大容量」「低遅延」を活かした「働く場所に縛られない次世代オフィス」の実現に向けた実証を、IOWN Laboで実施した。その1つが「リアルタイム遠隔コミュニケーション」である。APNが導入された次世代オフィスでは、複数オフィスの拠点間で高画質かつ大画面で互いの会議室を投影しながら、まるで対面しているかのようなオンラインミーティングが可能となる。

リアルタイム遠隔コミュニケーションの実証では、カメラの映像を「APN経由」と「インターネットを介したオンラインコミュニケーションツール（Web会議）経由」の2つに分岐させて伝送した映像をモニタに表示・比較する系を構成し（図表4-7）、遅延の比較や会話が被ってしまうWeb会議ならではのコミュニケーションにおける課題を克服できるか等を検証した。

今後は、遠隔からのロボット操作などのネットワーク領域での実証実験に加えて、生体認証システムのMEC処理の有用性やGPUディスアグリゲート等の実証にも取り組んでいく計画である。

2-3 IOWN導入に向けて

■ APN IOWN1.0のサービス提供開始

2023年3月16日、APNのサービス第一弾として、APN IOWN1.0の提供を開始した。2030年頃の実現をめざすIOWN構想だが、早期にサービスを提供することにより、顧客との新たなユースケースの創造や価値創出をめざしている。

APNが掲げる3つの目標性能のうち、APN IOWN1.0はエンドエンド遅延1/200を実現した「超低遅延」の価値を提供する。また、NTT研究所技術を搭載したマイクロ秒単位の遅延可視化・調整が可能な端末装置「OTN Anywhere」の販売も同日開始している。

映像の送受信を例とすると、現在主流のIPネットワークでは、カメラで撮像した映像をIP等で伝送するためにエンコード・圧縮し、伝送した先で圧縮データを解凍・デコードしたうえでモニタへ投影する手順が一般的だ。APNは、レイヤ1の高速な通信パスとしてOTN（Optical Transport Network）プロトコルを用い、エンドエンドを光波長パスで専有する。これにより、途中の経路においてルータやスイッチによるパケット等のキューイングを削減でき、超低遅延かつ揺らぎのない通信を実現できる。また、大容量であることから、映像をエンコード・圧縮処理せずに伝送できるようになり、エンコード・圧縮処理による遅延や処理時間の変動による揺らぎを削減できる。加えて、低遅延カメラ・モニタ等を用いることで、システムトータルとしての超低遅延を実現することができる。

APN IOWN1.0が実現する超低遅延の価値に加えて、NTT研究所が開発した「OTN Anywhere」を接続することで、マイクロ秒単位の遅延可視化と調整が可能となることから、複数拠点間の異なる遅延を合わせることが可能となる。

■ APN IOWN1.0のユースケース

APN IOWN1.0が提供する超低遅延の価値は、医師が不足する地域における遠隔医療や、広大な工場における機器・高所設備の遠隔操作など、これまでのネットワークでは実現困難であったユースケースを実現可能とする。また、大容量かつ超低遅延なネットワークを実現したことにより、これまでオンプレミスで処理をしてきたさまざまな業務分野のアプリケーションをネットワーク越しに処理することが可能となり、従来の常識を覆すような課題解決に寄与できると考えている。超低遅延の代表的な効用は、遠隔においても精緻な操作・作業が可能となることであり、これを発揮する代表的なユースケースをいくつか紹介する。

(1) 遠隔医療

現在、地方の専門医・指導医の不足・都市部偏在などが課題となっており、遠隔医療への期待が高まっている。医療従事者は遠隔においても、あたかも同じ部屋にいるかのような環境が重要であり、双方向性コミュニケーションや高精細映像を見ながらの診察等、APNの優位性を活用できると期待されている。

(2) スマートファクトリ

化学プラントや精密機器の製造工場など、広大な環境での多岐にわたる作業やメンテナンスに対して、低遅延かつ揺らぎのないAPNを活用した遠隔操作等を実現する。遠隔から、高所や防爆エリアでの設備確認やバルブの微調整などの細かい作業を実施することで、スキル者の集約や危険度の高い作業を安全に行うことが可能となることに加え、複数の拠点でIoT (Internet of Things) 化された機械やシステムをAPNで接続し連携させることで、遠隔での一元的な出荷品の検品自動化など、製造ラインの自動化にも貢献できる。

(3) eスポーツ

わずかな応答速度の違いで勝敗が決まるeスポーツにおいて、通信環境はプレイヤーが最も重視するプレイ環境の1つである。大会で活躍するにはプレイヤーの能力はもちろんのことプレイ環境も十分整っている必要がある。また、大会観戦者であるファンの多くはオンライン視聴より臨場感のある現地観戦を希望しており、プレイヤーのアクション・演出をリアルタイムで体感したいという声も多い。これら競技者同士のプレイ環境のばらつき（遅延等）による公平性担保の難しさ、オンライン観戦より現地で臨場感を体感したいという大会観戦者のニーズに対してAPNを用いることで、超低遅延で公平性の高いプレイ環境と複数拠点で一体感のある観戦体験が可能となる。

(4) ダンス・音楽等の遠隔レッスン

遅延に厳しくリアルタイム性が求められるダンス・音楽の指導に対してもAPNの低遅延性が有効である。現地にいるのと遜色ない超低遅延な遠隔指導が行え、物理的な距離に因らない指導が受けられることが可能となる。

(5) リモート協奏

新型コロナウイルス感染症拡大に伴う社会情勢の変化によって、遠隔コミュニケーションへの心理的ハードルが下がり、音楽コンサートのオンライン配信など音楽の新しい共創・鑑賞形式が広がりを見せている。一方で、従来のリモートコンサートでは、通信や音声・映像の処理により遅延が発生し、ひとつの音楽として成立しづらいという課題がある。APNの活用により、複数地点間で演奏する音声・映像を低遅延で伝送することで、同じ場所で演奏しているような音楽体験ができる多地点間協奏サービスを可能とする。

2-4 今後の課題・計画について

■ APN・サーバーの低消費電力化

APN IOWN1.0はIOWNの第一弾サービスとして、エンドエンド遅延1/200を実現した「超低遅延」の価値を提供するサービス提供を開始したが、次のステップでは「高品質・大容量性」および「低消費電力性」の向上もめざす。中でも電力効率の向上に向けて、光電融合技術の進化が欠かせない。ボード間光接続を実現からチップ間、チップ内の接続にまで光電融合デバイスを導入し、低消費電力化図っていく（図表4-8）。

■ユースケースのさらなる拡大に向けたIOWN Laboの活用

IOWN Laboにおいては、コンピューティング領域の技術要素である、「秘密計算」と「セキュアマッチング」等、データをセキュアに扱うことが可能となる技術を活用したユースケースの創出にも取り組んでいる。

秘密計算は、データを終始一貫して暗号化したまま計算できる技術である。データの通信中・保存中の暗号化に加えて、秘密計算はさらにデータの計算過程でもデータを一度も復号することなく実行することができる。データは暗号化された状態で扱われるため「データの中身を見ずに」処理が実行することができ、高いセキュリティを確保するが可能である。

セキュアマッチングは、組織が保有する個人情報・作業データを2者間で互いに内容を明かさずに匿名のまま名寄せし、安全にデータのクロス分析を可能にする技術である。

これらの技術は、今までデータを扱うことが難しかった分野でのデータ活用を可能にする。例えば医療分野においては、複数の病院や機関が保有する希少疾患の診療情報や、治療・投薬後の患者データを学習することで、疾患リスクの予測などへの利用が考えられる。スマートシ

図表4-8●光電融合デバイスの展開

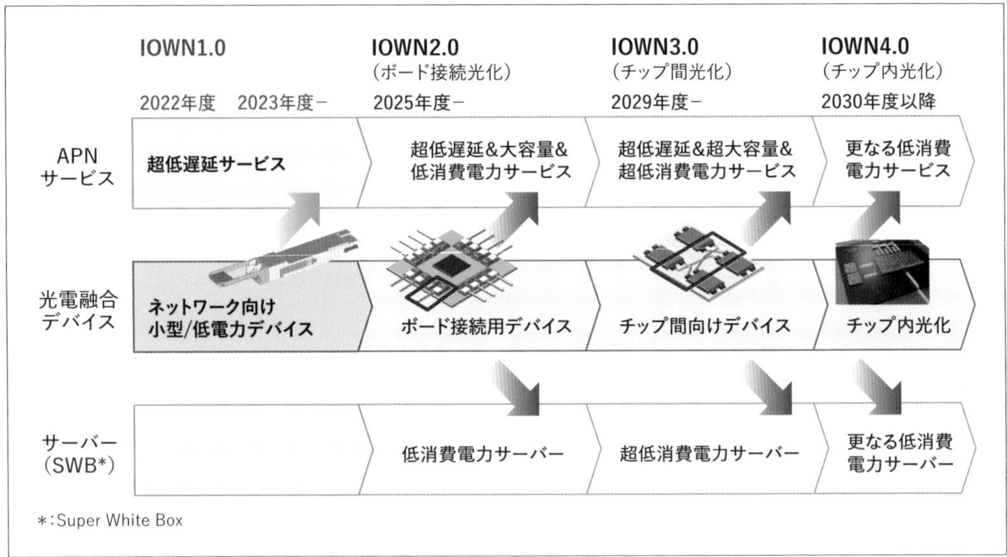

ティ分野では、個人のバイタルデータ、ジムでの運動データ、飲食店での食事データを学習することで、個人に最適化された食事や運動メニューの予測などへの利用が考えられる。

APNのみならず、これらコンピューティング領域の技術を活用した新たなユースケース創出に向けても、IOWN Laboでは今後取り組んでいく予定だ。IOWN技術の事業化に向けて、IOWN Laboが更なる地域の課題解決やイノベーションが創出される場として、発展していけるよう、様々なパートナーと共創していきたい。

4-3

ν Lab（ニューラボ）ワイヤレスの新技術と活用

ν Lab（ニューラボ）では、自治体・企業が自営で使える「プライベートワイヤレス」の最新技術を解説するとともに、業種別のユースケースを多数紹介している。これまでのWi-Fiより通信距離を大幅に伸ばしたIoT向けの802.11ahと通信速度を大幅にアップしたWi-Fi 6 Eの展示は、自治体・企業でIoTを導入しDXを推進するにあたって実践的な参考になる。802.11ahを中心にプライベートワイヤレスの最前線を紹介する。

＊ νとはギリシャ文字の“ニュー”であり、“New Era Wireless”の頭文字を取ったもの。

●ν Lab内の展示ディスプレイと屋外アンテナ

3-1　ν Labの特徴と普及に向けた取り組み

■プライベートワイヤレスとは

携帯電話のモバイル通信は、2020年の5Gのサービススタートとともに4Gから5Gへの移行が始まった。5Gの特徴としては、超高速、超低遅延、超多端末があげられ、無線区間だけでなくネットワーク全体で新しい技術と工夫が盛り込まれている。まだ、特徴の全てがサービスとして提供されているわけではないが、順次導入が進んでいくものと思われる。携帯電話などモバイル通信は、事業者ごとに専用に割り当てられた周波数を用いており、決められた事業者以外が利用することはできない。

一方、無線LANのような免許不要の周波数を利用する方式については、プライベート通信として誰もが自由に基地局を設置し利用することができる。2022年秋、この免許不要な無線方式であるWi-Fi 6E、802.11ah（Wi-Fi HaLow）が新たに新規周波数の割り当てを受けた。

Wi-Fi 6Eはこれまで Wi-Fiで使っている2.4GHz帯及び5GHz帯に加えて新たに6GHz帯においてトータル500MHz幅の割り当てがあり、20MHz単位のチャネルがこれまでの24チャネルから倍の48チャネルに増加した。これによりWi-Fiの混雑の解消が期待できるとともに、通信速度の増大が期待できる。

802.11ahは、IoT用に割り当てられていた920MHz帯で新規に利用可能になった。これまで920MHz帯では、LoRaやSIGFOXなどがLPWA（Low Power Wide Area）と呼ばれて利用が始まっていたが、今回、Wi-Fiファミリーである802.11ahが割り当てられたことにより、IoT利用全体が大きく拡大することが期待される。

また、2020年には、免許取得が必要であるが、誰もが利用することができるローカル5Gの導入が始まった。これにより、プライベートで利用できる通信方式の種類が増えた。ローカル5Gの出現によりプライベート通信においても、通信品質を確保したり、高セキュリティの通信などを実現することができるようになった。

図表4-9に、プライベート用に利用可能な各無線方式のカバーエリアの広さに対する通信速度（スループット）を示す。ローカル5GやWi-Fi 6Eの導入により、さらなる通信速度の向上が見込まれる一方、これまで適当なプライベート無線方式が無かった距離数10m～1kmの通信方式として802.11ahがカバーしていることがわかる。

プライベートワイヤレスは、この図の中にあるそれぞれ特徴を持ったワイヤレス方式をうまく組み合わせることにより、様々なユースケースに対応して最適なワイヤレスネットワークを構築、利用することになる。ν Labではこの各種ワイヤレスの技術紹介と、具体的なユースケースの適用例を紹介し、ユーザ自らが、実際のビジネスにつなげるための一助になることを期待している。

図表4-9●カバーエリアの広さに対する通信速度

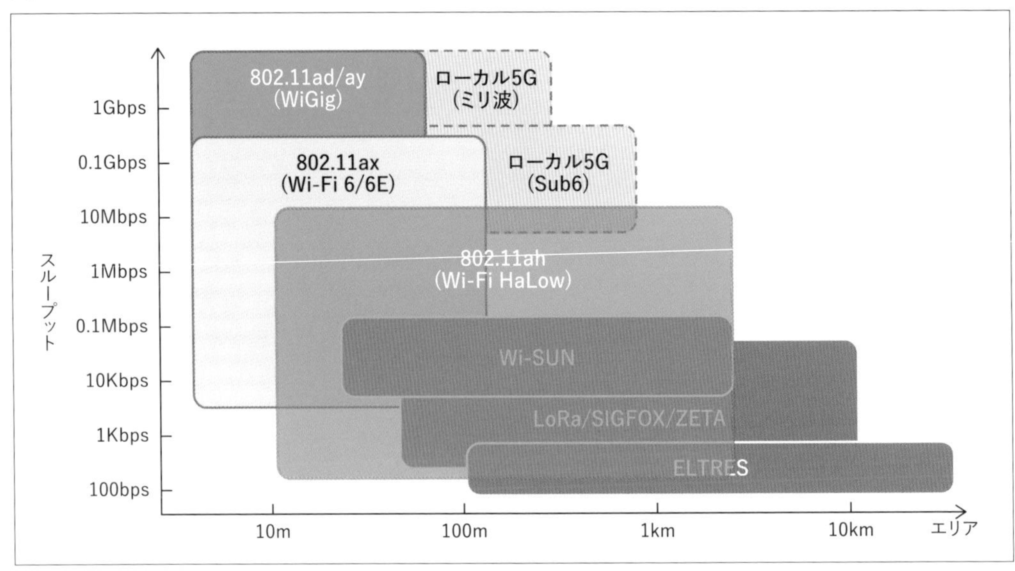

■ LPWAの概要と802.11ahのメリットと活用

ν Labでは、プライベートワイヤレスの全体像を示すとともに、特に今後の拡大が期待される802.11ahに焦点を当てその特徴とユースケースを紹介している。

ここでは、技術的な面での特徴と活用領域を述べる。

LPWAが使われている920MHz帯は、モバイル通信ではプラチナバンドと呼ばれている周波数帯あり、帯域幅は多く取れないが、通信距離が長くしかも障害物の回り込みも大きいので、

図表4-10●802.11ahの利用可能なチャネル

					RF-ID 等が利用している帯域								
Unit Channel Number defined in ARIB STD T-108 (Japanese standard for 920 MHz band Usage)					24	25	26	27	28	29	30	31	32
Center Frequency for Unit Channel [MHz]					920.6	920.8	921.0	921.2	921.4	921.6	921.8	922.0	922.2
Channel Bandwidth	Center Frequency [MHz]	S1G Operating Class	Global Operating Class	Channel Center Frequency Index									
1MHz	921	8 (Japan)	73	9									
	923			13									
	924			15									
	925			17									
	926			19									
	927			21									
2MHz	923.5	9 (Japan)	64	2									
	925.5			6									
	924.5	10 (Japan)		4									
	926.5			8									
4MHz	924.5	11 (Japan)	65	36									
	925.5	12 (Japan)		38									

図表4-11●LPWAの通信方式の比較

規格 ＼ 項目	802.11ah	従来の 920MHz 帯システム			セルラー
		LoRaWAN	Wi-SUN	Sigfox	NB-IoT
使用周波数	Sub-1GHz*1	Sub-1GHz*1	Sub-1GHz*1	Sub-1GHz*1	Sub-1GHz*1
エリア範囲	> 2.5kmz*2	< 10km	< 1km	< 40km	< 10km
伝送速度（bps）	150K-20Mz*3	300-27k	6.25k-800k	100 or 600	20k-127k
免許不要帯の利用	○	○	○	○	×
バッテリや電池での長期運用*4	年オーダー	年オーダー	年オーダー	年オーダー	年オーダー
標準化	○	×	○	×	○

＊1　Sub-1GHz：1GHz 以下の周波数
＊2　>2.5km：802.11ah 推進協議会での検証実験で 2Mbps@2.5km を確認
＊3　20M：4MHz 帯域伝送時の規格上の最大伝送速度（1 空間ストリーム）
＊4　バッテリや電池での長期運用：センサデータでの運用

Wi-Fi Alliance Whitepaper の情報を元に作成

IoT通信のような小容量・広域通信に適している。IoT用に利用されているこれまでの無線方式は、ライセンスバンドを用いたモバイル事業者によるNB-IoTやLTE-Mとアンライセンスバンドを用いたLoRaやSIGFOXなどが使われてきた。実際には、POC（Proof of Concept）などでのサービス検証が中心で、実ビジネスに結びつくものはそれほど多くなかった。これは通信速度が限定的で、温度や湿度といったセンサ系データのみがターゲットで、画像や映像は送れなかったため、現地の状況を把握するには不十分だったことがあげられる。

図表4-11に802.11ahを含めた各方式の比較を示す。802.11ahは、エリアについては数km以下であるものの、数100kbps以上の通信速度が出るため、画像や映像を送信することが可能で、IoT通信として利用形態の拡大が期待できる。

図表4-10に802.11ahの利用可能なチャネルを示す。802.11ahは1 MHz単位が1チャネルなの

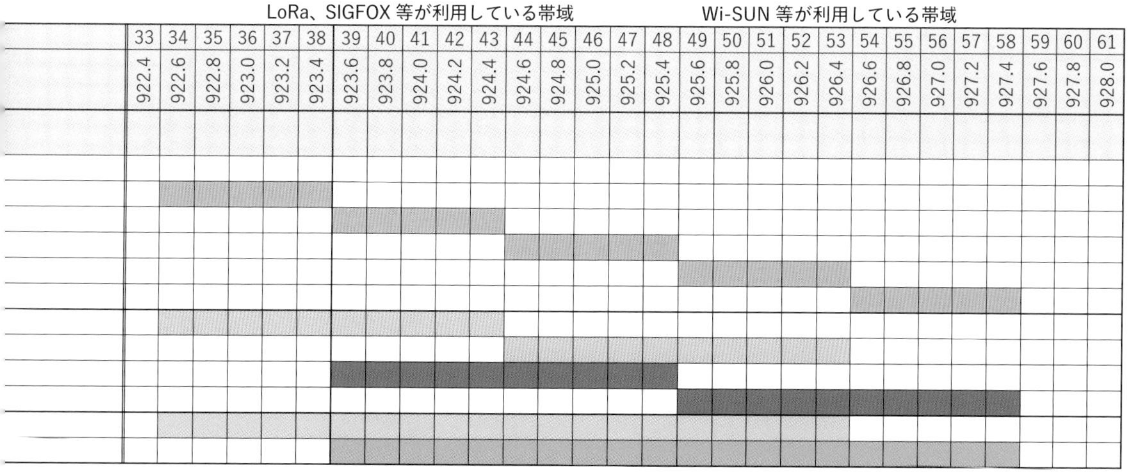

LoRa、SIGFOX 等が利用している帯域　　Wi-SUN 等が利用している帯域

	33	34	35	36	37	38	39	40	41	42	43	44	45	46	47	48	49	50	51	52	53	54	55	56	57	58	59	60	61
	922.4	922.6	922.8	923.0	923.2	923.4	923.6	923.8	924.0	924.2	924.4	924.6	924.8	925.0	925.2	925.4	925.6	925.8	926.0	926.2	926.4	926.6	926.8	927.0	927.2	927.4	927.6	927.8	928.0

第4部

で、今回の割り当てで6チャネル使うことが可能になる。なお、普通のWi-Fiと同じようにチャネルボンディングで2MHzや4MHzなどにもつなげられるので通信速度を倍々にすることが可能である。

ここで、日本の920MHz帯は10% Dutyという制限があることに注意してほしい。これは端末の数が多いIoTを想定して、一つの端末が無線通信を独占して使うことのないように、60分（1時間）のうち多くとも6分しか通信できない（パケットを送信できない）というルールである。端末側はそもそも間欠的にデータを送信するので、大きな問題にはならないが、このルールは、基地局側にも適用されるので、端末の設定変更やファームの更新ダウンロードなど下りのトラフィックが中心となる通信形態の場合、時間が余分にかかってしまうことになる。

3-2　ν Labの展示内容と実証の狙いと取り組み状況

■ν Labの展示内容

ν Labはプライベートワイヤレスの将来像を紹介するとともに最新技術の組み合わせによるユースケースの例を展示することにより、来訪者にプライベートワイヤレスを活用したDXの推進とIoTの利便性への理解を促すとともに、製造ベンダに製品サービス開発のインセンティブを提供する場にしたいと考えてAHPC（802.11ah推進協議会）およびWi-Biz（一般社団法人無線LANビジネス推進連絡会）と共同で設立された。

νとはギリシャ文字の“ニュー”であり、New Era Wirelessの頭文字を取ったものである。また、ギリシャ文字のνは電磁波の周波数としても使われるため、ワイヤレスの発信地として最適なワードとなる。

新時代のプライベートワイヤレスを紹介していくためにν Labは進化していく予定だが、ま

図表4-12●ν Labの展示構成

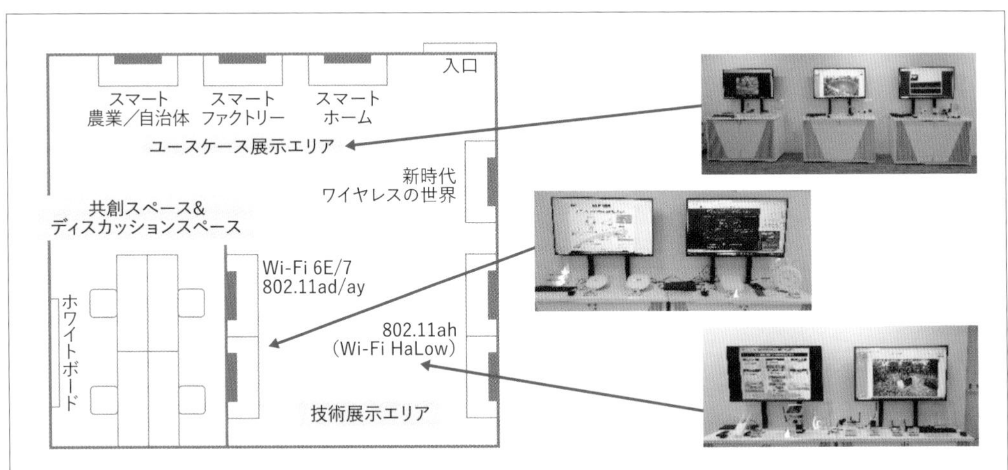

ずはプライベートワイヤレスの新規格である802.11ahを中心に据え、高速なプライベートワイヤレスであるWi-Fi 6Eとともに展示をしている。

νLabの展示構成は大きく3つに分かれており、

- 802.11ahの技術紹介
- Wi-Fi 6Eの技術紹介
- ユースケース

となる（図表4-12参照）。また、技術検証や測定等を行える共創スペースも設けている。各展示内容は以下の通りである。

■ 802.11ah の技術紹介

プライベートワイヤレスの新規格である802.11ahの特徴およびそれを活用した展示を行っている。802.11ahは920MHz帯の周波数を使った無線技術であり、一般的にLPWAと呼ばれているが、他のLPWAと比較してスループットが高いという特徴がある。このため他のLPWAでは困難な映像伝送が可能となることが大きな特徴となっている。

また、現在広く普及しているWi-Fiと比較すると、より遠くまで電波が飛ぶため、Wi-Fiではエリアカバー化することが困難なエリアで映像伝送を行ったりセンサ情報を収集することに非常に有効である。

νLabにおいては、ユースケース展示として各種センサ情報の収集を行っているとともに、映像伝送のクオリティを紹介する。この技術紹介のブースにおいても、180m離れた見通しが効かない場所に置いたカメラ映像を見て、十分に実用に耐えることを確認することができる。

■ Wi-Fi 6E の技術紹介

プライベートワイヤレスのもう1つの柱であるWi-Fiについては、2022年に制度化されたWi-Fi 6Eに関する特徴の説明と速度体験のためスピードテストの動態展示を行っている。

近年の働き方DXによって、オフィスや自宅、出張先など様々な場所でPCを開き、どこでも同じ環境で業務を行う機会が増加している。しかしながら、その際に利用する通信回線の多くはWi-Fiであり、使用される周波数帯は2.4GHz帯と5GHz帯になる。他システムや近隣アクセスポイント（以下、AP）との電波干渉による通信速度低下、屋内外等の利用エリアの制限、多くの端末を1つのAPで処理することによる通信速度の低下などの事象も起きている。これらの解決策として、今回紹介する「Wi-Fi 6E」は新たな周波数帯で多くのチャネルがある6GHz帯を利用し、レーダー等の照射によるチャネル変更もなく電波干渉も少ないことから大容量かつ安定的な通信が可能となっている。あわせて「Wi-Fi 7」の動向についても紹介している。

■ 802.11ah のユースケースと導入のポイント

(1) 802.11ah のユースケース

ν Labにおいて展示している802.11ahの大きな特徴は、次の３点である。

・これまでのWi-Fiでは困難な長距離の通信、見通し外通信が比較的容易

・他のLPWAでは困難な映像伝送が可能

・低消費電力

これらの特徴を踏まえると、Wi-Fiではカバーすることが困難な広大な敷地や障害物が多い屋内などで映像による監視、センサ情報の収集を行うことにより、業務の効率化、防災・減災などに役立てることが可能となる。主にターゲットとなる分野としては、農林水産・畜産、FA・製造業、物流・流通、建設・土木、社会インフラ、ビル・オフィス、セキュリティ、医療・介護、見守り・防犯・防災、ホームIoTなど、多岐にわたる。

ν Labにおいては、ユースケースのイメージをつかみやすくするため代表的な次の３つのユースケースを展示している。

・スマート農業／自治体

・スマートファクトリー

・スマートホーム

それぞれの展示内容は、図表4-13の通りである。

図表4-13●ν Labでのユースケース展示

ユースケース	展示内容
スマート農業／自治体	広大な農場での作業を効率化するために必要な圃場の温湿度・日照量を定期的に収集しグラフ化するとともに、静止画カメラにより定期的に圃場の状態を確認している。圃場では電源が確保しづらいことも想定し、センサはバッテリー、カメラはソーラーバッテリーで駆動（図表4-14 バッテリー駆動型日照センサ）。これにより、データを活用した農業DXの実現およびカメラ画像による生育状況の確認、盗難防止などが可能となる。 またカメラ画像については、鳥獣害監視・河川監視・地域見守りなどの自治体サービスにも適用することが可能である。
スマートファクトリー	カーボンニュートラル実現に向け、工場内の産業設備の電力利用量情報を収集しグラフ化している。また、工場内に数多く存在するネットワーク化されていないデジタルメーターをカメラで読み取り数値データ化することで工場のデジタル化が可能なことを示している（図表4-15 デジタルメーター読み取りカメラ）。さらに動画カメラで養殖槽にいる魚を撮影し、動く物体についても識別可能であることの展示も行っている。これにより、将来的には、CO_2排出量算出や電力量の変化による機械の稼働状況の把握、データや映像を活用した業務の効率化が可能となる。
スマートホーム	夜間や自宅から離れた駐車場、駐輪場でのいたずら防止のため、人感センサで異常が検知された際、パトランプでの通知および動画撮影を行い、犯罪の抑止を可能としている。また、住宅内の環境情報（CO_2・温湿度）の可視化により感染症対策、熱中症対策、エアコンの稼働調整による使用電気量の削減等、より快適な家庭環境の提供が可能となる。さらに壁や窓などの遮蔽物があっても映像伝送が可能なことを実証し、例えば自宅から離れた駐車場、駐輪場での映像監視が可能な事も展示している。

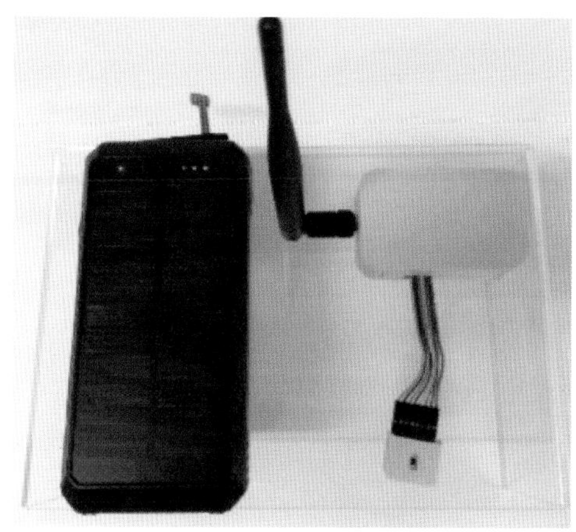
図表4-14●バッテリー駆動型日照センサ

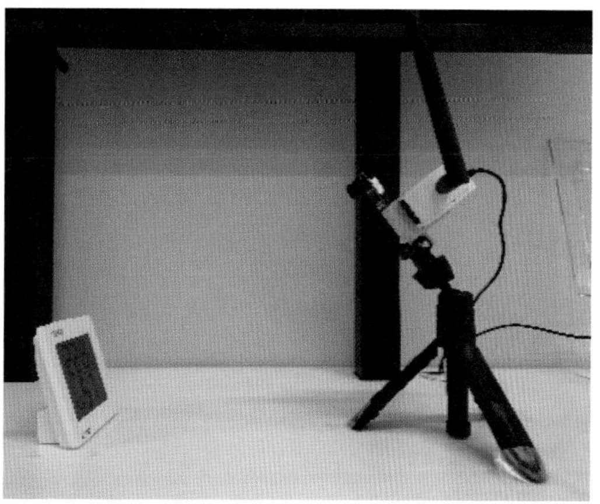
図表4-15●デジタルメーター読み取りカメラ

(2) 導入のポイント

以上のように、802.11ahはセンサ情報の収集とカメラ映像の活用という場面で非常に有効な技術となっている。一方で、Wi-Fiやローカル5Gと言った高速広帯域なワイヤレス技術では可能な高画質動画の伝送、高速なインターネットアクセスは困難であるため、ユーザの目的に合わせて最適な技術を選択する必要がある。

■共創スペース

νLabの一角にプライベートワイヤレスの導入を検討されている方や、Wi-Fi HaLowの開発を検討している製造ベンダの方々に自由に技術検証や測定を行ってもらう場所として共創スペースを設けている。ここから新たなユースケースの創造や、新しい端末の開発が促進されることが期待されている。

3-3　今後の課題・計画について

プライベートワイヤレスとして、各種無線方式の利用拡大やそれによる低価格化、さらには対応端末の種類の充実が普及のカギとなる。図表4-16に各プライベートワイヤレス方式の特徴を示す。Wi-Fi 6Eについては、それに続くWi-Fi 7を含めて、ワールドワイドな普及が見込まれるので、世界の動向をよく見つつ、タイムリーに製品が利用できるように、国内の制度の整備を進める必要がある。ローカル5Gについては、品質やセキュリティを必要とするユースケースに導入を進め、利用ニーズを拡大する必要がある。それにより製品の価格が下がれば、普及への道筋ができることになる。

一方802.11ahについては、ユーザの認知度がまだ低いため、普及促進に向け、以下のような

図表4-16●各プライベートワイヤレス方式の特徴

システム名		ローカル5G		無線LAN		
		Sub6	ミリ波	802.11ah (Wi-Fi HaLow)	802.11ax/be (Wi-Fi 6/6E/7)	802.11ad/ay (WiGig)
周波数	周波数帯	4.7GHz帯	28GHz帯	920MHz帯(＊1)	2.4GHz/5GHz/6GHz帯(＊1)	60GHz帯
	帯域幅	300MHz	900MHz	7.6MHz(＊1)	1057MHz (97/460/500MHz(＊1))	10GHz (10000MHz)
通信品質	通信速度	○ (～1Gbps)	◎ (～10Gbps)	△ (＜24Mbps)	○ (9.6Gbps)	◎ (6.8/270Gbps)
	通信遅延	○ (＜1msec)		× (端末台数、トラフィックに依存し保証できない)		
	QoS制御	○ (設定可能)		△ (優先制御のみ)		
セキュリティ	認証	◎ (SIM認証)		×～◎ (認証なし、またはPSK～EAP/SIM認証)		
	暗号化	◎ (キャリアグレードの暗号化)		×～◎ (暗号化なし、Enhanced Open、WPA3/AES)		
システム規模	エリアサイズ	○ (～数100m)	△ (～数10m)(＊2)	◎ (数km)	○ (＜100m)	△ (～数10m)(＊2)
	接続端末数	○～◎(＊3)		◎ (～8000台)	○ (～100台)	
コスト 装置	センター	× (5Gコアが高価)		○ (コントローラ→クラウド型へ)		
コスト 装置	端末	○ (キャリア5G用端末)	△ (対応端末が少ない)	○ (世界標準)	◎ (普及)	○ (世界標準)
コスト 構築	構築	△ (電波免許が必要、5Gコアが必要)		◎ (既存イーサネットにそのまま接続)		
コスト 保守	保守	× (5Gコアが高価)		◎ (既存イーサネットの保守系をそのまま活用)		
コスト 運用	運用	△ (SIMカード管理が必要)		○ (サーバ／クラウドへの登録など)		
その他		センタ設備の按分がカギ→サブスク型が出現 普及によるコストダウンが期待できる		普及によるコストダウンが期待できる	Wi-Fi 6Eでさらに高速・大容量に	潤沢な帯域による超高速・大容量通信が可能

(＊1)：昨年9月に利用開始になった方式・周波数
(＊2)：P-MPの無線LAN利用形態の場合の数値（P-Pの場合はkmレベルの通信が可能）
(＊3)：超多端末モードで100万台/㎢

取り組みが急務である。

・利用可能な各種センサ端末の商品化、品ぞろえの充実

・ユースケースの実績作り、キラーアプリ、キラーソリューションの導入

・需要の拡大に対応する、また制限事項のない新周波数の割り当ての取り組み

これらの取り組みを通して、各無線方式に対するユーザの理解を深め、ユーザのニーズに合ったプライベートワイヤレスネットワークの構築を進めていくことが重要となる。

監修・執筆・編集者等一覧

■ 監修

東日本電信電話株式会社　(NTT 東日本)

加藤 成晴

楢村 幸寛

構 倫太郎

■ 執筆・編集

テレコミュニケーション編集部

土谷 宜弘(企画・編集)

新関 卓哉(編集)

石原 由美子(執筆)

中村 仁美(執筆)

伊藤 真美(執筆)

藤井 宏治(執筆)

渡 徳博(写真撮影)

近藤 宏樹(写真撮影)

制作協力

株式会社リッククリエイト

本書に関するお問合せについて

- 本書の内容全般に関しては、リックテレコム(お問合せ先は、本書奥付に記載)までお願いいたします。
- 本書記載の事例に関する内容については、以下までお願いいたします。

東日本電信電話株式会社　ビジネス開発本部　営業戦略推進部
メールアドレス：e-city_labo@east.ntt.co.jp

地域循環型社会の実現に向かって
実証フィールド　NTTe-City Laboから

2023年12月27日 第1版第1刷発行

編　　者　テレコミュニケーション編集部
監　　修　NTT 東日本　ビジネス開発本部
営業戦略推進部

発 行 人　土谷宜弘
編集担当　新関卓哉
発 行 所　株式会社リックテレコム
〒113-0034 東京都文京区湯島3-7-7
振替　00160-0-133646
電話　03(3834)8380(営業)
03(3834)8427(編集)
URL　https://www.ric.co.jp/

制作・組版　株式会社リッククリエイト
印刷・製本　シナノ印刷株式会社
装　　丁　長久 雅行

●訂正等
本書の記載内容には万全を期しておりますが、万一誤りや情報内容の変更が生じた場合には、当社ホームページの正誤表サイトに掲載しますので、下記よりご確認下さい。

＊正誤表サイトURL
https://www.ric.co.jp/book/errata-list/1

●本書に関するご質問
本書の内容等についてのお尋ねは、下記の「読者お問い合わせサイト」にて受け付けております。
また、回答に万全を期すため、電話によるご質問にはお答えできませんのでご了承下さい。

＊読者お問い合わせサイトURL
https://www.ric.co.jp/book-q

● その他のお問い合わせは、弊社サイト「BOOKS」のトップページ https://www.ric.co.jp/book/index.html 内の左側にある「問い合わせ先」リンク、またはFAX：03-3834-8043にて承ります。

● 乱丁・落丁本はお取り替え致します。

ISBN978-4-86594-385-6　　Printed in Japan